SICHUAN UNIVERSITY
LAW REVIEW

本书出版承四川大学人文社科期刊资助项目资助出版

四川大学法律评论

第19卷

主办　四川大学法学院　　　　主编　刘昕杰

法律出版社
LAW PRESS · CHINA

图书在版编目(CIP)数据

四川大学法律评论. 第19卷 / 刘昕杰主编. -- 北京：法律出版社, 2020
ISBN 978 - 7 - 5197 - 4983 - 5

Ⅰ. ①四… Ⅱ. ①刘… Ⅲ. ①法学－文集 Ⅳ. ①D90 - 53

中国版本图书馆CIP数据核字(2020)第182662号

四川大学法律评论
(第19卷)
SICHUAN DAXUE FALÜ PINGLUN
(DI - 19 JUAN)

刘昕杰 主编

责任编辑 陈 慧
装帧设计 乔智炜

出版 法律出版社
总发行 中国法律图书有限公司
经销 新华书店
印刷 北京虎彩文化传播有限公司
责任印制 胡晓雅

编辑统筹 法律教育出版分社
开本 710毫米×1000毫米 1/16
印张 17.25
字数 270千
版本 2020年11月第1版
印次 2020年11月第1次印刷

法律出版社/北京市丰台区莲花池西里7号(100073)
网址/www.lawpress.com.cn
投稿邮箱/info@lawpress.com.cn
举报维权邮箱/jbwq@lawpress.com.cn
销售热线/400 - 660 - 8393
咨询电话/010 - 63939796

中国法律图书有限公司/北京市丰台区莲花池西里7号(100073)
全国各地中法图分、子公司销售电话：
统一销售客服/400 - 660 - 8393/6393
第一法律书店/010 - 83938432/8433
西安分公司/029 - 85330678
重庆分公司/023 - 67453036
上海分公司/021 - 62071639/1636
深圳分公司/0755 - 83072995

书号:ISBN 978 - 7 - 5197 - 4983 - 5
定价:36.00元

前　言

2018年，我请缨加入了《四川大学法律评论》编委会。自2014年入职四川大学法学院以来，我着实感受到教学、科研工作带来的压力，陪伴家人的时间十分有限。之所以主动加入这本集刊的编辑团队，一来是希望换个角度思考学术和写作；二来是为了弥补学生时代从未参与这类团体，体验这类工作的缺憾。

本卷主要是由我负责组织编辑的。在此过程中，我得到了主编刘昕杰教授多方面的支持，也从副主编孔德王同学那里获得了诸多有益的经验。考虑到本集刊缺少国际法方向的编辑，我特别邀请四川大学法学院国际法教研室的张郭老师担任副主编。当然，本卷的编辑也离不开编委会其他成员辛勤的付出。在此一并表示感谢！

除了三名主编以外，编委会的其他成员均为四川大学法学院的博士、硕士研究生，其中一部分学生编辑在学术上颇有建树。作为一本主要由学生负责编辑的综合性法学集刊，我们面临着经费不足、稿源匮乏等问题。四川大学法学院以及本集刊编委会一直在争取各方面的支持。本集刊继续受到"四川大学人文社科期刊资助项目"的资助，并且开始面向法官、检察官、律师等法律实务界人士征稿。近几年来，我国的同类法学集刊如雨后春笋般涌现，对于优质稿源的竞争日趋激烈。另外，由于考评机制的影响，作者们更为青睐的显然是法学期刊以及核心法学集刊。我也数次向学生编辑们提及此种不甚理想的大环境。目前所能做的是，维持本集刊的正常运作并在既有的环境下和机制内努力将其办好。

本集刊编委会于2019年秋进行了换届，受此影响，本卷的编辑和出版有所延迟。收到稿件后，我根据专业方向对其加以分类，并组织各位责编进行初审和复审。此后，我又与两位主编专门开会讨论，确定了拟用稿。由于经费和稿源均有限，本集刊尚无条件按照“外稿内审、内稿外审”的方针开展审稿，但努力实现了程序公正。对于本集刊编委会成员的来稿，由几位主编一同把关。作为执行主编，我婉拒了所有的“人情稿”。因此，本卷基本上做到了“以质取文”。

本卷分为四个栏目：“诉讼法学专题”“论文”“译文”“书评”，共计 15 篇文章。由于诉讼法学方向的文章收录较多，本卷同上卷一样设立了诉讼法学专栏。本卷的截稿时间为 2019 年 11 月 30 日，此前来稿若未录用烦请作者自行处理。在此感谢各位作者对于本集刊的关照！

文章千古事，得失寸心知。向作者致谢，与编者共勉，请读者指正。

邹 奕

2020 年 3 月 15 日

目　录

诉讼法学专题

论我国司法官遴选委员会的三种模式

叶燕杰　朱蕾翰*

摘　要：经实证考察发现，我国司法官遴选组织在人员构成与组织规模上存在某种"规律悖反"现象，并在事实上形成了三种遴选组织模式，即政治参与型、司法业务型以及混合型，三者"政治协调功能"上的差异性、社会各界代表话语权重的差异性以及遴选任务与组织规模之间的"不匹配性"使其拥有各自的组织特征，也存在实际价值与内在局限的不同。未来，我国的司法官遴选机构应控制好政治系统的适当参与度、平衡好社会各界代表的话语权重、协调好遴选任务与组织规模之关系，以更好地发挥司法官遴选机构之功用。

关键词：遴选委员会；政治参与型；司法业务型；混合型

一、引言

2014年6月6日，中央深改组第三次会议审议通过了《关于司法体制改革试点若干问题的框架意见》（以下简称《意见》）、《关于司法体制改革试点中有关问题的意见》与《上海市司法改革试点工作方案》，决定在上海等地设立省一级法官检察官遴选委员会。[1] 2014年12月13日，上海成立了我国首个法官检察官遴选委员会（共由15人组成）。[2] 随后，各省相继组建了人员来源不同、组织形式有异、规模不等的遴选委员会成员库，如吉林成立了17人的遴选委员会，海南成立了37人的遴选委员会，黑龙江省19名、辽宁省15名、河北省57名、山西省17名、陕西省66名、山东省21名、甘肃

* 叶燕杰，法学博士，西南大学法学院博士后研究人员；朱蕾翰，四川大学法学院2017级硕士研究生。

〔1〕 此处的遴选委员会指省一级设立的遴选委员会成员库，不是遴选委员会的常规行权委员。

〔2〕 参见《上海市法官、检察官遴选（惩戒）委员会人员名单》，载上海市监察委员会网：http://www.shjcw.gov.cn/node2/zzb/shzfzz2013/tt/u1ai699113.html，2018年2月20日最后访问。

省39名、江苏省110名、四川省57名、云南省15名、湖南省58名、河南省80名……上述现象引起了笔者的关注:有关遴选委员会的组织模式为何呈现规模显著的差异性?更重要的是,这种差异性是否反映了遴选委员会人员构成的某种"规律性",抑或某种"规律悖反"现象?基于上述思考,笔者对12个[3]具有代表性省份(也包括最高人民法院、最高人民检察院的法官检察官遴选委员会)的遴选委员会的人员构成进行了考察。

经实证考察发现,我国司法官遴选委员会在人员构成与组织规模上差异显著,笔者试将其划为以下三种模式,即政治参与型、司法业务型以及混合型遴选委员会。本文将从遴选委员会其内部的显著特征、实际价值以及内在局限三方面对上述三种类型的遴选组织模式分别予以阐释,以期为这一"各界关注但尚未深入研究的问题"[4]提出笔者的一些粗疏看法,并在一定程度上弥补现有研究之不足。[5]

二、政治参与型遴选委员会

所谓政治参与型遴选委员会,是指遴选委员会吸纳了较大比重的政治系统成员,重视政治协调功能、司法属性较弱且组织规模大多偏小的遴选组

---

〔3〕之所以选择上述12个省份(见表1)作为研究对象,主要的原因有两个:一是全国目前只有约一半的省份向全社会公布了遴选委员会的详细组成人员名单,研究资料的可获得性较差;二是这12个省份均较为典型,整体上能够反映和代表全国的情况。上述12个省份中,有首批司改试点省份3个,二批试点省份3个,三批试点省份6个;在地域上,有东部地区5个,分别是上海、天津、江苏、山东、海南;中部地区5个,分别是吉林、山西、河南、湖南、江西;西部地区2个,分别是陕西、四川;在经济发展水平上,有经济发达省份、经济发展一般省份以及落后省份;在人口规模上,有人口大省、中等规模省份以及人口较少省份。因此,基于上述研究对象而得出的研究结论对于全国遴选委员会的整体状况,具有一定可推论性。

〔4〕参见左卫民:《省级统管地方法院法官任用改革审思——基于实证考察的分析》,载《法学研究》2015年第4期。

〔5〕目前,现有对司法官遴选的问题主要集中在司法官员(主要是法官)的遴选标准、遴选程序、遴选职能等上,或对法官遴选制度进行比较考察,而对我国司法官遴选组织进行专项考察的研究还比较少、比较散,特别是,现有的研究偏重理论建构而忽视实证分析,缺乏以实证的视角深度剖析我国的司法官遴选机构,有关这一问题的研究尚需加强。有限的研究可以参见董和平:《我国省级法官遴选委员会问题研究》,载《求索》2017年第12期;左卫民:《省级统管地方法院法官任用改革审思——基于实证考察的分析》,载《法学研究》2015年第4期;姚莉:《比较与启示:中国法官遴选制度的改革与优化》,载《现代法学》2015年第4期;石少侠:《对健全司法官遴选制度的几点思考》,载《法制与社会发展》2014年第6期;左卫民等:《中基层法院法官任用机制研究》,北京大学出版社2014年版;关毅:《法官遴选制度比较》(上),载《法律适用》2002年第4期;等等。

织模式。上海、天津、吉林、山西、山东等地的遴选委员会即属于这种类型。[6]

(一)显著特征

1. 较强的"政治性"

上海、天津、吉林以及山西等地的遴选委员会中源自党委、政府、人大以及政协系统(以下简称四大班子)的委员占较大比重,是遴选委员会的重要组成部分。根据笔者的统计,[7]上海、天津遴选委员会中四大班子成员占委员总数的33.3%;吉林占29.4%;山西比重更高,达47.1%,约占遴选委员总人数的一半。这部分"四大班子"的委员,通常是相关单位的部门负责人,不少委员具有较高级别的行政职务。例如,山西省遴选委员会17名委员中,6名副主任委员均由厅级领导干部担任,分别选自省委组织部、省委政法委、省人大、省高院、省检、省人社厅。[8] 上海、天津等地也存在类似情形(包括最高人民法院、最高人民检察院的遴选委员会)。政治系统成员参与司法官遴选的广度、深度,以及政治系统成员在司法官遴选中决策的影响力,在三种类型的遴选委员会中差异体现得最为明显。

2. 并不显著的司法属性

与前述问题紧密相关,由于注重政治参与性,四大班子以及其他外部人员在遴选委员会的成员构成中比重较高,相应地,这就压缩了其他主体在遴选委员会中的比重,特别是直接从事司法工作的司法系统成员占比。正如表1所示,在政治参与型遴选委员会中,司法系统成员在其中的比重普遍较低,如吉林司法系统在遴选委员会中的占比为29.4%;天津所占比重为26.7%;山西所占比重为23.5%;上海更低,司法系统在遴选委员会中的比重仅为13.3%,在由15人组成的遴选委员会中,法院和检察院均只有代表1人。可以看到,政治参与型遴选委员会中司法系统委员比重均未超过30%,这表明政治参与型遴选委员会的司法属性并不显著。

3. 较小的组织规模

政治参与型遴选委员会大多规模较小,组织规模精简。例如,上海市法官检察官遴选委员会由15人构成,其中主任委员1名,副主任委员4名,专

〔6〕 属于此种类型的尚有云南、青海等地。

〔7〕 相关数据均由权威网络媒体报道整理而成。

〔8〕 参见李琳:《山西法官检察官遴选委员会,您知多少?》,载山西新闻网:http://www.sxrb.com/sjdsb/aban112/a7_0/5650257.shtml,2017年8月14日最后访问。

家委员10名(天津的情形与上海的情形一致)。又如,吉林省法官检察官遴选委员会由17人构成,其中主任委员1名,副主任委员2名,专家委员14名。山西省法官检察官遴选委员会由17人组成,其中主任委员1名,副主任委员6名,专家委员10名。经核计,政治参与型遴选委员会组织规模平均值约为17人。不难看出,在政治参与型遴选委员会中,无论是遴选委员会的组织规模抑或是其组织架构,均呈现明显的"精简"特质。(见表1)

表1　不同类型遴选委员会组织规模情况

省份(市)	遴选委员数量(人)	遴选委员会类型
上海	15	政治参与型
吉林	17	
山东	21	
天津	15	
山西	17	
江苏	110	司法业务型
陕西	66	
河南	80	
海南	37	
湖南	58	混合型
四川	57	
江西	31	

(二)内在价值

1. 有助于获取员额制改革的政治支持

作为政治体制改革的一部分,员额制改革必须依循政治体制改革的总体脉络和基本规律,相关改革举措及制度设计必须彰显其政治上的合法性、可接受性。遴选委员会作为一项全新的制度设计,特别是作为一项"司法改革试点的重要基础性工作",[9]决定了其必须获得当前权力体系下主要政治机

[9] 韩正在上海市法官检察官遴选委员会成立大会时曾指出,"组建法官、检察官遴选(惩戒)委员会,是司法改革试点的重要基础性工作,直接关系到法官、检察官市级统一管理制度的落地实施"。参见林中明:《全国首个省级法官、检察官遴选(惩戒)委员会在沪成立》,载《检察日报》2014年12月14日,第1版。

构的支持。事实上，正如有论者所指出的，“在推进司法改革中，企图绕开政治问题争论，以达到一种超越‘意识形态’的技术改革之路，这在政治上是相当幼稚的，必然会触发司法政治化以及政治不信任的强烈反应”。[10] 龙宗智教授也谈到，司法改革过程中“源于基本体制的行政性要素必然尽然进入司法，而且在一定程度上是无法抗拒的”。[11] 通过吸纳较高比重的政治系统成员进入遴选委员会，遴选委员会引进了社会控制因素。[12] 政治系统的成员直接、深入地参与司法官的遴选工作，切实保障了国家权力对司法官员选任的指导、参与和监督，这样一来，传统司法官选任的部门决策、内部选拔[13]所具有的单方性、不透明性弊端得以改善。就此而言，政治参与型遴选委员会这种人员构成无疑有助于确保遴选程序的政治性、组织性和纪律性，并能获取更多的政治支持。

2. 有助于增强遴选委员会的多样化职能

司法官选任制度改革是员额制改革的一项重要内容，司法官遴选机构的设置也必须考虑员额制改革的综合性、系统性因素，充分重视遴选委员会的多样化职能建设。一方面，通过吸纳较大比重的政治系统成员，政治参与型遴选委员会的“政治协调功能”得到加强。通过吸纳纪检、组织、人事等政治系统的成员，遴选委员会可就司法官遴选过程中出现的系统性、体制性问题进行常态化的协商，在中国特殊的政治司法生态下，这种协商无疑具有相当重要的意义。另一方面，政治系统的广泛参与亦有助于遴选委员会其他方面的职能顺利展开，譬如有助于遴选委员会惩戒职能的发挥。

3. 有助于提升遴选委员会的组织效率

如前所述，政治参与型遴选委员会一般组织规模较小，这一特点有助于发挥其“船小好调头”的优势，提升遴选委员会的组织效率。“效率”是评判一

---

〔10〕 参见季卫东等：《中国的司法改革：制度变迁的路径依赖与顶层设计》，法律出版社 2016 年版，第 99 页。

〔11〕 参见龙宗智：《司法改革：回顾、检视与前瞻》，载《法学》2017 年第 7 期。

〔12〕 有论者在考察了国外的司法委员会（遴选委员会）后发现，各国司法委员会在实践中都无一例外地采取了让“外行”（非司法人员）担任司法委员会成员的做法。通过吸纳“外部”人员，司法委员会的工作也引进了社会控制因素。参见关毅：《法官遴选制度比较》（上），载《法律适用》2002 年第 4 期。

〔13〕 在有论者看来，中国地方法院任用的实质性决策权具有双重性，由法院内部主体与外部主体共同行使。但总体上仍是以法院内部主体为主。参见左卫民：《省级统管地方法院法官任用改革审思——基于实证考察的分析》，载《法学研究》2015 年第 4 期。

个组织设计是否科学、是否“有效”以及是否具有“适应性”的重要指标,“任何管理机构成员的决策都会受到一个重大的组织影响,就是要遵守‘有效率’的训诫”。〔14〕 在笔者看来,政治参与型遴选委员会无疑具备组织的效率性特征。一方面,在组建临时选任机构时,政治参与型遴选委员会无须在大范围内组织“抽签选拔”来确定遴选组成人员,只需在小范围内进行筛选,这就大大提升了遴选委员会的组建效率。与此同时,政治参与型遴选委员会也无须开展烦琐的委员接洽工作,遴选成员具有较强灵活性。可以说,政治参与型遴选会具有保证司法官遴选制度总体经济性的功能。〔15〕 另一方面,政治参与型遴选委员会人数较少能够确保组织成员普遍地、经常性参与司法官员的遴选工作。这就大大增强了遴选工作的实践性,为遴选委员熟悉遴选业务、深度接触遴选实践提供了普遍而均衡的机会,确保了遴选委员开展司法官遴选工作的“熟稔度”。这对于前期遴选任务较重、遴选程序承载着大量的常规性审查事项时,具有相当效率上的显见价值。

(三)内在局限

1. 遴选委员会的专业决策质量可能降低

专业功能是遴选委员会的首要功能,专业决策则是遴选委员会承担的主要决策角色。〔16〕 中央司改办负责人曾谈道,“为了保证专业能力,在省一级设立法官、检察官遴选委员会,从专业角度提出法官、检察官人选”。〔17〕 然而,政治参与型遴选委员会似乎与遴选委员会的专业功能定位存在一定程度上的冲突。如前所述,在政治参与型遴选委员会中,司法系统委员占比普遍偏低,在“一人一票”的投票规则下,司法系统委员的决策优势难以彰显,影响力明显不足。正如有论者所言,“尽管他们(司法人员)利益重大,但是影响力也是不够的”。〔18〕 然而,司法官遴选委员会毕竟是一个遴选法官、检察官的

---

〔14〕 [美]赫伯特·A. 西蒙:《管理行为》,詹正茂译,机械工业出版社2013年版,第11页。

〔15〕 参见左卫民:《省级统管地方法院法官任用改革审思——基于实证考察的分析》,载《法学研究》2015年第4期。

〔16〕 左卫民教授在讨论法官任用标准时曾指出,目前大多数法官(主要是普通型法官)任用时,职业化因素已经占据主导地位或成为主要标准之一。参见左卫民等:《中基层法院法官任用机制研究》,北京大学出版社2014年版,第280页。

〔17〕 参见邵春雷:《法官、检察官遴选,呼之欲出》,载《民主与法制时报》2014年12月22日,第1版。

〔18〕 参见季卫东等:《中国的司法改革:制度变迁的路径依赖与顶层设计》,法律出版社2016年版,第131页。

专业机构，司法官遴选程序毕竟属于一项“司法性质的竞争性任用机制”，[19]其需要对一名拟入额法官、检察官是否符合司法官员的任用标准进行专业评判。比较而言，来自司法系统的委员对司法机关需要何种人选有更理性的认知，“局内人”普遍具有较高的法律专业素质，拥有局外人无法获知的“选任知识”或“晋升法门”，在信息获取方面具有某种“相对优势”和“专业优势”。[20]而在政治参与型遴选委员会中，司法系统人员受限于较低的构成比重并不能充分地发挥其上述决策优势，难以就司法官的遴选结果施加可欲的积极影响。与此同时，政治系统成员比重过高，其遴选话语权较重，在一定程度上的“政治衡量”影响力甚至会“侵蚀”遴选委员会的专业性。

2. 遴选委员工作负担较大

政治参与型遴选委员会组织规模较小的特点，有可能造成遴选委员会缺乏必要的责任分担机制，致使遴选委员承载较大的工作负担（各省遴选任务见表2）。根据报道，2016 年 12 月 10 日至 25 日的半个月时间内，山西省遴选委员会（参与型）对全省法院、检察院报审的 5401 名申请入额法官、检察官资料进行了书面审议，平均每天要审议 360 名左右的法官检察官相关材料。[21]上海市法官检察官遴选委员会主任沈国明也曾透露到，上海市首批法官检察官遴选时，“两天一共工作了超过 25 小时”，其审议效果不得而知。[22] 某种程度上，这似乎反映出政治参与型遴选委员会人数较少所普遍面临的窘境。此外，政治参与型遴选委员会规模较小往往也意味着遴选委员会的精英化程度相对较高。事实上，由于个人精力有限，这种高度精英化的人员构成也可能出现一些问题，如这部分“精英”委员自身往往也承担着大量的、繁重的个

---

〔19〕 参见左卫民：《省级统管地方法院法官任用改革审思——基于实证考察的分析》，载《法学研究》2015 年第 4 期。

〔20〕 在左卫民教授看来，在现有的“熟人”考察机制下，评价者（司法系统委员）主要来自与拟任用者长期一起工作的同事、领导，他们的评估是一种经验性、直观式的判断。尽管“熟人”考察可能会受到圈子文化的影响，也存在一定程度的基于个人情感的主观性评价，但由此收集的有关法官选拔任用的信息总体上是充分的，其准确性也比较高，任用过程与结果往往也相对公正合理。参见左卫民：《省级统管地方法院法官任用改革审思——基于实证考察的分析》，载《法学研究》2015 年第 4 期。

〔21〕 参见杨锐：《首批法官检察官遴选工作圆满完成》，载《山西法制报》2016 年 12 月 30 日，第 1 版。

〔22〕 参见吴涛：《上海首次遴选晋升法官检察官将为全国提供经验》，载中国新闻网：http://www.chinanews.com/fz/2015/03-23/7151380.shtml，2017 年 7 月 30 日最后访问。

人“业务”,也使“精英”委员不得不面临西蒙所指出的“注意力的瓶颈”[23]问题,较易造成遴选任务与其个人“业务”的冲突,从而加剧其工作上的负担。

表 2　各省份入额法官检察官情况(截至 2016 年年底)

单位:人

省份(市)	已入额法官、检察官数量		已入额总数	委员数量	遴选委员会类型
	法官数量	检察官数量			
上海	2348	1580	3928	15	政治参与型
吉林	约 2900	约 2194	约 5094	17	
山东	约 13000		约 13000	21	
天津	约 2500		约 2500	15	
山西	2864	2385	5249	17	
江苏	6203	约 4209	约 10412	110	司法业务型
陕西	2737	2213	4950	66	
河南	7112	5801	12913	80	
海南	1116	806	1922	37	
湖南	5486	3873	9359	58	混合型
四川	6551	4661	11212	57	
江西	174(首批入额)+2870(第二批参加考试)	144(首批入额)+2147(第二批参加考试)	约 5335	31	

三、司法业务型遴选委员会

所谓司法业务型遴选委员会,是指其成员主要由具有法律专长、直接从事(或频繁接触)司法实务的人员组成,且组织规模大多偏大的遴选组织模式。司法业务型遴选委员会多以庞大的“专家库”的形式出现,因此,也可以称其为“专家库型遴选委员会”。属于此种类型的省份主要有江苏、河南、陕西以及海南等地。

[23] 在西蒙看来,人类同多数复杂生物一样,一次只能自觉地处理一件或有限的几件事,人类面临着一个“注意力的瓶颈”问题。参见[美]赫伯特·A. 西蒙:《管理行为》,詹正茂译,机械工业出版社 2013 年版,第 85 页。

(一)显著特征

1. 政治属性淡化

在司法业务型遴选委员会中,来自四大班子的委员在遴选委员会中总体占比较低,遴选委员会的“政治性”有所淡化。以江苏为例,在其110名组成人员中,四大班子委员为13人,仅占到了委员总数的11.8%;又以河南为例,在其80名非常任委员中,四大班子委员仅为6人,占比7.5%。与河南的情形相似,陕西66名委员中,四大班子委员仅为5人,占比7.6%。同政治参与型遴选委员会四大班子成员比重动辄高达30%相比,司法业务型遴选委员会四大班子的比重远不及彼。这表明,在司法业务型遴选委员会中,尽管政治因素仍然重要但已然有所淡化。

2. 司法属性显著

在司法业务型遴选委员会中,相当比重的委员来自司法机关,高校、科研院所以及律师界,这部分人员大多直接从事(或频繁接触)司法实务,属于“法律职业共同体”[24]范畴。以江苏为例,在其110名委员中,来自司法机关的委员占到了40%,法学专家学者占到了21.8%,律师委员则占到了23.7%,三者之和比重达85.5%;又以河南为例,在80名非常任委员中,司法系统委员占比26.3%,专家学者占比45%,律师委员占比17.5%,三者之和达88.8%。陕西以及海南[25]的情形与前两者大致相似。可以看到,在司法业务型遴选委员会中,司法人员、专家学者以及律师构成了遴选委员会的主导力量,其司法属性(或称专业属性)较为显著。

3. 组织规模庞大

司法业务型遴选委员会大多规模庞大,如陕西的遴选专家库为66人,河南为80人,江苏则达到了110人,湖北甚至出现了130人的超大遴选专家库。之所以会形成如此庞大的组织规模,在笔者看来,原因在于司法业务型遴选委员会更加重视其人员构成的广泛性、层次性。如江苏的遴选委员会组成人员中,除四大班子成员、司法系统成员、专家学者以及律师之外,尚有一些来自来非法律部门、非法律岗位且与司法官遴选关联度较低的委员,如某会计

---

〔24〕 在张文显教授等看来,法律职业共同体是由法官、检察官、律师、法学学者所构成,是一个意义共同体、事业共同体、解释共同体、利益共同体,表现为独立与互涉的特征。参见张文显、卢学英:《法律职业共同体引论》,载《法制与社会发展》2002年第6期。

〔25〕 尽管海南四大班子委员占比达到了24.3%,但是由于其司法系统比重超过了50%,也具备司法业务型遴选委员会的主要特征,故也将其归类为“司法业务型”。

师事务所副主任、某公司董事长、武警部队某副部长等。又如河南的遴选委员会人员构成中,同样有一些来自来非法律部门、非法律岗位的委员,如某中学校长、某公司工会主席以及某投资集团主任。而在人员来源的层级上,司法业务型遴选委员会也更加注重科层系统人员的层次性、均衡性:不仅有省级部门的代表,而且有市级、县级甚至更低层级部门的代表。或许正因如此,司法业务型遴选委员会才形成了如此特色鲜明的、规模庞大的遴选机构。

(二)实际价值

1.有助于强化遴选委员会的专业职能

如前所述,在司法业务型遴选委员会中,司法人员、专家学者以及律师委员构成了遴选委员会的主导力量(占到了委员总数的80%～90%不等),是司法官遴选程序决策的中坚力量。这部分人员长期直接从事(或频繁接触)司法实务,对司法实践的运作规律有更清醒、理性的认知,与此同时,“在法律体系和制度内的持久的接近和经常的接触使他们相互之间产生密切的认识”。[26] 这种认知无疑有助于他们在遴选活动中遵循大致相似的逻辑,并依据“司法逻辑”而非“管理逻辑”[27]进行理性决策。此外,作为对遴选制度改革拥有“法律化的利益”的司法人员、律师以及拥有“事实上的利益”的法学专家,[28]对司法改革寄予厚望、充满期待,这无疑也有助于确保遴选委员会的专业导向,推动司法官遴选程序朝着专业化、正规化、职业化的脉络演进。

2.有助于增强遴选委员会的“适应性”

业务型遴选委员会除了具备专业性方面的优势之外,也具有“适应性”方面的优势。所谓“适应性”,是指遴选组织适应当前环境的能力、程度,主要体现在遴选委员会的组织“兼容性”以及“胜任力”方面。一方面,业务型遴选委员会更具广泛性的人员构成提升了遴选委员会的“兼容性”。相比政

---

〔26〕参见张文显、卢学英:《法律职业共同体引论》,载《法制与社会发展》2002年第6期。

〔27〕在郭松看来,所谓司法逻辑,是指司法的独立与自治;而管理逻辑,则是指为促进司法组织有效管理以及提升司法组织整体质效而采取的技术手段。参见郭松:《绩效考评与司法管理》,载《江苏行政学院学报》2013年第4期。

〔28〕程金华指出,司法人员(本组织)以及律师对司法体系运作及其改革拥有“法律化的利益”,而法律教研机构与法律学者则拥有“事实上的利益”。参见季卫东等:《中国的司法改革:制度变迁的路径依赖与顶层设计》,法律出版社2016年版,第118页。

治参与型遴选委员会，这种更为广泛性的人员构成为遴选委员会倾听、吸纳各方意见提供了有效渠道。在此意义上，司法业务型遴选委员会无疑是一个凝聚广泛共识、促进“观点民主的集成机制”。[29]

另一方面，司法业务型遴选委员会较大规模的组织优势，也有助于提升其组织“胜任力”。首先，较大规模的组织优势能够更为有效地应对遴选任务较重的问题，有助于细分遴选任务、减轻责任分担，特别是在当前遴选任务较重、遴选工作承载大量的常规性审查事项的背景下，能够确保遴选委员将更多的精力投入候选人的甄别、筛选上。当前一些遴选任务较重的省份如江苏、河南等，大多建立了规模较大的遴选委员会。其次，较大规模的组织优势能够提供大规模的遴选“专家库”，这为遴选委员会在较大范围内随机选拔遴选组成人员提供了前提条件。这种大范围的随机选拔，有助于确保遴选工作的公正，对此，政治参与型遴选委员会无疑是望尘莫及的。

（三）内在缺陷

1. 政治协调功能的弱化

前文谈到，政治参与型遴选委员会政治系统成员较多，优点是有助于强化遴选委员会的“政治协调功能”并能获取更多的政治支持，缺点则是政治属性过强，易受政治影响。同政治参与型遴选委员会四大班子成员比例动辄高达30%的比重相比，司法业务型遴选委员会政治系统的影响力因而更为有限。不唯如此，不同于政治参与型政治系统成员大多来自省级层面的“协调”部门，司法业务型遴选会中四大班子大多成员仅具备普通政治职务，如江苏某镇镇长、某水利局局长以及某乡乡长等。因此，无论是政治系统整体的话语权重，还是四大班子成员的具体来源，司法业务型遴选委员会的“政治协调功能”都明显弱于政治参与型。

2. 组织运作效率的降低

司法业务型遴选委员会庞大的组织规模是一柄“双刃剑”，在增强遴选委员会适应性的同时，客观上也会造成遴选机构的臃肿，进而降低遴选组织的运作效率。一方面，对于组织的管理和运作而言，大规模的遴选组织往往需要投入更多的管理精力、管理成本。例如，每次遴选前，司法业务型遴选

---

〔29〕 参见王绍光、鄢一龙：《中国民主决策模式——以五年规划制定为例》，中国人民大学出版社2015年版，第116页。

委员会均需在大范围内筛选组成人员,其间涉及大范围的随机选拔、前期沟通、会务安排等烦琐事项。社会学家乔治·西梅尔即谈到了大集团运作所固有的弊端,在他看来,“比起大集团,小集团的行动更果断,而且能更有效地运用他们的资源”。[30] 可以说,司法业务型遴选委员会庞大的组织规模所带来的管理负担,与当前“精兵简政,提升效率”的改革趋势也多有抵牾。另一方面,司法业务型遴选委员会必须有效平衡遴选委员的“公平参与”与“随机选拔”之间的关系,既要兼顾不同部门、不同层级、不同地区委员的公平参与机会,又要确保委员选拔的客观随机性,这无疑也是一项颇具挑战性的工作。此外,大范围的随机选拔所造成的遴选委员的不定期“歇业”,这也会造成遴选委员业务的“生疏”,并最终对遴选委员会的组织效率产生不利影响。

四、混合型遴选委员会

所谓混合型遴选委员会,是指融合了前述两种类型遴选委员会人员构成之特征,而形成的一种新类型的、具有中等组织规模的遴选委员会。属于此种类型的省份主要有四川、湖南、江西等。

(一)显著特征

1. 人员来源的“有限多元化”

混合型遴选委员会在人员构成上呈现“有限多元化”之特征(见表3)。一方面,在人员构成上,混合型遴选委员会同政治参与型遴选委员会具有某种相似性,但是更具广泛性。具体来说,混合型遴选委员会中某一部门的代表往往有多名,这不同于政治参与型模式下的“有限代表”(某一部门往往仅有代表一人)。另一方面,相较司法业务型遴选委员会,混合型遴选委员会在人员来源的广泛性上又有收缩,如混合型遴选委员会大多没有科层系统中的基层代表,以及与司法官遴选关联度较低的企业家代表等。总体来说,混合型遴选委员会的“有限多元化”是一种强于政治参与型的“简单多元”但又弱于司法业务型的“复杂多元”的有限多元组织形式,具有特殊的代表性内涵。

---

[30] 参见[美]曼瑟尔·奥尔森:《集体行动的逻辑》,陈郁、郭宇峰、李崇新译,格致出版社2014年版,第52页。

表 3　混合型遴选委员会人员构成情况

单位：人

省份	四大班子				占比	司法系统		占比	专家学者	占比	律师	占比	其他	委员总数
	党委	政府	人大	政协		检察院	法院							
湖南	4	7	5	1	29.3%	10	9	32.7%	11	19%	11	0	0	58
四川	5	6	6	5	38.6%	8	7	26.3%	10	17.5%	10	0	0	57
江西	4	2	4	0	32.3%	5	5	32.3%	7	22.6%	4	0	0	31

2. 人员构成的相对均衡性

混合型遴选委员会的显著特征之二，是其主要构成人员在比重上的相对均衡性。试以四川为例，四川四大班子，司法系统，高校、科研院所及律师分别占比 38.6%、26.3%、17.5%、17.5%。又以江西为例，江西四大班子、司法系统、高校、科研院所及律师分别占比 32.3%、32.3%、22.6%、12.9%。湖南的情况与前两者大致类似。可以看到，无论是四川、江西还是湖南，其主要构成人员之间的比重均较为均衡，其中，四川各主体之间的比重差值（差值为比重最大主体与比重最小主体之差，下同）为 21.1%，江西的差值为19.4%，湖南的差值为 13.7%，平均值为 18.1%。相比之下，政治参与型遴选委员会的差值则为 41.3%（山西）、29.4%（吉林）、26.6%（上海）、20%（天津）、19.1%（山东），平均值为 27.3%。司法业务型遴选委员会的差值为 46%（海南）、37.5%（河南）、33.3%（陕西）、28.2%（江苏），平均值为36.3%。不难看出，混合型遴选委员会的人员构成更为均衡，他们既熟悉司法程序和法律知识，又能站在法检两院以外的角度对法官、检察官进行评价。

3. 组织规模的中等性

除上述两个特征之外，混合型遴选委员会还具有组织规模的中等性特征。有论者梳理了部分省份遴选委员会人员构成情况，发现“目前公布司法官遴选委员会的省份，委员总数差异极大”。[31] 根据其所作的统计，目前委员人数 20 人以下有青海、贵州、黑龙江、宁夏、辽宁、云南等地（包括本文重点

〔31〕 参见谈词镇、何丽敏：《司法官遴选委员会再完善实证研究——以 30 省（市、自治区）司法官遴选委员会为蓝本》，载《黑龙江省政法管理干部学院学报》2017 年第 1 期。

分析的上海、吉林、山西、天津等地），委员人数在20～50人的有广西、福建、甘肃（39人）等地（包括本文重点分析的山东、海南、江西等），委员人数为50人以上的则有湖北（130人）、广东（68人）、河北（57人）、湖南（58人）（包括本文重点分析的江苏、河南、四川、陕西等）。根据上述统计，笔者将遴选委员会的组织规模划分为三种类型，即20人左右的小规模遴选委员会（如上海、天津、山东、吉林等地），20～50人的中等规模遴选委员会（如四川、湖南、海南、江西等地），60人及以上的大规模遴选委员会（如江苏、陕西、河南、广东等地）。可以看到，本文分析的混合型遴选委员会大多为中等组织规模的遴选委员会。

（二）实际价值

1. 平衡了遴选组织的参与性与专业性

遴选组织的参与性（民主性）与专业性往往存在某种程度的抵牾。一方面，为了增强遴选委员会的参与性，遴选委员会势必要吸纳一定比重的非专业人士（尤其是政治系统）进入其中并参与决策；另一方面，遴选委员会又必须尽可能地维持其专业性，这就要求最大限度地限制非专业人士的参与。遴选组织需要在参与性与专业性之间寻求平衡调和。受此理念的影响，政治参与型遴选委员会似乎过多地强调参与性（尤其是政治系统的参与），其司法属性有所弱化；而司法业务型遴选委员会则走向了另一个极端：尽管其司法属性有所增强，然其政治协调功能却又受到削弱，在当前“源于基本体制的行政性要素必然进入司法”的背景下，司法业务型模式似乎也并非明智。混合型遴选委员会较好地解决了上述问题：一方面，通过增加政治机构的代表数额增强了遴选委员会的参与性；另一方面，通过吸纳了较多的“法律职业共同体”成员，其司法属性较之政治参与型遴选组织有所强化。

2. 提升了遴选组织的整体工作效能

前文已经分析到，政治参与型遴选委员会规模较小且高度精英化，使遴选委员会的回旋余地较小，在当前遴选任务较重、遴选程序承载着大量的常规性审查事项的背景下，遴选委员可能会因此而承载较大的工作负担，并极易造成遴选任务与其个人“业务”的冲突；而司法业务型遴选委员会又存在规模过大，面临组织效率不高、委员的非常任性、轮替性，非常规性“歇业”可能造成的业务生疏等问题。混合型遴选委员一定程度上解决了上述问题，一方面，混合型遴选委员会有较为充分的遴选专家库，能够实现遴选任务的合理化分担，有助于减轻遴选委员可能的工作负担；另一方面，混合型遴选委员会规模较大但又有所收敛，这就降低了遴选委员的组织与管理难度，提升其运作效率。因此，某种程度上，混合型遴选委员会确有助于提升遴选组织的整体工作效能。

（三）内在局限

1."有限多元化"并未实质增强遴选组织代表性

政治参与型遴选委员会规模较小，在价值取向上追求精简、高效以及重视遴选委员会的政治协调功能。具体到遴选委员会的人员构成上，表现为重视横向上的代表性，而忽视遴选委员会纵向上的代表性，因此，政治型遴选委员会中科层系统的委员主要来自省级部门。同政治参与型遴选委员会相比，业务型遴选委员会在价值上追求广泛的代表性、多元性以及层次性，因而其构成人员中不仅有体制内的委员，也有体制外的委员。不仅有省级部门的成员，也有诸多市级乃至基层部门的委员。至于混合型遴选委员会，尽管其形式上综合了参与型与业务型的人员构成特征，但这种"有限多元化"并未实质上增强遴选组织的代表性。原因在于，混合型遴选委员会中科层系统的成员仍主要来源于省级部门，来自中基层、特别是一线的人员比重依旧很低。[32] 某种意义上，混合型遴选委员会只是在政治参与型遴选委员会的基础上进行了简单"扩容"，而并未实质上增强其组织代表性。就此而言，混合型遴选委员会仍然有其局限性。

2.混合型遴选组织决策专业性受限

与政治参与型遴选委员会相似，政治系统在混合型遴选委员会中仍具有较大的话语权重。例如，在湖南的遴选委员会中，四大班子的比重达29.3%，四川四大班子的比重达38.6%，江西的四大班子比重也占到了32.3%。这表明，混合型遴选委员会仍然重视其政治协调性。正如前文所述，政治系统的成员往往不具备司法官选任所需要的专业知识，面临"信息收集能力较差"[33]之问题。不仅如此，政治系统的成员往往居于遴选组织的"核心决策圈"内，有条件就司法官遴选施加重大影响。通过表4，我们可以看到，混合型遴选委员会的"权力"核心——专门委员几乎均由四大班子成员组成，具有常任性，不需要进行随机选拔，从而确保其享有稳定的、连续

〔32〕 在湖南的遴选委员会中，来自科层系统的委员仅两人来自基层部门，其中一人为某交警支队大队长，另一人为某县公安局副局长；江西的遴选委员会中，也同样只有两人来自基层部门，其中一人为某区检察院检察长，另一人为某区法院刑庭庭长。

〔33〕 参见左卫民：《省级统管地方法院法官任用改革审思——基于实证考察的分析》，载《法学研究》2015年第4期。

的决策权。而司法系统、专家学者则基本上被排除在这一决策圈,遴选委员会的专业决策可能会过多地受到政治因素的影响,变得行政化,进而偏离其专业性、中立性。因此,笔者认为,混合型遴选委员会的专业决策质量仍将无可避免地受到影响。(见表4)

表4 各省遴选委员会组织架构

单位:人

省份	常任委员(主任委员、副主任委员、专门委员)	专家委员	委员总数
湖南	省人大常委会副主任、省委政法委副书记、省委组织部副部长、省法院副院长、省检察院副检察长、省纪委第一监察室主任、省人大内司委副主任委员、省公务员局局长(共8人)	50	58
四川	省委政法委副书记、司法厅厅长、省检察院政治部主任、省人大内司委主任委员、省人社厅巡视员、省高院政治部主任、省委组织部副部长(共7人)	50	57
江西	省纪委常委、省委组织部副部长、省政法委政治部主任、省人大内司委副主任委员、省法院政治部主任、省检察院政治部主任、省人社厅副厅长(共7人)	24	31

五、我国司法官遴选委员会的未来发展

上文分析了我国司法官遴选委员会的三种模式,即政治参与型、司法业务型以及混合型模式。这种分析表明,我国司法官遴选组织事实上已经形成了多元化的组织形式,反映出各个省份在对待司法官遴选机构上的差异化理念。值得一提的是,尽管各省遴选委员会在设立时间上具有先后性,但在人员构成和组织规模上的借鉴性、承继性并不明显。[34] 那么,应当如何看待上述问题?进一步而言,我国司法官遴选组织未来应如何发展,向何处发展?

事实上,员额制改革是涉及纵深的一项改革,也是深化司法体制改革的基石,根据《中华人民共和国法官法(修订草案)》(以下简称《法官法》草案)第15条第1款、第2款"设立最高人民法院法官遴选委员会,负责最高人民

〔34〕 如有论者即指出,各省在人口数量、经济发展程度以及案件数量等问题上存在较大的差异,遴选委员数量出现一定的差异性也属正常。但是,目前各省遴选委员会所呈现的差异性完全没有规律可循,很难得到合理解释。参见谈词镇、何丽敏:《司法官遴选委员会再完善实证研究——以30省(市、自治区)司法官遴选委员会为蓝本》,载《黑龙江省政法管理干部学院学报》2017年第1期。

法院法官人选专业能力的审核”“省、自治区、直辖市设立法官遴选委员会，负责初任法官人选专业能力的审核”的规定，[35]可以认为，《法官法》草案是将“专业能力审核”作为法官遴选委员会的功能定位。与此同时，《中华人民共和国检察官法〈修订草案〉》第16条第3款也规定，“省级检察官遴选委员会的组成人员应当包括地方各级人民检察院检察官代表和社会有关代表，其中检察官代表不少于三分之一”。[36]

在回答这一问题之前，笔者认为必须先予回答的问题是，我们究竟需要什么样的司法官遴选组织？什么样的司法官遴选机构才是理想型的、最契合当前司法官遴选的实际？

建立法官、检察官遴选委员会，是法检机关司法责任制改革的重要内容，是目前推进法官、检察官员额制改革、建设精英化的司法官队伍的前提要义，可以预见，法官、检察官队伍正规化、专业化、职业化、精英化建设是司法职业发展的必然趋势，围绕这一趋势而进行的相应改革也必须体现其契合性、适应性。借由司法官遴选制度改革，我们可以选拔出一批政治素质最好、业务能力最强的“精兵强将”充实到一线办案。这些法官、检察官必须是“办案能手”“业务骨干”，同时又必须“德才兼备”“作风优良”，唯有如此，才能不违员额制改革之初衷、才能最终提高司法机关的办案水平。而为了选拔出这样一批司法人员，作为甄别主体的遴选委员会也应具备一些“特质”。首先，遴选机构必须是专业的。其组成人员自身必须具有较高的专业水准，既了解、关注司法实务又具备广阔视野、大局观念，否则难免“以其昏昏使人昭昭”。[37]其次，遴选机构必须是权威的。遴选机构必须获取政治系统的支持、谅解，能够被授权就遴选的实质性事项进行“拍板”，其相关决策具有执行力。再次，遴选机构必须是中立的。司法官遴选机构必须不偏不倚，既不能沦为“政治附庸”，又应当避免形成“法官（检察官）利益集团”。[38]最后，遴选机构必须是多元的。多元性是为了打破遴选主体的单一性、封闭性，通过引入社会控制因素，将适当的“常识常理常情”引入遴选程序中，以此增强遴选结果的社会可接受性和广泛的社会代表性。

---

〔35〕参见《中华人民共和国法官法（修订草案）》，载中国人大网，http://www.npc.gov.cn/。

〔36〕参见《中华人民共和国检察官法（修订草案）》，载中国人大网，http://www.npc.gov.cn/。

〔37〕事实上，在域外，遴选机构的“中立性和专业性也是改革的主要方向”。参见姚莉：《比较与启示：中国法官遴选制度的改革与优化》，载《现代法学》2015年第4期。

〔38〕参见何帆：《法官遴选委员会的五个关键词》，载《法制资讯》2014年第8期。

在这样的理念之下,遴选机构应当主要由专业人员构成,专业人士包括司法系统人员、法学专家、律师等。与此同时,遴选机构必须体现权威性,必须具备政治协调功能,因此,需要有政治系统的成员参与其中(但其比重不能过大,以免使遴选机构过多的受政治因素的影响)。此外,为了体现遴选机构的多元性,遴选组织必须吸纳社会各界代表参与其中,但为了保持遴选组织的专业功能定位,应注重控制其数量、比重。最后,为了增强遴选机构的适应性,应当维持遴选机构的适度组织规模,注意平衡好遴选任务与其组织规模之间的关系,体现协调性、内在一致性。具体来说:

(一)确定好政治系统的适当参与度

达玛什卡曾指出,"法律程序是一个从社会生活的政治层面汲取信息的过程,政治因素在塑造程序系统的总体轮廓方面扮演者重要角色"。[39] 陈卫东教授也谈到司法改革过程中应当关注三个"关键词",即合法性、民主性与受制性。[40] 立足于当前特殊的政治——司法生态以及司法改革的现实,推进司法体制的改革,在员额制法官、检察官制度在全国铺开时,作为基石的遴选委员会更应当做好首要的选任工作,各省遴选委员会应吸纳政治系统的成员(四大班子)及数量有限的其他类型的普通民众,以增强其政治协调功能并获取更多的政治支持。但与此同时,为了确保遴选委员会不至过度政治化从而偏离其专业功能定位,上述人员应当控制在一定的限度之内。进一步而言,这部分委员进入遴选委员会中应以"必要"和"有限代表"为原则,所谓"必要",是为政治协调所"必不可少",是为增强遴选组织的多元性所"必不可少"。详言之,四大班子除组织、纪检、政法、内司委等之外,原则上不应再增加代表数额。对于那些与司法官遴选关联度较低,如基层政府代表、企业家代表、中学校长代表等,因其身份事实上已转变成"政治身份",故原则上应控制其进入遴选委员会的数额;"有限代表"体现在"代表数量的限制性",政治系统每一部门的代表数量应当具有"有限性",遴选任务较重的省份各部门代表可以适当增加1~2名。

(二)平衡好社会各界代表的话语权重

社会各界代表在遴选委员会中的权重,反映了遴选委员之间的竞争——

---

〔39〕［美］米尔伊安·R. 达玛什卡:《司法和国家权力的多种面孔——比较视野中的法律程序》,郑戈译,中国政法大学出版社2007年版,第361页。

〔40〕参见陈卫东:《合法性、民主性与受制性:司法改革应当关注的三个"关键词"》,载《法学杂志》2014年第10期。

合作关系,决定着遴选委员会的整体气质与价值偏好,是衡量遴选委员会“专业化”水平、“中立性”程度的重要标尺。考虑到政治参与型遴选委员会的政治性色彩较强、司法性较弱,而司法业务型遴选委员会又面临政治性色彩较弱而司法性较强,二者似乎都不是理想的路径选择。正如有观点谈到的,“司法确实不等于政治,但也不可能脱离政治,不可能完全独立于政治;完全独立于政治的司法本身就是一种没有根基的政治主张,不仅在中国如此,在世界各国也都如此”。〔41〕 立足于当前全面推进司法改革的现实,考虑到遴选委员会“中立、权威、多元、专业、透明”〔42〕的功能定位,在遴选机制已逐步稳定,法官检察官遴选已逐步进入常态化的背景下,我们应关注遴选委员会已有的工作成果,未来遴选委员会的改选应考虑继续保持四大班子成员的“有效参与”,但为了避免遴选委员会过度政治化,笔者认为其比重以不超过20%为宜;与此同时,为了确保遴选委员会具有较高的专业水准,要更多的吸纳司法人员(包括中基层、一线司法人员)尤其是法院系统的人员进入遴选委员会,使其成为遴选委员会的主导力量(笔者认为40%的比重较为适宜,其中法官25%,检察官15%〔43〕),“以确保遴选结果具有公认的专业权威性”;〔44〕要维持并可适当提高法学专家在遴选委员会中的比重(笔者认为30%比较适宜),接纳并适度限制律师委员在遴选委员会中的参与(约10%),总体上形成四大班子、司法人员、专家学者、律师之比为2∶4∶3∶1的格局,未来可以考虑调整为1∶5∶3∶1。

(三)协调好遴选任务与组织规模之关系

前已述及,政治参与型遴选委员会规模过小,灵活性较差,遴选委员有可能承载较大的工作负担。而司法业务型遴选委员会大多规模过大,增加了组织管理的难度并可能制约遴选委员会的组织效率。特别是当司法官遴选工作步入常态化之后,再维持一个较大规模的遴选委员会显然并不经济。与此同时,各省遴选委员会在其遴选任务与组织规模之间的“非协调性”问题,也

---

〔41〕 参见季卫东等:《中国的司法改革:制度变迁的路径依赖与顶层设计》,法律出版社2016年版,第100页。

〔42〕 参见何帆:《法官遴选委员会的五个关键词》,载《法制资讯》2014年第8期。

〔43〕 目前,各省遴选委员会人员构成中,法官代表和检察官代表几乎都形成了“1∶1”的比重,一些地方检察官代表数额甚至多于法官。鉴于当前法官遴选任务通常大于检察官,因此,总体上检察官代表数额应当略低于法官代表数额。

〔44〕 石少侠:《对健全司法官遴选制度的几点思考》,载《法制与社会发展》2014年第6期。

应当引起足够的重视。这种“非协调性”主要体现在遴选委员会遴选任务与其组织规模之间的不匹配性。试以四川和山东为例,目前,四川省已遴选出约10555名法官[45]检察官,其遴选委员会的组织规模为57人。而与其遴选工作量接近的山东省(约1.3万人)的组织规模仅为21人,甚至不及四川的1/2。事实上,这种“非协调性”现象普遍存在。笔者通过对前述11个省份(吉林除外,因其遴选规模无法确定)的遴选规模(遴选任务)与组织规模的相关性分析发现,各省遴选委员会的组织规模与其遴选任务不相匹配,反映了出当前遴选任务与遴选规模之间的混乱性。

鉴于此,笔者认为,我国各省的遴选机构总体上宜维持在一个中等或中等偏小的规模。[46] 在遴选任务较重的省份,如河南、山东、四川、江苏等地,遴选委员会可以维持在一个中等规模(如30~40人);而遴选任务较轻的省份,如上海、天津、海南等地,遴选委员会宜维持在一个中等偏小的规模(如20~25人的规模),而非当前过小的组织规模。如此一来,方能消除遴选任务与其组织规模的“非协调性”问题,凸显遴选委员会组织规模的“内在一致性”。[47]

六、结语

前首席大法官肖扬曾谈道,“我们并非缺乏优秀的法官,更不缺优秀的法律人才,但我们使优秀法官脱颖而出、把优秀人才吸引到法官队伍中来的机制还不完善。这就需要通过改革,创造使优秀人才脱颖而出、纷至沓来的法官选拔和管理制度”。[48] 笔者以为,设立司法官遴选委员会正体现了我们为构建这一“使优秀人才脱颖而出、纷至沓来的法官(检察官)选拔和管理制度”而进行的不懈努力。应当看到,作为一项全新的制度设计,司法官遴选委员会在提升司法官员选任职业化、专业化、精英化水平方面发挥着积极效应。

---

[45] 参见《四川再遴选出拟入额法官216名、拟入额检察官16名》,载百家号网:https://baijiahao.baidu.com/s?id=1621087167115584439&wfr=spider&for=pc,2018年6月20日最后访问。

[46] 事实上,从目前世界上通行的做法来看,各国遴选委员会大多采用了中小规模的遴选委员会(司法委员会)。根据学者的考察,法国最高司法委员会由主席、副主席及16名委员组成;英国法官任命委员会由15名委员构成;西班牙的共同委员会由21名委员组成;我国台湾地区“法官遴选委员会”由19人组成。参见蒋惠岭、杨奕:《英国法官遴选委员会是如何运行的》,载《人民法院报》2014年7月4日,第8版。

[47] 参见周雪光:《中国国家治理的制度逻辑:一个组织学研究》,生活·读书·新知三联书店2017年版,第33~34页。

[48] 肖扬:《肖扬法治文集》,法律出版社2012年版,第547页。

但也应看到,作为一项初创的制度设计,司法官遴选委员会在其人员构成和组织规模上呈现诸多不容忽视的局限性,这为我们重新审视乃至调整、完善司法官遴选组织预留了巨大的空间。

新时代“枫桥经验”与社会治理创新
——以基层检察机关司法实践为视角

四川省成都市金牛区人民检察院课题组*

摘　要:“枫桥经验”作为我国探索化解基层社会矛盾和进行社会治理并取得成功的实践典范,在新时代对检察机关践行主责主业工作参与社会治理仍有诸多启示。但当前“枫桥经验”与检察工作结合不够密切,检察版“枫桥经验”的发展无论是在理论研究还是实践运行中都存在诸多问题,如理论认识有所欠缺、整体性研究缺乏、主责主业工作切入困难和参与社会治理途径不够丰富等。“枫桥经验”与检察工作的融合还有一定难度。以基层检察主责主业践行“枫桥经验”工作为基点,从提高政治站位、加强理论研究、建立健全综合治理机制和配套机制等入手,有助于“枫桥经验”在检察环节的发展和创新以及检察机关更好地参与社会治理。

关键词:枫桥经验;社会治理;检察实践;主责主业

“枫桥经验”是我国政法综治战线的一面旗帜和社会治理的金名片,是不断推进和实现国家治理和社会治理现代化、建设社会主义现代化强国的重要法宝。检察机关作为国家法律监督机关,应是践行传承、创新、发展“枫桥经验”的重要力量。然而,现阶段相对于党政机关、人民法院和高校科研机构而言,检察机关在如何贯彻落实发扬“枫桥经验”方面的研究较少,与其在社会治理体系的地位不相匹配。本文拟从我国西部某基层检察院J院工作实践为立足点,对J院运用“枫桥经验”情况进行分析和总结,梳理出普遍

---

* 本文系四川省成都市人民检察院2018年度检察理论研究课题“新时代枫桥经验与社会治理创新”(CDJC2018C02)研究成果,课题组成员为秦宗龙、李薇薇、黄俊杰、任柏圯。

秦宗龙,成都市金牛区人民检察院副检察长;李薇薇,成都市金牛区人民检察院检察委员会专职委员,法律硕士;黄俊杰,成都市金牛区人民检察院员额检察官,法学硕士;任柏圯,成都市金牛区人民检察院干警,法学硕士。

性问题，力求探索出可实践、可复制、可推广的检察版“枫桥经验”，使二者的完美契合能共同在社会治理中发挥出强大合力。

一、“枫桥经验”内涵

“枫桥经验”作为我国非正式法律制度中寻找化解社会矛盾问题的典范，沿着“产生—坚持—创新—发展”的历史轨迹，形成了一套比较成熟的理念和机制。剖析其精神实质和发展规律，发现它有两个本质内涵始终如一、从未改变。一是“坚持群众路线”。作为主体的“群众”，既是“枫桥经验”的实际参与人，也是直接受益人。二是“化解矛盾”。这是精髓，更是本质，是“枫桥经验”存在的合理性及价值性。因此，检察机关要认真领会这两点先进理念和成功做法，不断挖掘新时代“枫桥经验”内涵，牢固确立“群众主体”这一根本，紧紧把握“化解矛盾”这一本质，以便更好地开展和发展检察工作。

二、“枫桥经验”与检察工作的内在联系

课题组认为检察工作与“枫桥经验”的根本目的是一致的，都是为了促使国家长治久安、社会和谐稳定、群众幸福美满，“枫桥经验”既能对检察工作产生深远影响，又能与检察工作紧密结合、相互补充。

（一）“枫桥经验”与检察工作的内在联系

1.“枫桥经验”与检察工作理念存在一致性。检察机关承担着查处犯罪的职责，在主责工作中要求贯彻的谦抑审慎原则、宽严相济刑事司法理念和认罪认罚从宽制度，与“枫桥经验”所倡导的教育、感化、挽救理念具有很大的一致性，均以人权保障为出发点，是坚持以人民为中心进行司法活动的内在要求。

2.“枫桥经验”与检察工作职能存在一致性。“枫桥经验”先后产生的社教模式、犯罪防控模式、矛盾化解模式、流动人口管理模式和司法调解模式等，与检察工作中开展的刑事和解、法律援助、司法救助、不起诉和社区矫正等工作有异曲同工之处，均各自遵循明确的主旨，多元共治，多措并举推动社会善治，达到政治效果、社会效果、法律效果的有机统一。

3.“枫桥经验”与检察工作方式存在一致性。“发动和依靠群众”表现为与各办案单位的沟通并听取意见；认真听取犯罪嫌疑人、被害人的诉求，耐心细致释法说理，讲明讲透法条规章，以解除当事人心理谜团，最终使群

众认同、配合、支持检察工作。"坚持矛盾不上交、就地解决"表现为履行主责主业遭遇困难时,主动需求解决之道,加强与相关部门的协调配合,努力将矛盾解决在第一线,避免矛盾扩大化。

(二)"枫桥经验"对检察工作的启示

1. 宽严相济刑事理念是检察机关司法办案必须遵循的应有之意。"枫桥经验"表明,实现社会和谐稳定必须综合运用政治、法律、文化、教育等综合治理手段,配合打击、防范、教育、预防等工作,才能避免"治标不治本",这与检察机关秉承谦抑精神一脉相承。故检察机关要跳出事后惩治犯罪、化解矛盾的传统思路,树立全新综合治理理念,提供更优质的司法服务。这既能化被动为主动、从源头上消灭不和谐因素,还能团结更多群众参与社会治理,提高社会治理效率,真正实现国家的长治久安。

2. 调动群众力量化解纠纷是基层检察的职能所系。"枫桥经验"是坚持、贯彻党的群众路线的思想结晶、实践成果,它的发展创新离不开群众的参与。检察机关的工作职能不能仅是司法办案和法律监督,化解社会矛盾、提升社会法治化水平也是职责之所在。因此,如何更好地服务群众、化解纠纷,就迫切需要向"枫桥经验"汲取经验做法。"枫桥经验"强调在社会治理中调动群众自治力量,尊重传统乡土社会规则,积极培育、发展民间力量,实现"就地化解矛盾"的目标,给检察机关提供了样板,近年来兴起的基层检察室便是最好的借鉴。

3. 加强普法宣传是检察机关践行"枫桥经验"的必然要求。"枫桥经验"将改造人的思想、提高人的素质视为实现社会和谐的最重要手段之一。虽然随着普法工作的开展和普法力度的加强,群众的法治意识不断增强,但在很多领域、很多地方,还存在法治意识不强、法律知识欠缺,发生法律问题不知如何维权等现象。因此,检察机关应严格贯彻执行"谁执法谁普法"要求,强化法治宣传,激发群众法治思维,提高群众学法、守法、懂法和用法的意识和水平。

三、"枫桥经验"检察实践中的难点

J院立足检察主责主业,创新参与社会治理方式,积极探索"枫桥经验"检察新路径,把服务人民群众、化解社会矛盾贯穿于检察工作始终,在打击刑事犯罪、加强人权保障、强化"四大检察"等方面,在刑事和解、释法说理、涉检信访、检务公开、司法救助、检察建议、决策参考、检力下沉以及"互联网+”检务等具体工作中，促使“枫桥经验”在检察工作中得到了延续和升华，但同时也发现以下问题。

(一)理念上的困惑

课题组在调研中发现，实务中对“枫桥经验”的检察路径主要有两方面的困惑。

首先，有观点认为从“枫桥经验”的发展历程来看，这是一种基层综合治理方式，更多的是党委政府、社团组织、社区及村级组织共同参与，极少有司法机关乃至检察机关的直接介入。而如柯克所言，法律乃一门艺术，一个人只有经过长期的学习和实践，才能获得对它的认知；司法是运用法律裁判纠纷的专门活动，也是一门专门技艺。[1] 检察机关作为法定的国家法律监督机关，应该以严格按照法律规定行使司法职能，在履职履责时走专业化、职业化道路，不宜过多地介入大众化的社会治理。因此，在强调司法专业化、职业化和非专业法律化的“枫桥经验”之间，就有不可调和的矛盾，部分人士对“枫桥经验”是否有普适性，检察机关能否在两者间找到契合的切入点、坚持自己的定位运用好枫桥经验，保证不缺位、不失位持有怀疑态度。

其次，在当前社会转型情形下，社会矛盾和纠纷大量涌现，检察机关尤其是基层检察机关“案多人少”的矛盾比较突出。若在检察工作中坚持“枫桥经验”，势必会进一步增加检察官的工作量，使原本在办案工作中疲于奔命的检察官更加苦恼。同时，“枫桥经验”利用社会资源来分流和化解纠纷实际采取的是司法大众化的方式，倘若没有严格的法治标准，过于追求社会效果就会影响司法的统一性、严肃性和权威性。因此，如何立足检察实践来践行和发展“枫桥经验”，正确处理检察官专业化和司法大众化的矛盾，就是面临的挑战。

(二)检察工作对此关注较少，研究相对滞后

意识上的彷徨导致了当前对如何在检察环节坚持、发展和创新“枫桥经验”的关注不够高，研究成果不够多。以下摘录课题组在前期调研中得出的两组数据，管中窥豹。

从研究主体而言，党政机关、人民法院、高校科研机构等主体对“枫桥经验”的研究较多，检察机关研究较少；从地域分布而言，东部地区检察机关对

---

〔1〕 参见李栋：《英国普通法的“技艺理性”》，载《环球法律评论》2009年第2期。

此研究较多,西部地区研究较少(见图1、图2)。[2]

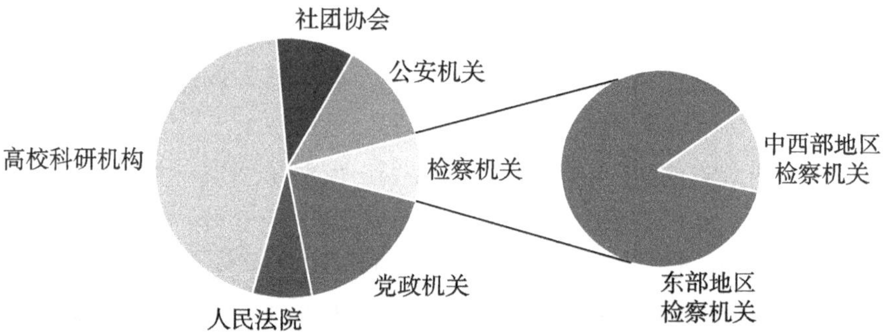

图1　相关研究概况

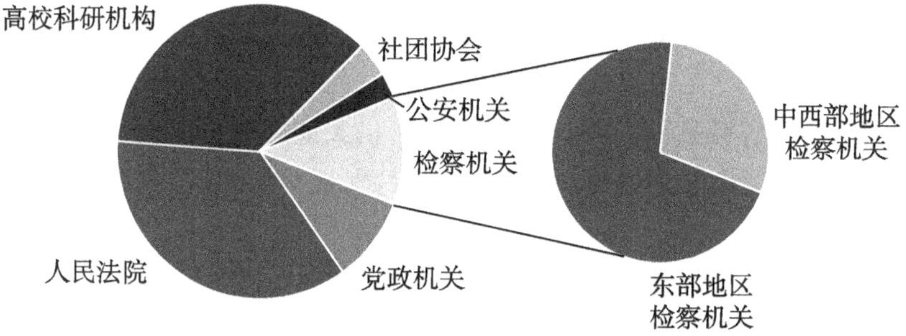

图2　第十三届中国法学青年论坛征文获奖情况

由图1、图2数据可知,现阶段部门之间、地域之间对"枫桥经验"的关注和研究存在不平衡的现象,西部检察机关对此的研究和运用相对落后。因此,如何提高"枫桥经验"在检察机关的运用及普适性、促进检察机关尤其是西部检察机关对其的发展创新值得深思。

(三)践行主责方面的困境

1.矛盾化解机制尚未完全建立。虽然化解矛盾已贯彻检察主责主业工作始终,也建立了办案风险评估、预警、处置和说理等制度,并通过检调对接、刑事和解和释法说理等方式化解矛盾,但此工作还有进一步提升空间。

---

〔2〕 图1资料源于课题组对中国知网2011年至2018年11月所有关于"枫桥经验"论文数量的统计;图2资料源于第十三届中国法学青年论坛征文获奖情况,参见《第十三届中国法学青年论坛终评结果公告》,载中国法学会:http://www.chinalaw.org.cn/portal/article/index/id/2594.html,2018年12月2日最后访问。

一是内设部门互相配合较少,形成合力不足。二是调解工作主要表现为刑诉法规定的能够使用刑事和解的犯罪,其他环节和领域很少开展调解,检调对接机制亟须扩展和深化。三是检察工作主要起源于案发后,对矛盾的化解有一定的滞后性,在预防犯罪方面工作还做得不够。四是现阶段释法说理的针对性不够强、理由不够充分,不能完全打消群众的疑虑,在不捕不诉、不支持监督事项等方面的说理和公开听证、公开答复等方面有待进一步提高。五是当前主要是控申部门负责群众涉检信访工作,但如今群众针对个案信访的现象较为普遍,而其他部门办案检察干警接访经验不够、接访技巧欠缺,不能准确地把握群众来访的脉络解决矛盾,开展群众工作的能力有待提升。

2. 刑事执法方面的问题。首先,虽然J院积极适用平等适用非羁押性强制措施工作机制,但实践中仍有部分犯罪嫌疑人严重违反监视居住或者取保候审规定影响刑事诉讼活动顺利进行,从而重新报捕后被逮捕。[3] 这就致使部分承办检察官在适用平等羁押原则时顾虑重重,担心未被羁押的犯罪嫌疑人脱逃过多,从而妨碍刑事诉讼活动正常进行、影响社会安定和谐。其次,虽然近年来不羁押率有所提升,但和其他先进地区相比,非羁押率和不起诉率过低的情况仍然存在,[4] 片面追求打击、忽视教育的现象较为突出,宽严相济刑事政策的运用还有待进一步提高。究其缘由,原因有三,一是社会矫正机制的不健全,对不予羁押的犯罪分子矫正措施不够完善、预防方式不够全面;二是法治意识的淡薄,犯罪分子以为更换联系方式、不定期去公安机关报到乃至逃匿就能逃避打击;三是被害人和其他群众对此不能理解,认为没有羁押就是没有犯罪或者免于刑事处罚。

3. 司法救助方面的问题。目前检察机关采取的救助模式主要为控申部门牵头执行、各业务部门提供案源的现金救助,附带着未检部门对涉罪未成年人和未成年被害人的特殊救助。课题组认为,检察环节的司法救助有两个“更多的”特征,多元化救助机制尚未完全建立。一是更多的采取现金救

---

〔3〕 J院2016年至2018年违反取保候审监视居住规定被逮捕的人数年均上升约三成。

〔4〕 例如,近三年全国非羁押率一直低于50%,资料来源参见陶杨:《轻罪案件非羁押化问题研究》,载《中国刑事法杂志》2017年第6期;而山东某地2017年非羁押率达到73%,远高于全国平均水平和J院,数据来源参见陈星亮、张春燕:《非羁押诉讼的智能化监督》,载黄河主编:《深化依法治国实践背景下的检察权运行——第十四届国家高级检察官论坛论文集》,中国检察出版社2018年版,第628~637页。

助,较少考虑申诉人的实际情况,缺乏对需要救助的申诉人的救助条件进行详细考察并针对性救助,司法救助与法律援助、帮扶救助和思想疏导等结合不够。未成年人特殊救助虽然引入了法律援助、考察帮教、强制亲职教育、心理咨询与抚慰等措施,但存在形式化、走过场、成人化和模式化等问题。二是更多地由检察机关完成救助,缺乏与其他部门、单位的协作配合。没有建立完善的社会参与支持体系,导致解决申诉人实际困难的针对性不强,矛盾不能得到有效化解。例如,矫治涉罪未成年人社会关注度不够、社会资源支持较少,涉罪未成年人就学、就业、回归社会难,社会力量支撑缺乏专业性、系统性、连贯性。

4. 刑事和解方面的问题。刑事和解的本意是通过当事人自愿协商解决纠纷来有效促成案结事了,以契合"枫桥经验"说服教育的理念和调解化解矛盾的策略,以及实现检察工作"案结事了人和"的重要目标。课题组发现实践中有两点突出问题:一是部分群众对刑事和解有不同的认识,认为这与民事诉讼中双方真实意思表示不同,是"有钱人的游戏""花钱免罪"等。[5]这就导致检察官在运用刑事和解时瞻前顾后,担心得到群众尤其是被害人的不理解甚至是非议。二是"枫桥经验"是一个灵动的综合性经验,以解决纠纷、化解矛盾为主要目标,过程中不甚强调遵守法律和制度规范,导致有些检察官片面理解案结事了以及"强制调解""诱惑调解"等"和稀泥"现象出现。这既损害当事人的权益,丧失司法的公信和权威,对其他纠纷处理也难以发挥规范导向作用。如何运用法治思维推进"枫桥经验"与刑事和解有机结合,着力发挥好检察办案对社会治理的规范导向作用,亟须深思。

(四)履行主业方面的难点

检察监督普遍存在监督滞后、监督案件匮乏、监督不够充分有力等问题,检察机关在提升监督刚性、保障监督效果、解决群众需求等方面还做得不够,如提出的检察建议,部分相关部门存在超期未回复的情形;公益诉讼案件数量相对较少,缺少有影响力的案件;监督效果不明显,在群众关注度极高的食品安全领域立案数量远达不到群众的需求,解决矛盾方面不够突出。

---

〔5〕 如群众对2018年河南省平顶山市鲁山县人民检察院一强奸案提出质疑,参见《河南鲁山县回应冰释前嫌:报告都是系统内部统一来弄》,载百家号:https://baijiahao.baidu.com/s?id=1612392764483461658&wfr=spider&for=pc,2019年1月8日最后访问。

同时在监督范围方面，注重刑事监督，民行监督相对薄弱；刑事诉讼活动监督、刑事立案监督、侦查活动监督发展依然不平衡。在人民群众关注的职务犯罪、破坏社会主义市场经济秩序、食品药品安全类犯罪等危害民生刑事犯罪工作监督力度不够，在涉及食品药品安全、涉农惠农、卫生教育、环境资源、劳动保障等领域的监督有待进一步提高。在监督能力方面，检察监督尤其是民行检察监督范围广、专业性强、法律法规多，致使检察干警缺乏监督办案经验和对行政机关职能的了解，导致监督能力削弱。

（五）参与社会治理途径不够丰富

从上文可知，目前检察机关践行“枫桥经验”的方式主要表现在刑事工作方面，在民事、行政等方面开展得不够多，存在检察业务不全面、不平衡、不充分的情形；同时，“就案办案”的现象仍然存在，不能综合有效运用多种方法解决矛盾纠纷、参与社会治理，如不能系统地总结类案并充分利用检察建议、决策报告等发挥作用，在为党政机关、企事业单位更好地依法行政、依法治理提供检察参考上有所欠缺。

另外，虽然因时因势设立并发展了街道检察室，与“枫桥经验”产生了良好的互动发展，也运用“枫桥经验”精髓在扎实推进基层检察职能发挥、做好群众工作等方面产生实效，但参与社会治理的能力和水平还有待进一步提升，如单纯、笼统地开展法治宣传，针对性不够；联系群众不够紧密、倾听群众呼声不够通畅、解决群众问题不够直接，解决涉及群众切身利益的问题和矛盾的方式不够多样，不能很好地满足群众的司法需求。参与社会矛盾纠纷化解的途径不充分、不丰富，进一步制约了检察工作服务人民、造福人民的发展。

四、完善路径

（一）提高政治站位，加强理论研究

党的领导是我们最大的政治优势，是做好一切工作的前提，也是“枫桥经验”坚持、发展和创新的政治优势和主要推动力量。因此，检察干警要强化政治理论教育，自觉将“枫桥经验”与习近平新时代中国特色社会主义思想、党的十九大以来系列重要会议精神以及相关中央政法工作会议精神等理论教育相结合，与司法责任制改革、监察体制改革后检察工作新形势相结合，积极转变观念、更新理念，提高对“枫桥经验”的认识和理解，拓宽学习“枫桥经验”的广度和深度，贯彻“五个坚持”，做好“三治融合”，将“枫桥经验"的精神内涵渗透到检察工作中。基层检察干警要重视党组织的领导作用,主动把党的基层组织作为强化检察工作、创新社会治理的"主心骨",时刻发挥党组织的引领作用,在党的领导下持续提升检察工作能力,将检察工作融入全面依法治国等党和政府中心工作大局中。

另外,结合前期调研得知当前检察机关对于"枫桥经验"的理解主要集中于释法说理、检调对接、刑事和解和法律监督等零散内容,尚未形成理论体系。因此,检察机关有必要进一步提升政治意识和大局意识,在立足各项检察业务工作的基础上,系统梳理检察工作与"枫桥经验"的关系,厘清新时代"枫桥经验"检察版内涵,不断丰富检察理论实践知识。

(二)践行"两个注重",推动"枫桥经验"在检察土地上扎根开花

1. 注重运用法治思维与法治方式这一根本。法治思维与法治方式是一种追求公平、正义,保障权利与自由的思维与方式。[6] 只有将"枫桥经验"与法治思维、法治方式相结合,才可能既使"枫桥经验"发挥基层群众的首创精神,又使"枫桥经验"在法治的轨道上创新发展。这才能既符合党和国家中心工作的要求,又紧紧把握住时代的脉搏。检察机关作为司法机关,毫无疑问理应带头践行法律,严格按照法律办事,在法治的基础上创新发展"枫桥经验"。

2. 注重有机结合大众化和专业化这一方式。"枫桥经验"在检察系统的应用目的,并不在于将检察机关塑造为基层社会治理中单一的调解机构,而应是将两者有机结合,在检察职能法定范围和法定职权方式基础上的体制机制优化。故检察机关既需要在全局上促进检察监督全面对接基层社会治理,也需要坚持行使职权的专门化、专业化,既不能缺位,更要正确发挥职能,准确追求职权法定性与效果充分性之间的有机统一。

(三)坚持源头治理、源头预防,构建有效的刑事犯罪预防机制

检察机关要充分借鉴"枫桥经验"关于"立足预防、重在治本"的犯罪控制内在规律和特点,不断适应新时期预测预警预防工作,坚持对矛盾纠纷的及时排查和源头追溯,加强对各类刑事案件发生规律的研究总结,打造矛盾风险防控新模式,把矛盾化解在萌芽,推动刑事犯罪预防工作深入开展。

1. 借鉴犯罪预防控制经验,做好刑事犯罪预防文章。当前我国尚没有

---

〔6〕 参见尹华广:《"枫桥经验"法治化的实践路径》,载《绍兴文理学院学报》(哲学社会科学版)2018年第1期。

真正履行刑事犯罪预防职能的专职部门，不能根据特定的刑事犯罪案例与特点进行有针对性、系统性的预防。以往检察机关在惩治和预防职务犯罪方面积累了丰富经验，虽然职务犯罪预防部门因监察体制改革转隶而终止，但是长期积累下的预防工作思维、举措和经验等依然存在，为开展犯罪预防打牢了坚实的基础。因此，转隶后的检察机关应主动顺势作为，抓住司法改革机遇，充分发挥利用作为唯一全程介入甚至亲历每个刑事案件以及全程了解每个刑事案件及涉案人员从发案到服刑的部门的优势，以刑事犯罪预防为突破口，成立专门的刑事犯罪预防机构，牵头开展刑事犯罪预防工作，改变打击刑事犯罪成效显著、预防刑事犯罪明显不足的弱点，在刑事犯罪预防方面凸显更大的担当和作为，最大限度地减少或遏制刑事犯罪和社会矛盾的发生。

2. 加强源头监督，主动将监督关口前移，变事后监督为同步监督乃至提前监督，不断提升监督效果刚性化。要改变以往较为被动消极的法律监督方式，从源头上彰显监督效果，把矛盾化解在基层、把问题解决在当地、把隐患消除在萌芽。要以"抓小、抓早、抓苗头"的理念来开展监督工作，加强案件分析、总结、提炼，深入研究相关犯罪特点和规律，排查发现案件背后的社会风险隐患，将检察监督职能向基层社会治理领域延伸，深入查找案发地区、部门、单位的漏洞。进一步加大典型案例、检察建议等监督形式在实践中的运用，充分发挥司法规范、引导、服务和保障作用，推动从源头上解决影响突出的问题。要加强和规范决策参考工作，有效发挥决策参考在促进社会治理中的重要作用，促进在更大范围、更深层次解决影响经济发展、社会和谐稳定的突出问题；要与相关管理部门、企事业单位加强沟通，及时反映根据案情发现的问题，并针对问题提出对策，防止相关违法犯罪行为再次发生，有效提升社会治理法治化、规范化水平，努力实现办理一案、治理一片、教育社会的效果。

（四）坚持就地化解矛盾，健全社会矛盾多元化解机制

1. 继续做好轻微刑事案件下行工作。"枫桥经验""矛盾不上交"的就地化解或下行矛盾思维，对贯彻宽严相济刑事理念、化解"案多人少"矛盾具有很强的现实指导意义。"案多人少"矛盾一直困扰着检察机关，但其矛盾的根本不在于"人少"，而在于"案多"。从检察实践办案结构上分析，被判处三年有期徒刑以下的轻微刑事案件如盗窃、危险驾驶、轻伤害等案件占有相当大的比例。这些案件是否一定要刑事处罚，能否通过不捕不诉以及民

事、行政处理等多元方式将部分轻微案件分流或下行以解决“案多人少”的矛盾？通过对轻微刑事案件的行政处罚或者不捕不诉，还能够加强对群众乃至社会大众的普法教育，有效缓和乃至化解社会矛盾。

2. 扎实开展不捕不诉，做好释法说理。针对轻微犯罪尤其是外来人员，要正确、严格把握定罪不捕不诉条件，综合审查犯罪分子的犯罪情节、悔罪表现、个人情况、家庭情况和保证情况等方面，对轻微犯罪、符合不捕不诉条件的，应依法不批捕不起诉。可探索建立风险评估机制，通过对犯罪分子不捕不诉的量化判断在法律范围内进一步提高不捕不诉率，缓和社会矛盾。

在开展不捕不诉工作时，要高度重视释法说理工作，力争做到每件不捕不诉案件均说理。既要向犯罪嫌疑人说理，进行及时地法治教育，阐述法理，陈明利害，避免其有脱逃的倾向和行为；又要向被害人和群众说理，打消其对不捕不诉决定的疑惑、不解乃至愤怒，争取其对检察机关的信任，从根本上做到案结事了、消除社会矛盾。

3. 不断完善检调对接机制。“检调对接”工作机制的形成和推进要充分汲取“枫桥经验”解决矛盾的经验和方法。检察机关要适应新时期社会结构和利益格局的多元化发展趋势，不断创新协调机制，要立足司法办案，以刑事和解为切入点，从理念、机制、方式等方面完善检调对接机制、程序和效果。开展“检调对接”时，要坚定情理法统筹思维，遵循法德兼治内在要求，在处理程序和方式上，立足法律根本、充分考虑情理因素，促使犯罪分子真诚悔悟并采取实际行动对被害人予以补偿，有效减少乃至消除社会纠纷矛盾，从而实现办案效果上的“三个统一”。

4. 扩大司法救助范围。检察机关要积极作为，争取地方党委、政府及相关部门的更多支持，着实解决司法救助对象的实际困难。在支付救助金救助的同时，还要积极探索，推动法律援助、社会救助、诉讼救济、社会化专业化矫治帮扶等多种救助方式综合施策，确保切实有效地解决救助群众面临的生活困难，以精准化司法救助让群众真正感受到司法温度，推动化解矛盾和息诉罢访。在特殊救助未成年人时，要针对未成年人的特殊性质，综合采用法律、经济、医疗和心理“四位一体”救助模式加强对未成年人的司法保护，确保救助工作达到实效的同时，避免对未成年人进行“二次伤害”。

5. 深入开展公益诉讼工作。检察机关要深刻领会公益诉讼制度的重大意义，牢固践行以人民群众为中心的发展思想，积极回应群众关切，对群众反映强烈、危害群众切身利益的行为进行精准打击。要主动向党委汇报、加强与政府沟通,在"三大战役"、食品安全、城市建设等问题上充分发挥公益诉讼制度效用,助推解决社会治理领域的热点难点问题,扎实有效地为国家利益和社会利益提供司法保护,推进社会治理体系和治理能力现代化。

（五）坚持良性互动,构建共建共治共享综合治理机制

1. 注重科技加持,加强协调配合。要充分运用现代信息科技手段,及时掌握基层社会治理信息、发现法律监督线索,实现信息全覆盖、监督全覆盖。可针对矛盾纠纷从传统到现在、从线下到线上不断拓展的新趋势、新特点,积极发展"互联网＋"信息平台,综合运用微信、微博、手机 App 等新平台为群众提供指尖上的精准法律服务。要加深与其他部门的网上交流,进一步融入社会综治中心平台,深化"两法衔接"机制,强化与公安、法院、司法行政及人民调解员的配合,有效破除部门之间的信息壁垒,形成治理合力。

2. 进一步发挥街道检察部门的效用,让"检察工作跟着群众需要走"。要充分运用街道检察部门,将检察工作的触角连接到乡镇、街道,覆盖到村、社区,延伸到群众,推动社情民意在网上了解,增进与群众的密切联系,以强化基层治理,推进基层基础建设,助力检察官在机关"坐诊"变为到基层"把脉"。要进一步拓展检察职能、扩大监督面,加强对各行政机关派出站所的行政执法活动的监督,妥善解决因基层行政执法等引起的信访问题,把行政执法与刑事诉讼活动衔接机制延伸到镇乡基层,防止以罚代刑、放纵犯罪的现象发生,积极服务依法行政工作,将预防治理做到前端,以化解基层矛盾纠纷、规范基层执法行为,不断激发基层社会治理新动力。

3. 扩大检察工作公开度,密切检察工作与群众的联系。加强与律师、专家人士等各种第三方社会力量的良性互动,构建共建共治共享的社会治理新格局。要在现有与人大代表、政协委员、人民监督员和值班律师合作的基础上,进一步深化合作方式和内容,加大与基层自治组织、社会第三方组织的合作,共同做好司法救助、未成年人帮教等工作;同时,主动回应群众在民主、法治、公平、正义、安全、环境等方面的需求,为群众提供高效便捷、低成本解决问题的矛盾纠纷化解通道,不断增强人民群众获得感、幸福感、安全感。

人民法院审判庭制度改革研究*

李振贤**

摘　要:司法责任制综合配套改革要求对审判庭制度予以改革,目前多地法院试图弱化审判庭功能,甚至取消审判庭设置。但现有改革并未达致预期效果。司法责任制实施后,审判庭虽不再是审批案件的一个层级,但仍是审判运行的枢纽,是法院实施内部管理、监督与辅助法官审判活动、策应社会与政治需求的基础单元。审判庭的改革应当贴合司法责任制与新型审判权运行机制对法院内设机构的需求,重新配置审判庭的审判性功能和非审判性功能,将审判管理监督体系和审判辅助体系恰当地锲入审判运行体系当中,实现法院司法权行使组织化与法官审判职能履行个体化的有机统一,并在此基础上进一步调整审判庭内外部的权力关系。

关键词:审判庭改革;审判管理;审判监督;审判性功能;非审判性功能

法院内设机构改革是司法责任制配套改革的重要内容,〔1〕作为我国法院初始设置的内部机构,〔2〕审判庭又是法院内设机构改革的重中之重。实际上,在整个司法改革进程中,由于牵涉法院内部运行体制、机制问题,以及法官与庭长(副庭长)之间的权力关系问题,审判庭制度改革一直是地方法院试验、创新的重要领域。〔3〕 特别是司法责任制实施之后,多地法院将"推进扁平化管理"界定为针对审判庭的"去行政化"改革,采取多项举措试图

---

* 本文的写作得到顾培东教授的悉心指导,谨致谢意!

** 李振贤,西南财经大学法学院讲师,法学博士。

〔1〕 张智辉:《论司法责任制综合配套改革》,载《中国法学》2018 年第 2 期。

〔2〕 1954 年和 1979 年公布的《人民法院组织法》均规定各级人民法院(可以)设刑事审判庭、民事审判庭等审判庭。

〔3〕 例如,延安市黄陵县人民法院 2006 年开展了"主审法官制"改革(又称"黄陵模式"),对外保留原有庭、室,对内打破原来的庭、室界限,不再设立民事、刑事和行政审判庭,成立"法官室",由数名法官负责审理所有案件。参见雷钧主编:《黄陵模式——中国法官制度改革初探》,法律出版社 2013 年版。

弱化审判庭的功能，甚至取消审判庭的设置，形成了诸种改革模式。但是，从一些地方改革的实际情况看，不仅审判庭的建制并未真正取消，而且审判庭在法院组织运行中的功能亦未被显著削弱，甚至在一定程度上得到强化。在这种改革预期与结果、形式与实质的不一致现象背后，隐含着一个亟须重新审视的现实问题：取消审判庭是否可行？

本文认为，司法“去行政化”背景下取消审判庭设置的改革趋势忽略了许多情势性因素。在司法责任制改革之后，审判庭依然是审判运行的枢纽环节，其地位并未降低，甚至对于填补取消案件审批机制后出现的审判管理、监督空隙而言，其作用更为重要。在我国绝大多数法院内部结构中，审判庭作为法院管理层实施内部管理、监督与辅助法官审判活动、策应社会与政治需求的基础单元，保障着法院审判活动的有序性、法院对审判偏误的矫正力以及法院对国家政策的贯彻力，维系着法院内部结构的整体性和弹性，承载着重要的功能，不应轻言撤销。可行且务实的审判庭制度改革方案并不在于简单地改变审判庭的数量、规模，抑或直接取消审判庭，而是应当依循司法责任制与审判权运行机制对法院内设机构的需求，重新审视和配置审判庭的审判性功能和非审判性功能，并在此基础上调整审判庭内外部的权力关系。

一、“去行政化”背景下的取消审判庭改革

法院内部结构、审判活动以及审判管理方面的行政化有悖司法规律，对审判效率和公正产生消极影响，也容易滋生腐败，被视为司法实践中的一大痼疾。[4] 司法责任制改革为了消除审判活动中行政化决策方式的弊端，摒弃了过去院、庭长审批案件的模式，实行独任法官、合议庭办案责任制，体现

---

〔4〕 目前的相关研究成果表明，司法行政化主要集中在三方面：第一，法院内部结构的行政化。法院内存在从普通法官经由庭长、院长到审委会这个明显具有从属性的层级化关系和建制，并且各个层级都对应着外部行政谱系中的相应级别。第二，审判活动的行政化。院庭长、审委会在案件审理过程中运用审批、协调、命令等方式进行幕后裁决。第三，审判管理的行政化。作为法官工作奖励、晋升依据的绩效考核指标由上级设置、掌握和实施，实质上是“下级围绕上级转”。参见龙宗智、袁坚：《深化改革背景下对司法行政化的遏制》，载《法学研究》2014 年第 1 期；顾培东：《人民法院内部审判运行机制的构建》，载《法学研究》2011 年第 4 期；徐汉明：《论司法权和司法行政管理权的分离》，载《中国法学》2014 年第 4 期；张卫平：《论我国法院体制的非行政化——法院体制改革的一种基本思路》，载《法商研究》2000 年第 3 期。

“让审理者裁判、由裁判者负责”,相应的综合配套改革进一步聚焦于法院内部结构以及审判管理的行政化。在法院内部,由于审判庭处于中间层级,上承院领导、审委会,下接法官、合议庭,中间对应其他内设政务部门,并且庭长(副庭长)既是法官又兼具管理、监督职能,因此,首当其冲成为“去行政化”改革的标靶。然而,深入分析不难发现:一方面,对审判庭制度的诟病或担忧的理由都有较大的商酌余地;另一方面,弱化审判庭功能甚至取消审判庭设置的诸多改革实践均并未实现预期目的。

(一)诟病审判庭制度行政化的理由及其偏失

目前,对审判庭制度“行政化”的诟病主要集中于四方面:其一,审判庭的存在是法院内部科层制组织结构最主要的表征,法官处于科层制结构中的下位阶,导致法官主体感缺失;其二,审判活动在审判庭的安排下进行,法官的独立性受限;其三,庭长(副庭长)具有案件的审批权和审核权,侵蚀甚而剥夺了法官对案件的裁判权;其四,设置庭长(副庭长)这一职级导致法官晋升激励的行政化,由此形成“不想当庭长的法官不是好法官”的现象,不利于法官队伍专业化水平的提高。

事实上,这些诟病或担忧需要作具体分析并有商榷余地。首先,法院内部的科层制结构根本上由我国法院系统所在的政治体制决定,遵循着行政谱系的传统和逻辑,法院本身几乎不可能建构一套独立的内部结构自行运转。而且,在法院内部的层级化关系中,审判庭只是其中一环,仅仅取消审判庭并不能完全改变法院内部的科层制结构。其次,审判庭作为中间层级的功能在于满足法院规模不断扩张产生的管理、监督、辅助需求。庭长审批、审核案件的情形并不必然缘自审判庭制度,与审判庭建制没有必然联系。去除庭长对案件审批、审核的权力,审判庭仍有其他不可替代的功能。在司法责任制改革之后,审判庭仅仅不再是审批、审核案件的一个层级,但作为审判运行的枢纽环节,其地位并未降低,甚至对于填补取消案件审批机制后出现的审判管理、监督空隙而言,其作用更为重要。也就是说,在赋予法官职业群体更大的权力,相应弱化了法院管理层个案监督权的情况下,更加需要审判庭作为审判管理、监督、辅助的基础单元,防范类案不同判、案件审理质效滑坡、廉政风险变大等隐患和问题。最后,在未形成卓有成效的替代性激励机制之前,不应贸然取消庭长(副庭长)职位所带来的晋升激励,尤其不应忽略审判庭制度所承载的培养审判人才和干部人才的重要功能。

(二)取消审判庭的改革实践及其实效

以前述“审判庭制度导致司法行政化”的逻辑为理论依据,许多中级人民法院和基层人民法院针对审判庭的规模、内部结构以及去留进行了改革,采取了诸多弱化审判庭功能、取消审判庭设置的举措。较为典型的改革模式主要包括三种(见表1):

第一,以珠海市横琴新区人民法院为代表的“横琴法院模式”。横琴新区人民法院内部机构的最大特点即不设审判庭,设“专职法官”负责案件立案、审理、判决、执行全过程。法官不隶属于任何内设机构,以法官为中心,建立审判团队。全体法官组成法官会议,决定重大审判事务。[5]

第二,以深圳市福田区人民法院为代表的“审判长负责制”模式。福田区人民法院通过选任程序公开选任审判长,按照“1+2+3+4”模式,建立以审判长为核心,包括2名普通法官、3名法官助理、4名其他辅助人员在内的审判团队。审判长在该团队中居于核心地位,直接接受分管副院长、院长和审委会的指导和监督。[6]

第三,以成都市中级人民法院为代表的“大部制”模式。成都市中级人民法院将原来的25个内设机构改为9个“大部”,其中将12个审判业务部门整合为刑事、民事、商事、行政4大审判管理部。部长由分管副院长兼任,作为部级管理层面的核心负责“大部”的管理与监督。原来的庭长、副庭长作为审判团队的负责人分别称为主任法官和副主任法官,同时均为部委会委员。[7]

---

〔5〕 参见唐旭超:《规范与重构:基层法院民事审判庭设置的实证研究》,载《法律适用》2017年第5期;胡雅妮、程立武、王薇:《以服务审判为重心的法院职能整合与机构设置——以法院权力的三元划分为基础》,载贺荣主编:《尊重司法规律与刑事法律适用研究——全国法院第27届学术讨论会获奖论文集》(上),人民法院出版社2016年版,第110页。

〔6〕 参见梁展欣:《深圳福田法院审判长制度改革》,载最高人民法院审判管理办公室等编:《审判管理研究与参考》(第2辑),法律出版社2014年版,第152~153页;唐旭超:《规范与重构:基层法院民事审判庭设置的实证研究》,载《法律适用》2017年第5期;胡雅妮、程立武、王薇:《以服务审判为重心的法院职能整合与机构设置——以法院权力的三元划分为基础》,载贺荣主编:《尊重司法规律与刑事法律适用研究——全国法院第27届学术讨论会获奖论文集》(上),人民法院出版社2016年版,第109~110页。

〔7〕 参见周斌、王国宇:《“大部制”模式对法院内设机构改革的借鉴与重塑——以S省C市中院内设机构改革为例》,载《人民法院内设机构改革问题研讨会交流资料汇编》,2017年11月;张静、易凌波:《司法改革背景下基层法院内设机构的整合与重构——基于S省C市法院“大部制”改革的实证分析》,载《法律适用》2018年第5期。

进一步分析,可以看到,成都市中级人民法院和福田区人民法院所属的辖区人口密度大,流动人口多,经济较为发达;法院规模较大,法官人数多,案件数量多,分别代表了我国相当一部分中级法院和基层法院的实际情况。横琴新区人民法院所在的横琴新区于2009年新设,辖区人口少,被国务院定位为"粤港澳紧密合作示范区",十分特殊。该法院的人员配置和年收案量只相当于珠三角一个基层法庭的规模,[8]且财政资金充足,[9]有条件配备足够的司法辅助人员,在较大限度内实现法官精英化,其改革举措在全国范围内并不具代表性。

表1　三种典型模式下代表法院概况

代表性法院[10]	2016年受理案件(件)	2016年审结案件(件)	法官人数(人)	在编人数(人)	辖区人口(人)	辖区面积(km^2)	辖区2016年生产总值(亿元)
福田区人民法院	66150	52664	108	323	133.05万	78.66	3560
成都市中级人民法院	23285	12203	197	480	1591.8万	14312	1.2万
横琴新区人民法院	2211	1660	8	59	7000余	106.46	157.45

透过这些模式的表象探究其实质,不难发现:横琴新区人民法院的改革表明在小规模的法院内,院领导可以直接实施审判管理,法院的审判资源可以直接转化为个案的审判资源。这项改革之所以较为彻底,是因为其改革阻力小,没有历史包袱。而规模类似于成都市中级人民法院和福田区人民法院的法院则难以实现直接管理。有限的院领导很难直接管理数十名甚至上百名法官以及更多的司法辅助人员,中间层级参与管理不可或缺。福田区人民法院保留了庭长的职位,但审判庭建制依然存在。审判长拥有相当于原属审

〔8〕参见陈陟云、肖启明:《回归本质:司法改革的逻辑之维与实践向度》,法律出版社2015年版,第154页。

〔9〕2017年预算中,财政拨款1463.98万元,工资福利支出680.68万元。参见《2017年度珠海横琴新区人民法院预算公开》,载珠海横琴新区人民法院网:http://www.hqcourt.gov.cn/index.php/index/content/1415/,2017年4月19日最后访问。

〔10〕上述信息均来自各法院官方网站、各法院所在地方政府官方网站和百度百科网站。下文如无特别说明,相关事实信息亦同。

判长和审判庭庭长的权力，包括案件分配权、人员调度管理权、裁判文书签发权、业务监督权等多种职权。[11] 该项改革的本质并不是要取消审判庭，而是要调整和改善审判庭的功能承载，调整庭长（副庭长）的权力和责任。与改革之前相较，“庭长”（改革之后的审判长）反而增加了原来属于审判长的权力，庭长不仅人数更多，而且某种程度上权力更大。成都市中级人民法院的“大部制”改革处于初始阶段，庭的建制依然存在，一方面，4 名“部长”难以有效管理与监督 197 名法官的审判工作，必然需要作为部委会委员的主任法官和副主任法官（原来的庭长和副庭长）居中协助；另一方面，在审判活动专业化的趋势下，“大部制”的组织体系与负责机制很难与现有的专业化审判庭设置有实质性区别。可见，以弱化审判庭功能，甚至取消审判庭设置为导向的诸项改革举措并没有达到预期目标，不仅审判庭的建制依然基本上存在，审判庭在法院组织运行中的功能并未被显著削弱，甚至在一定程度上得到强化。

“司法去行政化要求机构设置扁平化，进而要求取消审判庭设置”的线性思维无论在理论界还是实务界都有广泛的影响，其实质在于将法院的审判活动等同于独任法官和合议庭的裁判活动，从而追求达致法官和合议庭独享裁判权的“理想状态”。但是，若能充分考量被这一思维遮蔽的许多关键事实要素，不难发现审判庭的存在具有现实合理性，在我国法院的内部结构与运行机制中扮演着重要的角色，发挥着重要的作用。恰当的选择不是简单地取消审判庭设置，而是根据司法责任制改革以及审判权运行机制改革引发的变化与需求，相应地构建、调整审判庭的功能，从而达到推进综合配套改革，巩固司法责任制改革成果的目标。

二、审判庭作为内设机构的角色定位

我国法院内部兼具两种结构形态，一种是从普通法官及审判辅助人员、其他政务机构一般工作人员经由庭长（副庭长）、其他政务机构负责人到院长（副院长）再到审委会、院党组的具有从属性的纵向结构；另一种是由审判权运行体系、审判管理监督体系、审判辅助体系组成的区分主次的横向结构。两种结构形态一方面受制于政治体制、宪法规定以及司法运行的基本规律而具有稳定性；另一方面随着司法生态、法院规模、业务分工、案件特征以及改革政策的变化而不断变动。在纵横交织、稳中生变的法院内部结构中，审判

〔11〕 蔡彦敏：《断裂与修正：我国民事审判组织之嬗变》，载《政法论坛》2014 年第 2 期。

庭一直是将管理、监督、辅助兼容于审判的基础单元。

(一)审判庭是法院实施内部管理的基础单元

法院组织规模的大小决定着其是否需要中间管理层级。当法院规模很小的时候,院领导与法官及司法辅助人员之间可以直接联系,前者对后者的信息传导和影响可以采取直接的方式开展;但是,当法院具有一定规模的时候(类似于我国目前的大多数法院),双方之间的互动便需要中间层级。改革开放初期,我国实行高度集中统一的计划经济,人口流动极少,民商事纠纷很少,刑事案件发案率较低。法院在整个国家治理体系中处于边缘地位,承担的功能极少,自然不可能有较多的庭室。[12] 随着改革开放的深入,产权制度的变革,社会矛盾日趋复杂,国家越来越依靠法院解决社会冲突和纠纷,维护稳定。由于国家和社会的司法需求不断增大,法院规模也越来越大。

伴随法院规模扩张的是分工的日益精细化,主要表现为四方面:其一,将法院工作分解为立案、审判、执行三个步骤,分别成立相应的内设机构,即立案庭、审判庭和执行庭(局);其二,将审判庭按照专业设置划分为民事审判庭、刑事审判庭、行政审判庭等;其三,民事审判庭又进一步细分为民一庭、民二庭、民三庭等以及知识产权庭、破产法庭等,刑事审判庭又进一步细分为刑一庭、刑二庭等以及未成年犯罪审判庭等;其四,设置办公室、政治部、审判管理办公室、研究室等部门负责政务、人事、审判管理等事务。这种专门化、部门化趋势导致管理、协调事务激增。

在此过程中,审判庭作为法院实施内部管理的基础单元,承载着愈益繁重的管理功能。法院内部的管理事务主要包括审判事务管理和行政管理事务两方面,这两种事务在逻辑上并不难以区分,但是在实践中并非绝对地泾渭分明。相较而言,审判事务管理更侧重于对"案"的管理,行政事务管理则更侧重于对"人"的管理。由于审判事务管理领域存在司法逻辑与行政逻辑混同的情形,导致行政意志可以直接经由审判管理渗入审判活动,[13] 从而使各方对庭长(副庭长)实施审判管理的行为尤为谨慎。但是,作为一种保障审判活动有序开展以及司法公正与效率的必要制度安排,审判庭一方面具有组织、协调和监督审判活动的功能,庭长(副庭长)的审判管理权只能予以规范

---

〔12〕 参见刘忠:《论中国法院的分庭管理制度》,载《法制与社会发展》2009年第5期。

〔13〕 参见郭松:《审判管理进一步改革的制度资源与制度推进——基于既往经验与运行场域的分析》,载《法制与社会发展》2016年第6期。

和限制，而不能取消；另一方面，审判庭仍需承担一定的行政事务管理功能，需要庭长（副庭长）对庭内人员实施管理、考核、奖惩、激励等行为。

（二）审判庭是法院监督与辅助法官审判活动的基础单元

立足于我国基础性的政治建构、社会条件和文化取向，独立行使审判权的主体是人民法院而非法官。[14] 即便从长远看，以法官为中心或本位的法官独享裁判权的司法方式或模式都不可能成为我国制度上和实践中的选择。以此为前提，审判权运行机制一直处于调整与变动之中。改革开放到20世纪90年代末，我国法院主要实行行政化的案件审批制度。主审法官要先将案件审理的具体意见上报副庭长、庭长、副院长、院长审查决定。庭长（副庭长）在层层审批的基本方式中扮演着重要的角色。“一五改革”主张还权于合议庭，强化了合议庭和法官的职责，但导致审判活动在很大程度上游离于监督和管理之外，引发了诸多问题。对此，“二五改革”相应恢复了院、庭长审批案件的方式和制度。“三五改革”进一步加强了审判管理。[15] “四五改革”正致力于将审判管理纳入以审判权为核心的权力运行机制之中。这场“放权”和“收权”之间的拉锯，表面上是在法官独享裁判权与院、庭长以行政化的方式介入个案审判之间徘徊，实质上是由法院行使司法权的组织化与法官履行审判职能的个体化之前的巨大张力所致：一方面，仅靠法官个体的能力不足以有效处理日益复杂、疑难的司法案件，也不能代表人民法院的整体司法水准，因此需要管理、监督与辅助，即便完全放权于合议庭和独任法官，合议庭和独任法官仍然会将问题告知院、庭长或审委会；[16]另一方面，在当前“权力在法官、压力在法院、责任在院长”的局面未得到实质性改变的情形下，以庭长（副庭长）为骨干的法院管理层依然有充足的动机对法官的审判活动进行监督。

庭长（副庭长）依托审判庭对法官审判活动的监督与辅助是法院及时、有效矫正审判活动中出现的偏误的重要途径。审判庭所处的情境可以概括

---

〔14〕 我国《宪法》第130条规定：“人民法院依照法律规定独立行使审判权，不受行政机关、社会团体和个人的干涉。”

〔15〕 参见顾培东：《人民法院内部审判运行机制的构建》，载《法学研究》2011年第4期；顾培东：《再论人民法院审判权运行机制的构建》，载《中国法学》2014年第5期。正如顾培东教授所言，“一五改革纲要”所希望革除的“行政管理模式”再度成为很多法院的选择，“一五改革”初期“从窗户中扔出去”的行政管理模式，又堂皇地“从正门中走了回来”。

〔16〕 顾培东：《再论人民法院审判权运行机制的构建》，载《中国法学》2014年第5期。

为“两个并存”:第一,审判常规案件的自主式和审判非常规案件的复合式并存;[17]第二,审判活动的扁平化和审判管理的层级化并存。一方面,合议庭和独任法官对绝大多数案件的审理活动是自主式和扁平化的,不会溢出审判庭,庭长(副庭长)监管此类案件审判流程的目的在于提高审判效率,避免出现案件超过审限甚至久拖不决的现象;另一方面,对于极少数疑难、复杂、重大、敏感案件,需要庭长(副庭长)等主体借助审判监管手段发现问题并妥善处理问题,保证法官行使裁判权与法院行使审判权的统一。

(三)审判庭是策应社会与政治需求的基础单元

司法体制嵌在政治体制当中,不可能脱离政治体制而独立存在,[18]由我国政治体制和政治生态决定,法院“去政治化”并非恰当的选项。[19] 我国司法依循的是一条能动主义的发展主线。[20] 在追求实体正义的氛围中,人们对决策者的主要期待是希望其得出正确的结论或者为在诉讼程序中逐渐显露出来的问题找出最妥当的解决方案。能动主义司法要求法院和法官不仅秉持程序主义和法条主义,更要顾及外部的社会需求和政治需求。特别是随着结构性、基础性社会矛盾的加剧,群体性、阶层间社会对抗导致的纠纷不断涌入法院,社会对司法的需求越来越大,许多情况下法院不得不采取“以问题为中心”的态度,并且要探求“对危机的整体解决方案”。[21] 上述需求往往从执政党和政府的关切转化为政治需求,而政治需求又催生出国家

---

〔17〕 参见顾培东:《人民法院内部审判运行机制的构建》,载《法学研究》2011年第4期。该文中指出:“多主体”即从承办法官、合议庭、副庭长、庭长、副院长、院长,以至审委会,各主体都可以参加到审判活动中,并对案件的实体裁判产生不同的影响;“层级化”即法院内合议庭、庭长、院长以及审委会之间构成类似于行政科层的层级化设置,各层级具有明确的从属关系,并且这种从属关系的效应常常体现在案件的实体裁判过程之中;“复合式”即同一案件在同一审级法院内往往需要经历多个主体和多个层级的复合评价,才能形成最终的裁决意见。

〔18〕 参见沈德咏、曹士兵、施新州:《国家治理视野下的中国司法权建构》,载《中国社会科学》2015年第3期;[美]米尔伊安·R.达玛什卡:《司法和国家权力的多种面孔》,郑戈译,中国政法大学出版社2015年版,第191~225页;于明:《司法治国:英国法庭的政治史(1154~1701)》,法律出版社2015年版,第348~369页。

〔19〕 Benjamin Liebman:“China's Courts:Restricted Reform”, *Columbia Journal of Asian Law*, No.1, 2007, pp.18 - 21. 李本教授认为之所以有学者认为我国在2006年之前有“去政治化(depoliticization)”的趋势,是因为法院受案范围在拓宽,现在法院面临的大部分案件并不会触及敏感议题。不应过度解读乃至曲解过去的历程。

〔20〕 顾培东:《能动司法若干问题研究》,载《中国法学》2010年第4期。

〔21〕 参见[美]诺内特·塞尔兹尼克:《转变中的法律与社会:迈向回应型法》,张志铭译,中国政法大学出版社2004年版,第103~104页。

政策，国家政策衍生出司法政策，司法政策则经由法院系统内部传导至各级法院和法官。于此境况下，法院在行使审判权、法官在行使裁判权的过程中必然要考量社会、政治等因素，以策应社会与政治需求。

司法系统策应社会与政治需求主要有三种路径：一是主要采取个案审理和处理的方式策应社会与政治需求；二是主要在法院内部，由院、庭长等领导负责推进该项工作；三是各级法院在处理重大敏感类案件时，往往会关注各级党委、政府的态度。[22] 审判庭作为法院策应社会与政治需求的基础单元，既要协助、监督法官在查明案件事实的基础上兼顾法律效果、社会效果和政治效果，又要在地方党政机关、法院、法官之间居中传导、协调，促使重大、复杂、疑难、敏感案件得到妥善解决，由此也成为维系法院对国家政策贯彻力的枢纽环节。

三、新型审判运行机制下审判庭的功能建构

审判庭作为法院实施内部管理、监督与辅助法官审判行为以及策应社会与政治需求的基础单元，保障着法院审判活动的有序性、法院对审判偏误的矫正力以及法院对国家政策的贯彻力，维系着法院内部结构的整体性和弹性，发挥着不可或缺的作用，因此不应当也不可能撤销。但是，随着司法内外部情势的变化，特别是在司法责任制实施以及审判权运行机制改革后，法院内部结构已经发生了重大变动。纵向方面，法官职业群体的力量逐渐增强，作为一个整体逐渐拥有了与法院管理层制衡的能力，以及更大的自主空间。更重要的是，在横向结构的三大体系中，主要由合议庭、独任法官以及审委会构成的审判权运行体系直接决定着司法产品（裁判）产出的质量与效率，从而成为法院内部结构的核心。由院、庭长、审管办、纪检人事部门构成的审判管理监督体系以及由专业法官会议、诉服中心、研究室、智能技术

---

〔22〕 上述特征主要体现在各级法院与党政机关、各级法院之间及其内部的各类文牍上，以及在诸多涉及地方经济、稳定的重大、疑难、复杂、敏感案件的审理和处理中。例如，在《安徽省法院处置重大敏感案件工作情况汇报》中即明确强调以下三点：第一，开展“庭审亲历”活动，全省三级法院院、庭长集体旁听或亲任审判长审理重大、疑难、复杂案件；第二，各级法院均成立由院长为组长，常务副院长为副组长，各审判庭处室负责人为成员的重大敏感案件处置工作领导小组；第三，省高院坚持主动向省委、省政法委汇报并要求法院积极主动向所在地党委、政法委汇报重大敏感案件情况和工作开展情况。参见《安徽省法院处置重大敏感案件工作情况汇报》，载最高人民法院审判管理办公室等编：《审判管理研究与参考》（第 4 辑），法律出版社 2015 年版，第 88 ~ 92 页。

部门、后勤部门构成的审判辅助体系则共同构成审判权运行体系的配套体系。[23] 在此情况下,审判庭的功能设定应当相应调整,以有效衔接、契合法院内部结构与运行机制的变化。具体而言,应当将审判庭的功能区分为审判性功能和非审判性功能,前者主要是指组织、管理、监督、辅助审判活动的功能,后者则主要是指间接作用于审判的行政性功能,进而对审判庭的审判性功能和非审判性功能进行重新配置,构建以审判性功能为核心,非审判性功能为辅助的新功能格局。

(一)审判性功能建构

建构审判庭的审判性功能应在不损害审判权行使的相对独立性的前提下,致力于将审判管理、审判监督以及审判辅助有机地嵌入审判权运行过程中,主要包括配置审判资源、统一裁判尺度、监管审判质效和建设审判团队四个方面。

1. 配置审判资源

我国法院的审判活动实质上是以法院的整体资源应对不同案件的需求,通过合理配置审判资源达到案件公正高效审理的目的。审判资源主要包括两类:一是主体性资源,包括独任法官、合议庭和审委会;二是程序性资源,包括简易程序、普通程序和速裁程序等。审判庭主要负责在司法程序中配置主体资源,应当以庭长对审判资源的配置替代其审批个案的行为。

对于一般常规案件,由独任法官和合议庭裁决,庭长不再审核签发;对于重大、复杂、疑难案件及新类型案件,则须经庭长审核或由庭长担任审判长审理;极少数的非常规案件则会溢出审判庭,由院领导、审判长联席会议、专业法官会议、审委会等参与其中,甚至溢出法院,需要地方党政部门(通常是政法委)介入。在最后一种情况中,较优选择是以庭长为首的整个审判庭就案件与各方沟通、协调、斡旋、请示、汇报,提出解决方案,提交审委会审议决定。值得强调的是,在重大、疑难、复杂等非常规案件中,审判庭的功能更多地体现于以庭长(副庭长)直接担任审判长参与审理的方式取代以其他方

---

〔23〕 审判管理监督体系主要由院、庭长、审管办、纪检人事部门构成,旨在矫正裁判文书错讹、把控裁判质量、统一裁判尺度、关注重大案件、监督司法过程、考评审判绩效、督查司法行为操守等。审判辅助体系,主要由专业法官会议、诉服中心、研究室、智能技术部门、后勤部门构成,旨在分流繁简案件、配置审判资源、指导重大、疑难、复杂以及新类型案件的审理、提供法律法规以及案例资源、协调审判流程、提供智能化技术支持、保障后勤服务等。

式介入案件审理,[24]从而依凭其在审判经验等方面的比较优势将审判管理和监督融入审判过程当中,提高此类案件的处理水平与能力。

审判庭之间的资源调配要比以审判团队为单位更灵活机动。在保持每个审判庭审理案件类型相对固定的前提下,法院可以根据不同时期、某些特定案件数量的增减以及繁简、复杂程度情况调整庭际之间的力量配置,使审判资源与解决案件的实际需求更好地匹配。

2. 统一裁判尺度

统一裁判尺度是实现"同案同判"(或"类案同判")的重要方式。在法官人数众多的情况下,若法院内部没有协调统一机制,即便都依据统一的法律或都遵循先例,各自自行裁判的法官或分别组成的合议庭也常常会对类似案件做出不同的判决。[25] 实现裁判尺度的统一,在宏观层面上主要依靠施行案例指导制度和司法解释制度,在微观层面上则主要依靠法院内部的沟通、管理和控制机制。该机制的现实合理性主要有三方面:其一,我国幅员辽阔,不同地区之间差异较大,全国范围内的"同案同判"很难达到,也不应该是追求的目标;其二,我国法官队伍目前的整体司法能力不足以满足案件审理的需求,需要这一机制予以辅助;其三,我国多数法院的规模较大,特定类案往往由数名法官甚至十数名法官审理,统一单个法院内部的裁判尺度也十分必要。审判庭在这一机制中扮演着重要角色。

审判庭按照专业和案件类型划分,多位法官和司法辅助人员组成一个审判庭负责数类案件的审理。在审判庭建制内,法官群体(包括庭长和副庭长)通过正式和非正式的途径统一裁判尺度。正式途径主要包括庭长(副庭长)定期检查案件,及时主动发现法律适用问题;召开专业法官会议、庭务会;[26]在日常工作中建立审判业务法律研讨机制;通过类案参考、案例评析等方式加强庭内业务交流,及时梳理类案审理思路,统一合议庭之间的裁判标准,达致法律适用和裁判结果的统一。非正式途径则包括法官向庭长(副庭长)等资深法官请教,法官之间探讨等方式总结类案裁判经验。

---

〔24〕 参见黄鑫:《司法改革背景下庭长的角色困境、价值及其现代转型——以"嵌入性理论"为视角》,载姜平主编:《上海司法体制改革研究》,法律出版社 2015 年版,第 114 ~ 115 页。

〔25〕 参见苏力:《司法改革的知识需求——波斯纳〈各行其是〉中文版译序》,载《法治现代化研究》2017 年第 1 期。

〔26〕 参见最高人民法院审判管理办公室等编:《审判管理研究与参考》(第 3 辑),法律出版社 2015 年版,第 117 ~ 119 页。

专业法官会议制度虽然有助于裁判尺度的统一,但是其并不能够完全取代审判庭在统一裁判尺度方面的功能。专业法官会议讨论的案件类型集中于重大、疑难、复杂等非常规性案件,数量有限,并不能够覆盖所有的案件。在审理常规案件的过程中也有统一裁判尺度,控制个别司法行为的需求,这就需要庭长(副庭长)在日常的审判质效监管活动中发现问题并及时解决。

3. 监管审判质效

对个案审判和法院整体审判状况的质量和效率的监管是审判管理的核心意涵。审判质效监管主要以现行的审判质效评估指标为依据,以案件质量评查和案件流程管理为重要方式。案件质量评查包括常规评查、重点评查和专项评查。审判流程管理是指由专门机构运用信息化方式对案件的立案、审理、上诉、执行、归档等阶段实行全方位流程监管。审判庭作为审判质效监管的重要环节,需要以审判庭为单位协助审判管理部门完成本庭的数据收集、统计工作;定期或不定期有针对性地开展本庭审结案件的质量评查,以书面评查报告的方式对审判工作中存在的共性问题进行分析,提出改进意见,指导本庭审判工作,以及协助审判管理部门对本庭审理的案件进行质量评查;按照案件流程管理规范实施流程管理等。

前述监管手段的直接目的包括从宏观上把控审判态势和从微观上把关个案审判两个方面。就把控审判态势而言,需要从法院整体层面解决唯数据论地看待审判管理活动、评估指标体系不尽合理、多管理主体之间职权分工不清晰以及缺乏对管理者的约束机制等问题,〔27〕从而减轻审判庭收集、统计数据的工作量和压力,以明确、合理的指标体系为导向,在有效规制庭长(副庭长)管理者权限的前提下开展审判管理工作。虽然司法责任制实施后,法院审判管理监督的重心从具体个案转向宏观运行,但并不意味着对所有案件一视同仁。从近年导致不良影响的案件情况来看,通过对重点案件

〔27〕目前,审判庭在监管审判质效、把控审判态势上主要面临四方面情境:第一,由于唯数据论地看待审判管理活动,审判庭的作用异化为收集、统计数据,而且由于指标体系庞大、繁杂,数据收集和统计占据了庭长(副庭长)和庭内后勤人员的大量时间和精力。第二,虽然不断修改,但是许多评估指标仍然不尽合理,可能会阻滞审判效率,误导审判活动。第三,院长、审委会、庭长、审判管理部门、审判长以及法官多主体参与到审判质效监管中,各管理主体之间职权分工不尽清晰,极容易导致重复监管中角色冲突的情况,又容易出现管理的"真空地带"。第四,审判质效监管侧重于对处于审判一线的法官群体的约束,对院、庭长的约束较少。

的监管以便及时矫正偏差、消除风险非常必要。[28] 庭长(副庭长)应当运用审判管理系统对审判庭内的“涉及群体性纠纷、可能影响社会稳定的、疑难、复杂、且在社会上有重大影响的,与本院或者上级法院的类案判决可能发生冲突的,有关单位或者个人反映法官有违法审判行为的”四类案件进行事中监督,防止监管“真空地带”出现。

4. 建设审判团队

提升审判团队整体司法能力和法官个体的司法能力需要在更大的组织架构中实现。在较大规模的法院中,院领导难以与审判团队建立直接有效的联系,也无法兼顾不同审判团队的特性,因此最佳选择是审判庭。审判庭应当作为审判团队的“培养皿”,使审判团队的司法能力(包括法官个体的司法能力和审判团队集体的司法能力)在审判庭这一建制内得到培养。培养方式多种多样,既包括在个案审判中向庭长等资深法官学习,依托专业法官会议这一平台研习,也包括非正式的请教、指导、探讨等。[29]

庭长(副庭长)对法官的影响值得关注。法院内部的组织架构往往清晰可见,但内部的权威和影响脉络却并不容易发现,却非常重要。庭长(副庭长)的权威既来自这一行政职位,也依凭其作为资深法官具有的丰富办案经验,还源于其系统且深入地参与审判管理,对小到个案,大到审判态势等信息、知识的掌握。庭长通过审案、开会、指导、探讨、管理、监督等方式潜移默化地影响着法官的审判思维。当然,庭内其他资深法官对周围同事的影响也十分重要。另外,在一个稳固的集体内长久的相处肯定会产生感情和认同,庭长(副庭长)在法官和院领导之间协调,既贯彻组织任务和目标,又保障法官的权益。这并非在审判庭内强调“人治”,而是揭示一种司法能力培养的重要途径。

(二)非审判性功能建构

建构非审判性功能应以配合审判性功能为目标,主要包括实施行政管理和策应社会与政治需求两方面。

---

〔28〕 参见李少平:《正确处理放权与监督 坚定不移全面落实司法责任制》,载《人民法院报》2018 年 3 月 28 日,第 5 版。

〔29〕 例如,无锡市中级人民法院实行的“青年法官导师制”即是一种外显化、制度化的举措。参见王作化、楼炯燕:《在探索中前行——无锡中院青年法官职业导师制的分析与思考》,载公丕祥主编:《司法在国家治理和社会管理中的作用——江苏省法学会审判管理理论研究会 2012 年会文集》,法律出版社 2012 年版,第 426 ~ 433 页。

1. 实施行政管理

法院不可避免地面临着一系列内部行政事务,法院的行政管理制度可能侵入、侵蚀审判制度,造成正式审判制度的变形,应当把审判事务与行政管理事务相对分离。[30] 但无论如何分离,庭长(副庭长)都要承担一定的行政管理职能。从逻辑上讲,庭内行政事务只能够不断减少,不可能绝对分离出去。行政管理主要包括人员管理和非审判性事务的管理。庭内人员的日常管理比较琐碎,如庭内人员请假、休假,办公设备检修、更换,制服购买的统计、收费等,但正是这些琐碎的事务保障着审判庭的正常运转。更重要的是庭内人员的约束与激励,特别是法官的约束与激励。院领导或者法官考评委员会对于法官的任职、评先评优和晋职晋级,除依靠业绩档案中的数据外,还需要听取庭长的意见,参考庭长的评价,既不能唯数据是从,也不能简单依循庭长(副庭长)的意见,应当在两者之间寻求平衡。

值得强调的是,庭长(副庭长)这个职位本身就是一项非常重要的激励机制。改革不仅要考虑外部效益,也要考虑内部效益,不能在缺乏替代性激励机制的情况下便取消既有的激励机制。同时,普通法官为了晋升为庭长(副庭长)往往会注重提高业务水平,在个案审理中综合考量法律、社会和政治因素,妥善解决纠纷,在审判活动中约束自己的行为。[31] 同时,该职位还承担着培养和选拔政治人才的重要作用。我国法院深嵌在国家政治体制当中,院领导管理法院需要具备法律、行政管理和政治等综合素质。[32] 相较于从非司法系统调入法院的领导,从法院内部成长起来的领导更了解司法的运作逻辑。庭长(副庭长)这个职位是一个综合历练业务素质、行政素质和政治素质的平台。

2. 策应社会与政治需求

法院通过行使审判权等方式策应社会与政治需求,发挥其国家治理方面的作用。审判庭作为中间层级,具有政治信息的传导功能。庭长(副庭长)将院领导下达的来自外部的政治信息传导给庭内的法官及司法辅助人员,同时也将审判庭中具备政治性的信息反馈给院领导和地方党政机关。

---

〔30〕 参见苏力:《论法院的审判职能与行政管理》,载《中外法学》1999年第5期。

〔31〕 参见[美]李·爱泼斯坦、[美]威廉·M. 兰德斯、[美]理查德·A. 波斯纳:《法官如何行为:理性选择的理论和经验研究》,黄韬译,法律出版社2017年版,第353~406页。该书中详细论证了渴望获得晋升是一个重要的工作激励因素,获得晋升的渴望会影响法官行为。

〔32〕 参见左卫民:《中国法院院长角色的实证研究》,载《中国法学》2014年第1期。

目前许多重大、复杂、疑难、敏感案件的难点往往并不是因为案件本身的事实认定不清,适用法律有误,而是因为触及基础性社会矛盾,涉及群体性纠纷,危及社会稳定与经济发展,裁判结果不被当事人和社会公众接受。法官对裁判的衡量重点在于案件的事实认定、法律适用、程序履行等狭义的法律层面,难以要求其充分、全面考虑裁判结果能否被外界认可和接受、裁判结果的引导性以及可能造成的社会影响和政治影响。仅依靠独任法官和合议庭(不包括庭长担任审判长的情形,相较而言,庭长能够调动更多的审判资源)难以完成该项任务。此时需要庭长(副庭长)在法官与院领导、审委会之间沟通、协调。较好的方案是,此类案件在审判庭内由庭长集中全庭智慧作出初步的解决方案:一方面,庭长(副庭长)以及参与的法官对案件负责,全面、深入接触案件事实,整体的把握度高,经由他们依靠专业知识和综合素养得出结论,如果经得起推敲,得到认可,必然会妥善解决问题,提升司法公信力和权威;另一方面,该类案件通过审判方式作出裁决,依靠司法方式处理,本身就体现了司法的价值和作用。

四、审判庭内外部权力关系的进一步调整

通过重新建构与配置审判庭的功能,将审判管理监督体系和审判辅助体系恰切地嵌入审判运行体系当中,把法院行使司法权的组织化与法官履行审判职能的个体化有机地统一起来,使人民法院生产的司法产品(裁判)能够真正代表人民法院的整体司法水准,让人民群众在每一个司法案件中都能感受到公平正义。在审判庭的功能格局调整之后,审判庭内外部各主体之间的权力关系会进一步发生相应的变化:[33] 在审判庭内部,庭长(副庭长)的地位不再绝对高于普通法官,双方之间更趋向于相互制衡与协作;在审判庭外部,庭长(副庭长)审判业务骨干的身份属性将愈加凸显,其在专业法官会议和审委会运行中将发挥更大的作用。审判庭制度改革应当顺应这种变化趋势,以新功能格局为参照,进一步调整审判庭内外部的权力关系。

审判庭内部权力关系的进一步调整需要从两方面着力:

第一,依凭具体制度和科技手段有效规制庭长(副庭长)的审判管理和

〔33〕 关于组织系统中行动者的权变性理论,参见[法]米歇尔·克罗齐耶、[法]艾哈尔·费埃德伯格:《行动者与系统:集体行动的政治学》,张月等译,格致出版社、上海人民出版社2017年版,第38~82页。

监督权力。庭长(副庭长)的审判管理与监督活动中的行政要素对审判活动可能造成实质性干预,从而固化甚至加剧审判权运行的行政化,但并不能因此就简单地予以取消。基于法院运行和审判活动的要求,庭长(副庭长)具有审理案件、组织审判活动、调配审判资源、审核程序性事项、参与案件质量评查和审判流程监管、履行基础性的行政管理、策应社会与政治需求等权力和职责,这些职责实际上无法取消。如前所述,"审判长负责制"改革实际上增加了庭长(副庭长)的权力,而"大部制"改革则面临少数院级领导如何有效管理与监督数十名甚至上百名法官的难题。务实的解决方案在于对庭长(副庭长)的监督管理行为予以有效规制:一方面,通过制定相应的具体制度明确庭长(副庭长)的管理与监督职能,并严格控制其相关权限的范围;另一方面,通过运用信息技术使审判管理与监督活动必须在网络平台上公开进行,提高审判管理与监督活动的透明度,强化具体制度和规范的刚性,确保"用权必留痕、行权受监督、越权必追责"。

第二,逐渐创设与科层制平行的法官晋升机制,塑造审判庭内"扁平化"的长效机制。目前法官等级评定依据主要包括工龄、行政级别和审判能力三方面,但是行政级别占的权重比较大,而审判能力相对居于次要位置。[34] 应当降低行政级别的权重,同时在完善法官业绩考评方法的基础上使审判能力成为最重要的评定依据。更重要的是,要建立以法官等级为核心标准的独立的法官薪酬体系,在院长、庭长之外,为普通法官创设个人事业发展的空间,逐步形成一批把从事一线审判作为终身职业追求的资深法官。[35]

审判庭外部权力关系的调整主要包括以下三方面:

首先,完善专业法官会议制度,构建制衡式监督模式。专业法官会议由员额法官组成,对审判活动中发现的重要法律适用问题或者其他重大、疑难、复杂问题进行讨论,提供司法建议供独任法官和合议庭参考,将原来院、庭长个人对案件的审批权,转换为一种可以选择的集体模式行权。[36] 应当

〔34〕 参见孙海龙等:《审判权运行机制改革》,法律出版社2015年版,第287~288页。

〔35〕 顾培东:《再论人民法院审判权运行机制的构建》,载《中国法学》2014年第5期。顾培东教授建议中级及中级以下法院的资深法官的职级和物质待遇最高应当等同于本级法院的院长,省级及省级以上法院的资深法官的待遇最高应等同于同级法院的副院长。

〔36〕 参见孙海龙等:《审判权运行机制改革》,法律出版社2015年版,第162~174页;最高人民法院司法改革领导小组办公室编:《〈最高人民法院关于全面深化人民法院改革的意见〉读本》,人民法院出版社2015年版,第163页。

通过完善并充分利用该制度，将庭长（副庭长）自上而下的监督模式变革为制衡式、平权性的监督模式，即在个案审判过程中，庭长（副庭长）启动主动监督必须经过专业法官会议，通过集中员额法官的集体智慧，依靠员额法官的专业性吸纳抑或对抗庭长（副庭长）的建议，约束庭长（副庭长）的权力，消弭审判活动的行政化色彩。该制度仍处于探索阶段，应当注意以下三点：其一，一般情况下可以根据专业划分设置刑事、民事、行政三类专业法官会议，在“大庭制”的法院内，可以设置在审判庭内部，在“小庭式”的法院内，可以跨审判庭设置；其二，要防止人员构成的行政化，从学历、办案质效、办案数量及从事相关审判工作的年限等方面科学设定组成人员的入选条件；其三，要保证程序设置的平权性，让法官能够充分发表意见和参与讨论，使该制度真正能够为法官群体提供专业咨询服务。[37]

其次，推进审判委员会制度改革，强化庭长（副庭长）以及其他骨干法官在审委会中的作用。司法责任制解决了法官个体权责一致的问题，但是并没有回应法院层面的权责一致需求，法院承担着惩治犯罪、保障人权、定分止争、化解矛盾、维护公正、服务经济社会发展大局的繁重任务，也承担着巨大压力，其中许多责任是法官个人负担不起的，因此保留了审委会对少数重大、疑难、复杂、敏感案件的决定权，[38]而且，在此类案件中，审委会更倾向于把握案件的政治和社会影响。审判庭所具备的配置审判资源、策应社会与政治需求的功能与此相契合，应当主要通过两种方式予以衔接：一方面，将担任庭长（副庭长）和具有丰富审判经验作为任职审委会委员的重要条件，提高庭长（副庭长）以及骨干法官任职审委会委员的比例，增强审委会组成人员的专业性和多样性；[39]另一方面，将庭长（副庭长）承办重大、疑难、复杂、新类型、敏感案件与审委会把握案件的社会效果和政治效果结合起来，将庭长（副庭长）的静默化监督与主动决定将案件提交审委会讨论结合

---

〔37〕 参见梁桂平：《论专业法官会议的功能定位及运行模式》，载《法律适用》2016 年第 8 期；冯之东：《司法改革背景下的专业法官会议制度研究》，载《甘肃政法学院学报》2017 年第 1 期。

〔38〕 参见朱孝清：《司法的亲历性》，载《中外法学》2015 年第 4 期。

〔39〕 参见徐向华课题组：《审判委员会制度改革路径实证研究》，载《中国法学》2018 年第 2 期。有研究认为在法官的专业性划分已经成为不争的事实的情况下，应建立专业委员会制度，由各专业委员会分别负责各自领域重大、疑难、复杂案件的讨论研究，并承担总结各相关专业审判、执行工作经验，讨论决定各相关专业审判、执行工作中的其他问题的职责任务。在专业委员会中，庭长（副庭长）的地位和作用将更加凸显。参见司法公正权威与司法监督的关系课题组：《司法监督制度研究》，法律出版社 2015 年版，第 127 页。

起来。

最后,优化审判庭与其他内设政务机构之间的协作,使资源集聚于审判业务。审判庭承担的非审判事务主要包括调研、参加司法系统内部学术活动、宣传(包括撰写新闻稿件、巡回法庭进社区、邀请群众、学生代表走进法庭旁听审判等方式)以及协助审判管理部门处理数据统计、文件撰写、汇报等工作。审判庭的行政事务太过繁杂,应当适当简化,以避免庭长和法官在开庭与开会之间应接不暇。可以考虑将党建廉政工作剥离出审判庭,集中到其他内设政务机构,减少开会的频次,减少形式化宣传的频次等以降低行政事务对审判庭审判力量的损耗。进一步改善需要整个法院系统自上而下地精简非审判性事务,并在此基础上精简从事行政工作和管理工作的人员,让现有编制中的绝大多数人从事审判工作,[40]更有效地应对"案多人少"的困境。

五、结语

审判庭制度改革的实践和趋势背后隐含着改革理念与现实需求的强烈冲突:一方面,对"法官是法律的代言人"这一司法神话[41]不加质疑,而对院长、庭长等掌握权力者的不信任根深蒂固;另一方面,在法院内部结构与审判运行中,又对审判庭这一内设机构以及庭长(副庭长)职位有很强的依赖性。实际上,无论是院长、庭长还是普通法官,大多数都是具备法律知识和综合素养的专业人,计算利害关系的理性人,依靠职业安身立命的普通人。我国法院的审判活动既表现为法官自主式的审判,又表现为多主体复合式的参与;既依靠审判管理,又依靠行政管理;既致力于定分止争,又致力于策应社会与政治需求。在一个中等规模或者较大规模的法院中,审判庭作为基础单元承载着居中管理、监督、协调、传导等功能,不应轻言撤销。审判庭制度改革既要避免以审判管理之名行行政管理之实,复归决策方式行政化的老路,又要保障审判权力机制的有序运行、法院对审判偏误的矫正力以及法院对国家政策的贯彻力,维系法院内部结构的整体性和弹性。审判庭制度改革应当从实践出发,在博弈与试错中持续推进。

---

〔40〕 参见张智辉:《论司法责任制综合配套改革》,载《中国法学》2018年第2期。

〔41〕 参见[美]杰弗瑞·A.西格尔、[美]哈罗德·J.斯皮斯、[美]莎拉·C.蓓娜莎:《美国司法体系中的最高法院》,刘哲玮、杨微波译,北京大学出版社2011年版,第14~16页。这种神话无疑来自西方国家,通过改革开放以来的法学教育为大多数法律人深信不疑。

试论家事裁判文书说理情理法统一的理论基础

——兼论家事纠纷的概念与法律特征

王　伟*

摘　要：力求家事裁判文书说理情理法的统一，是我国最高审判机关为落实习总书记的重要指示、满足人民群众日益发展的司法需求、促进司法公正的一项重大举措。家事裁判文书说理情理法的统一，既是党和国家的要求和人民的需要，同时也具有相应的理论基础，一是中国传统文化为家事裁判文书说理情理法的统一提供了可能性，二是情理法的一致性或冲突性凸显了家事裁文书说理情理法的统一的必要性，三是家事纠纷案件的法律属性彰显了家事裁判说理情理法统一的极端重要性。

关键词：家事纠纷；裁判文书；说理；情理法统一

习近平总书记强调："法律并不是冷冰冰的条文，背后有情有义。要坚持以法为据、以理服人、以情感人，既要义正词严讲清'法理'，又要循循善诱讲明'事理'，感同身受讲透'情理'，让当事人胜败皆明、心服口服。"这一重要论断，融合了中国优秀传统法律文化与当代中国法治实践的现实需求。最高人民法院《关于进一步深化家事审判方式和工作机制改革的意见（试行）》（以下简称《意见》）明确指出，家事裁判文书的说理要力求情理法的统一。所有这些都为我国人民法院的家事审判工作特别是家事裁判文书的释法说理指明了努力的方向、树立了奋进的目标。家事纠纷有别于商事和其他的民事纠纷，相应地，家事裁判的说理也就有专属于自己的特色与要求。针对家事纠纷的性质与特点，探讨家事裁判文书释法说理的法律特征、理论

---

* 王伟，湖北天成建设工程项目管理有限公司常务副总经理兼法务部部长，法学硕士、文学硕士。

基础和实践要求,无论对于家事审判工作还是家事审判的理论研究均具有十分重大的意义。在家事裁判文书的说理中力求情理法的有机融合,旨在修复受损的婚姻、家庭关系,给当事人以心灵慰藉,做到"案结事了、人和心平",这是我国最高审判机关适应当下中国国情和民众的共同需求、落实习总书记的指示而提出的一项新的审判职能。限于篇幅,本文仅围绕家事裁判文书说理情理法统一的理论基础此一命题进行探讨,试图回答"为什么能和为什么要实现家事裁判文书说理情理法的统一"这个问题。

一、中国传统文化为家事裁判文书说理情理法的统一提供了可能性

(一)中国传统法律文化为家事裁判文书说理情理法的统一奠定了扎实的社会和文化基础

我国是一个具有悠久历史文化传统的国度,在其漫长的历史发展中形成了自身独特的性质和风貌。中国传统法律文化是一个汇聚了儒释道等不同哲学传统的精致、复杂、庞大的系统,其中要数占据主流思想地位的儒家文化对法律文化的影响最大也最深远。中国传统法律文化的一个显著特点就是礼法合一,注重道德教化的特殊功能,伦理纲常在政治、经济和社会生活中发挥着十分重要的作用。孔子是这样来阐述他的主要政治思想的,在他看来,统治者用行政命令管理百姓,用刑罚制约百姓,那么人们就只图不犯罪而不知道羞耻,如果用道德教化民众、用礼仪约束民众,人民就不仅不犯罪而且知道羞耻之心,还会纠正自己的过失,道德远比行政命令和刑罚手段更加有效,统治者要以德治国。我国历史上的春秋决狱就是法律儒家化和伦理化最典型的一例。汉武帝接受董仲舒的建议,要求司法官员在遇到法律没有规定,或法律的规定与儒家思想相冲突时,应以儒家经典著作的思想作为断案的根据,此即著名的春秋决狱。[1]有学者认为,可将中国传统诉讼文化的特质归结为六个方面,这就是诉讼运作的道德化,司法设置的行政化与非专门化,法官的非职业化,诉讼活动的人情化和艺术化,诉讼规制的低程序化,司法案件处理的个别化与非逻辑化。[2] 这些特质从总体上看都

---

〔1〕 参见肖建国、钱怡:《从诉讼法律文化看我国家事调解制度》,载《人民法院报》2013年1月11日,第5版。

〔2〕 参见胡旭晟:《试论中国传统诉讼文化的特质》,载《南京大学法律评论》1999年春季号,第12~13页。

附属于传统礼治社会的特定范畴,而强调礼治在国家治理中的极端重要性又是儒家文化鲜明的政治印记和根本特征。情理为本、道德至上是中国传统法律文化的又一大特点。林语堂在其《吾国与吾民》一文中认为中国人是将情理置于道德之上的民族,梁漱溟先生则更直接地指出中国社会结构是以伦理为本位的。由于中国古代是以血缘亲情为基础的,在诉讼活动中,法律是法官的形式依据,而情理则是法官的内心根据。[3] 以和为贵、追求和谐的精神价值,这是中国传统法律文化的第三个特点。儒家文化重视和谐统一,主张“仁爱、和谐、诚信、中庸”“和为贵”“君子和而不同”“克己复礼”“以诚待人”“己所不欲,勿施于人”等思想,提倡“调和”“中庸”之道,追求社会整体的同一性与平衡性,以政治秩序的稳定为最高的目标。在诉讼中和裁判文书中融“天理”“国法”“人情”于一体,这是中国传统法律文化的特点。清代于成龙所判兄弟葬母一案就很能说明这一点。在此案中,于成龙根据国法、天法、人情,判夏氏尸棺与衣物分葬于前后两任丈夫,力求情法两平、诉讼双方满意,其判词文采斐然、娓娓动听,说理透彻、集情理法于一体,堪称中国古代裁判文书的经典之作。于成龙针对该案的特殊案情,在判词中写道:“本案前由江夏令审断一过,判将夏氏之柩,葬后夫华姓坟上。其所根据,第一按照律文,第二根据古礼,本府于提审此案时,即已审度再三,原判一据律,再据礼,实无可指驳。但范念岵一片孝心,冀干母之蛊,成母之志,其心亦可嘉尚。故有司断案,亦不可纯略迹原情。今本府为慰安孝子之心计,特取其无碍于律文者,而为而等判。夏氏尸体棺柩,依律应仍遵照原县判案,归入华姓坟墓,范姓不得争夺。但念范念岵以三十年抚养之恩,并不忍其母之失志,并不忍有父而无母,亦准予得变通办法,与华氏子康年一体斩衰三年,并仿古人魂葬之礼,另行招魂致奠,将夏氏生前衣服,附葬于范文六之墓,并许得称范夏氏。如是则律与情各不相仿,在华氏子亦可释争矣。且查律改醮之妇,虽有归后夫之家语,然使前夫家自愿收回者,在律亦并无禁止之明文。是范念岵招魂安葬之举,华氏子亦可无所用其争,且亦不必争矣。此判。”[4] 从此案不难看出,所谓裁判文书说理情理法的统一,在一定的意义上讲,就是让法律层面上的胜诉者退后一步,同时又给予法律意

---

〔3〕 参见严音莉:《“天人合一”理念下的无讼与和解思想及其影响》,载《政治与法律》2008 年第 6 期。

〔4〕 清朝《于成龙判牍》,“兄弟葬母案”。

义上的败诉一方以情理方面的补偿与心理上的满足,让诉讼双方双赢。中国传统法律文化的第五个特点是秉持贱诉的理念、追求无讼的司法理想。[5] 所谓贱诉就是将诉讼看作低贱的事情,贱诉的心理源于经济、社会、文化等因素,更源于统治阶级的政治主张,以及所制造的不利于民众诉讼的伦理道德氛围和舆论压力,因为在统治阶级看来诉讼是缺少道德教化的表现。[6] 所谓无讼是指当出现矛盾或发生纠纷时,不需要或者不选择诉讼的方式去解决。"其间隐含着古人对于理想社会的憧憬和展望,而人与人之间关系融洽和谐、没有纷争和犯罪就是古人心目中的理想社会。"[7]不过,对于古代中国人贱诉、无讼的原因也有不同的解读。有人认为,中国人之所以贱讼,并非真正鄙视诉讼,而只是害怕诉讼。贱讼实为恐讼。即是说,中国人并非真正地将讼看作一件不道德的事,而只是因为它不会带来什么好的结果而予以鄙视,是因为恐讼、恶讼而贱讼。[8] 李约瑟认为,中国传统社会中贱诉之原因在于"古代中国人在整个自然界寻求秩序与和谐,并将此视为一切人类关系的理想"。[9] 这样一种理念不能不对古代中国人的心态、行为乃至整个文化产生深刻的影响,"具体到诉讼观念便是'无讼'的诉讼文化——'无讼不过是和谐延伸到司法上的一个转借词'而已"。[10]

应当指出的是,在儒家思想之外,其他思想文化也对中国传统法律文化的形成也产生了一定的影响。譬如,中国道家的一些思想就对中国传统法律文化的生成作出过重要的贡献。源于老子的《道德经》和庄周思想的道家主张崇尚自然、追求自然和谐、提倡清静无为和慈爱、反对斗争、"知足守拙",崇拜神灵和天道、倡导"天人合一"的宇宙观与秩序观,推行阴阳和五行学说、主张自然界和人类社会一切事物的性质变化都在五大要素的运行周转之中,"由此形成的独特的法律观和认识论,不仅对法学理论有很重要的启示作用,而且大大促进了环境生态法律的理念发展"。[11] "在古代封建社会分散的小农经济和宗法社会土壤上形成的法自然观念,以及'天人

---

〔5〕 参见冯玉军:《中国传统法律文化的形成与特点》,载《光明日报》2018年8月19日,第6版。

〔6〕 参见刘晨:《中国传统诉讼文化探析》,载《湖北警官学院学报》2013年第1期。

〔7〕 参见肖建国、钱怡:《从诉讼法律文化看我国家事调解制度》,载《人民法院报》2013年1月11日,第5版。

〔8〕 参见范忠信:《中国法律传统的基本精神》,山东人民出版社2001年版,第230页。

〔9〕 参见[英]李约瑟:《李约瑟文集》,陈养正等译,辽宁科技出版社1986年版,第338页。

〔10〕 参见张中秋:《中西法律文化比较研究》,南京大学出版社1999年版,第34页。

〔11〕 参见冯玉军:《中国传统法律文化的形成与特点》,载《光明日报》2018年8月19日,第6版。

合一'的思想，使中国传统文化具有追求和谐的总体特征"。[12]

（二）中国传统的家庭和伦理观念为家事裁判文书说理情理法的统一奠定了雄厚的家庭基础

中国传统文化本身就源自齐家之理念。出自儒家经典之一的《礼记·大学》的"修身齐家治国平天下"之说，一语道出了儒家文化"家国同构"学说的精髓之所在。在儒家看来，家庭是国家的缩影，国家是放大了的家庭，一个能把自己的家庭经营好了的人也同样可以把一个国家治理好；一个能把自己国家治理好的人，那么他或她也一定能让世界充满和谐，天下太平。古代中国是自给自足的小农经济、专制集权体制和官僚政治的结合体，是一个以家的模式构建国家的体系，"家国同构性"系古代中国社会结构的基本特征。"家国一体"的观念完全有别于西方社会中"家国分离"之理念。因此，中国古代社会更强调的是以血缘关系为纽带的"亲属原则"。"亲属原则"要求社会人际关系更多地追求和睦，于是就产生了中国特有的"和合文化"。[13] 有学者甚至提出可将中国古代诉讼的基本特征归类于"家庭模式"，认为在中国的古代诉讼中，审判者被看作"父母官"，而百姓被当作"子民"，整个政治制度包括司法结构都是家庭模型的翻版。[14] 整个社会都如此崇尚和合思想，那么作为"和合文化"策源地的家庭当然就更加也很自然地要崇尚"和为贵"之理念，营造"家和万事兴"之佳境，家庭内部成员更得讲究长幼有序、和睦共处。因此，本着"家丑不可外扬"的理念，家庭内部的矛盾和纠纷当然也就不能依靠诉讼来解决。[15]

同时，一些专属于治家的理念对家庭成员还提出了特别的要求。儒家提倡成员之间要友善和睦相处，倡导以"孝"自律、以"孝"治天下，强调"尊尊、亲亲"的纲常伦理原则。统治者所施行的诸如矜老恤幼、亲亲相隐、轻侮法以及复仇得以赦免等政策，都体现了对孝子的尊敬怜惜，提倡和鼓励"存留养亲""存留承祀"等孝行，在宣扬和落实恤刑思想的同时，也不断地强化

---

〔12〕 胡旭晟：《试论中国传统诉讼文化的特质》，载《南京大学法律评论》1999 年春季号，第 12 ~ 13 页。

〔13〕 胡旭晟：《试论中国传统诉讼文化的特质》，载《南京大学法律评论》1999 年春季号，第 12 ~ 13 页。

〔14〕 参见严音莉：《"天人合一"理念下的无讼与和解思想及其影响》，载《政治与法律》2008 年第 6 期。

〔15〕 参见肖建国、钱怡：《从诉讼法律文化看我国家事调解制度》，载《人民法院报》2013 年 1 月 11 日，第 5 版。

和渗透了家庭和睦友爱的意识。“传统中国法的道德原理表现到法律原则与规范上,可以简单地用‘三纲五常’来概括。”〔16〕君为臣纲、父为子纲和夫为妻纲即为“三纲”,仁、义、礼、智、信即为“五常”。在孔子看来,社会主要由君臣、父子、夫妇、兄弟、朋友五种伦理关系组成。君王要敬重自己的大臣,大臣要忠诚君王;夫妻之间要充满爱意,丈夫要尽到自己的责任,妻子应当听从自己的丈夫;父母要爱女儿,兄长要爱护弟妹,弟妹要敬爱兄长;兄弟之间要谦和,朋友之间要友善,对朋友的过失要给予诚恳地劝告。儒学后继者在“五常”之外,还衍生出了忠、孝、悌、忍、信五字处理人伦的规则。一次,齐国的国君问孔子如何治理国家?孔子说,君就是君,臣就是臣;父就是父,子就是子。孔子的意思是,一个国家君主拥有最高的权力,一个家庭父亲应有绝对的权威。孔子的这一主张被他的弟子发扬光大,成为后来中央集权制度的理论基础。仁的基本含义就是孔子所说的“爱人”,是人对于同类生命的同情和关怀。义是公正、合理而应当做的意思。礼是一个人为人处世的根本,是每个人道德素质与教养程度的外在标志。智就是分辨是非。信就是与取信于人、言而有信。〔17〕基于“家国一体”这样的理念,儒家十分看重“孝”在维持家庭稳定与和谐中的作用,也特别强调“孝”的教化功能。一次,孔子的学生子夏问孔子什么叫孝,孔子说,现在所谓的孝,以为只要供养父母的吃喝就行了,要让人们在内心有孝敬的父母的感情,仅给父母衣食还远远不够,人们同样给狗马以饲养,人们如果内心没有孝敬的感情,仅给父母以衣食,这与饲养狗马又有什么区别呢?儒家先贤们还将儒家“孝”的理念渗透在他们的伦理著作之中,以教化于整个社会。《孝经》就是其中的集大成者之一。《孝经》,以孝为中心,比较集中地阐述了儒家的伦理思想,认为“孝”是上天所定的规范、“孝”是诸德之本,还首次将孝与忠联系起来,主张国君可用孝治理国家、臣民能用孝立身理家。此外,还有诸如《弟子规》等一大批儒学经典论著流传于世,对古代中国家庭关系的巩固与和谐起到了非常重要的作用。

从以上的论述中,我们不难看出,中国传统的法律文化特别是诉讼观念都只是我国传统文化和价值取向在法律和诉讼领域的一种映像,道家有关

〔16〕张泽:《中国古代恤刑思想的渊源》,载《人民法院报》2018年9月14日,第7版。

〔17〕参见刘俊:《当代法官如何解读“仁义礼智信”》,载《人民法院报》2012年12月13日,第7版。

“天人合一”等思想和理念，尤其是儒家的忠孝观、义利观、贵和观对中国传统法律和诉讼文化产生了重要影响，儒学道学的价值取向被中国社会广泛认同和接受，业已成为社会成员的思维方式和行为定势的内在精神支撑。“即使经过两千多年的变迁，宗法制度中许多封建糟粕已经不见了，但伦理文化中基本的家庭和睦有序、尊老爱幼等依旧作为中华美德深深植根于当代中国人的脑中。”[18]况且，我国古代的一些思想和观念还契合了当下主张和倡导的社会主义核心价值观，符合或基本符合社会主义制度条件下的最广大人民的集体意志与愿望。因此，在处理家事纠纷的时候，如果能够更多地运用人们熟悉并且认同，也更易于接受的伦理观念、社会习惯，甚至人情、礼俗来进行劝解说服，就会更加符和当事人和整个社会的利益，做到法律效果与社会效果的有机统一。总之，我国优秀的法律、诉讼传统文化与今天仍具有积极意义的我国古代的一些治国理家理念，既为人民法院家事案件的人性化审理提供了宝贵的传统文化资源，同时也为家事裁判文书说理情理法的有机融合创造了得天独厚的条件。

二、情理法的一致性或冲突性凸显家事裁文书说理情理法的统一的必要性

（一）情理法的一致性为家事裁判文书说理情理法的统一提供了理论基础

概念是逻辑的起点，对概念的含义进行界定当然也就成为探讨问题的出发点。因此，在我们展开这个话题之前，厘清并确定家事裁判文书说理情理法这一概念的内涵与外延就显得很有必要。其实，家事裁判文书说理情理法的统一中情理法是一个专有名词，它们各自具有独立的特别含义，切不能混同于在别的场合或语境下使用的同一词语。笔者认为，“家事裁判文书说理情理法”中的“情”应为情理之义，百度百科与360百科均解释说，情理表示人情与道理，也表一个人的情绪及思虑；从法律意义来说，应表案情和事理。最高人民法院《关于加强和规范裁判文书释法说理的指导意见》（以下简称《指导意见》）对裁判文书说理的范围和内容作了规定，这就是阐明事理、释明法理、讲明情理与讲究文理，并明确指出阐明事理就是要说明裁

---

〔18〕 肖建国、钱怡：《从诉讼法律文化看我国家事调解制度》，载《人民法院报》2013年1月11日，第5版。

判所认定的案件事实及其根据和理由、展示案件事实认定的客观性、公正性和准确性,阐明情理就是要体现法理情相协调、符合社会主流价值观。这是其一。其二,在一般的意义上来讲,所谓道理指的是事情的是非曲直的逻辑或论点的根据、理由,即通常人们将“摆事实”并称的“讲道理”。从形式逻辑上来说,“道理”一词是一个大的概念,《指导意见》中所称的事理、法理、情理和文理均被囊括其间。其三,《指导意见》业已将“事理”与“情理”相提并论,且将“一个人的情绪及思虑”从“情理”之中排除出去,同时将“案情和事理”涵盖于“情理”一词。由此可见,“家事裁判文书说理情理法”中的“情理”并不包含所谓的“案情和事理”与“一个人的情绪及思虑”之义,仅仅只作“人情之道理”即“人之常识”“人之常情”“人之常理”之解读。所谓情理,是指属于社会公共道德范畴的,为社会大众所接并遵循的、人与人之间交往的自然法则。情理不仅包括人与人之间的自然情感,还包括基于该情感产生的道德、善良风俗、习惯等内容。作为民法基本原则之一的公序良俗,是民事裁判的重要依据,公序良俗原则包含了道德、习惯、风俗等内容,利用公序良俗原则解决纠纷的过程实际是依情理说理的过程。〔19〕“家事裁判文书说理情理法”中的“理”指的是事物的规律,从广义上来看包括公理、天理、真理、道理等等所有与“理”相关的内容与意思,但结合《意见》与《指导意见》限定的语境言之,这里的“理”仅指称的是公理。一般认为,公理是指依据人类理性而不证自明的基本事实,或经过人类长期反复实践的考验不需要再加证明的基本命题。至于,“家事裁判文书说理情理法”中的“法”,其语义应是明确的。根据《指导意见》第2条、第13条之内容,再结合以上的分析,“家事裁判文书说理情理法”中的“法”包括两层意思:一是指法理即“裁判所依据的法律规范以及适用法律规范的理由”。二是指法律法规、司法解释即法律规范的规定以外的以下七大类裁判依据:最高人民法院发布的指导性案例;最高人民法院发布的非司法解释类审判业务规范性文件;经验法则、交易惯例、民间规约、职业伦理;立法说明等立法材料;采取历史、体系、比较等法律解释方法时使用的材料;法理及通行学术观点;与法律、司法解释等规范性法律文件不相冲突的其他论据。明眼人一看便知,在此列举的七大类裁判依据之中,仅仅过滤掉了《指导意见》第13条所列七大类法律法规、司法解释以外的,裁判依据中的第三大类中前的两项即“公理、

〔19〕 参见刘乔发:《论民事判决说理的原则及方法》,载《人民司法》2008年第13期。

情理”,这是因为此大类的前两项即“公理、情理”与以上“家事裁判文书说理情理法”中的“情理”“公理”重复了。需要明确的是,以上七类所列内容均有自己的含义。譬如,最高人民法院发布的非司法解释类审判业务规范性文件即通常所称的“司法指导性文件”,是指除司法解释以及司法行政管理、人事管理类文件之外的,涉及法律适用问题的规范性司法文件。它主要有两类:一是 1997 年 4 月 1 日以前,最高人民法院或其有关部门的个案答复、会签文件、领导讲话及会议纪要等文件;二是 1997 年 4 月 1 日以后,最高人民法院或其有关部门发布的非以“法释”字编号的规范性文件。〔20〕“与法律、司法解释等规范性法律文件不相冲突的其他论据”是一个大概念,显系兜底条款,在当前的语境之下,它至少包括中国传统文化中代表主流价值观的道德与伦理,健康的民谚与习俗,社会主义核心价值观等。譬如,一些蕴含社会公德的民谚就具有很高的论理价值。民谚是经过世代相传的有关气象、水文、农耕、生活常识、做人准则、处世哲学等知识体系,是通过通俗易懂的口头语言向人们反复灌输,并被人们所自觉遵守的道德规范,具有旺盛的生命力。如果在家事裁判文书说理中,有选择有针对性将一些民谚融入其间,将民谚所蕴含的深刻道理与法律法规所倡导、规范的道德有机地结合起来,就会使“合理”与“合法”二者有效融合,让僵死的法律条文变为“活法”,既强化了说理又增进了裁判文书的可读性与社会可接受性。〔21〕

应当特别指出的是,在释法说理中融入核心价值观十分必要也非常重要。社会主义核心价值观既是国家倡导的一套价值观念体系,也是社会成员必须遵循的价值准则和行动指南。释法说理是司法裁判所确立的法律规则及其蕴含的道德评价,得以在社会传播并被广大公众所接受的重要因素。司法对于社会公众的行为方式具有巨大的指引作用,家事裁判对于倡导良好的社会主义新型家风具有举足轻重的引领功能。中共中央出台的《关于进一步把社会主义核心价值观融入法治建设的指导意见》,明确提出要用公正司法培育和弘扬社会主义核心价值观。自 2015 年最高人民法院发布《关于在人民法院工作中培育和践行社会主义核心价值观的若干意见》以来,2018 年 9 月最高人民法院又发布了《关于在司法解释中全面贯彻社会主义

---

〔20〕 魏振华:《民事审判中司法指导性文件援用的实证考察——以“法办 2011442 号”会议纪要为例》,载《中国法律评论》2017 年第 6 期。

〔21〕 顾乐勇、林操场:《试论民谚在法院调解中的运用》,载中国法院网:https://www.chinacourt.org/article/detail/2008/05/id/303503.shtml,2019 年 7 月 6 日最后访问。

核心价值观的工作规划》,《指导意见》再一次强调裁判文书释法说理要符合社会主义核心价值观的精神和要求。裁判文书释法说理对社会公众的道德教化和行为方式引领功能,要求我们在裁判文书释法说理中积极融入社会主义核心价值观,通过人民群众听得懂的语言释法说理,让社会公众从活生生的司法裁判文书的说理中,知道肯定什么又否定什么,知道怎样去践行社会主义核心价值观,使司法裁判成为良善的导向,以促进公众对社会主流价值观的认同和按照司法裁判确立的行为规则行事,在裁判文书中运用社会主义核心价值观的说理方式和内容,使裁判文书的说理做到情理法的统一,使法律效果与社会效果高度融和、融为一体,让人民群众在每一个司法案件中感受到公平正义。[22]

在情理法三者之中,情中有法、情中有理,理中有情、理中有法,法中有情、法中有理。情理反映的是社会普遍的正义观,情理是人们判断是非对错的普遍标准和样板。公理就是社会上公认的正确道理,或已为实践所反复证明而被认为无须再证明的真理。法来自情也来自理,情理法应当是一致的至少是相通的。情理是法的基础与指引,法必须建立在公理之上,现代法律规范和法治机理本身就蕴含着法、理、情的融合。"任何立法都是价值衡量和利益判断的产物,一部法律作为调整某领域社会关系的规范集中体现了国家对该领域社会生活的价值选择和利益分配,也是立法者当初在制定法律的过程中已充分考虑和设定的结果,所以,虽然司法者可以针对立法者规定过于模糊、存在矛盾或冲突、产生漏洞等方面的情形进行解释,但其需要尊重立法者已然做出的关于价值和利益判断的基本诉求。"[23] 国家在制定法律的时候,应当参照和考虑情理、公理,广泛听取民众的意见,充分吸纳社会的公理,最大限度地体现对社会正义的认可和维护,将情理和公理寓于法律之中。所以说,合法的就应当是符合情理、符合公理的。在家事审件的审判活动中,人民法院应当严格依法办案,并在现行法律的框架内充分考虑情理、公理等因素,对案件作出既合法又符合情理、公理的裁判结果。因此,法和法理都离不开情理和公理,情理也不能脱离法律独立存在,情理法三者互为因果,当为一个既独立又牵连的和谐整体。当然,我们强调家事裁判文

---

〔22〕 参见夏克勤:《释法说理:彰显新时代司法裁判核心价值》,载《人民法院报》2018年8月19日,第2版;王裕根、张志坚:《推动社会主义核心价值观融入裁判文书说理》,载《人民法院报》2019年2月14日,第8版。

〔23〕 杨知文:《社会学解释方法的司法运用及其限度》,载《法商研究》2017年第3期。

书说理情理法的统一,并不意味也不可否认法的核心地位,判案定责首先得适用法律,情与理只是弥补法的说理之不足,旨在强化裁判文书说理的充足性与可接受性,而不得喧宾夺主更不得反客为主。诚如学者所言,我们应当坚持法律与道德分离,使法律具有自身的品质,这是我们当前追求法律的秩序价值和规制效果的内在要求;在坚持原则的同时,我们不能断然割舍法律与道德实际存在的某种联系,承认法律与道德理性结合的现实,这是我们当前追求法律的实质正义、坚持以人为本的司法理念的应有之义。唯有如此,我们才能使依法治国和以德治国完美契合,使法律和道德在调整我们的社会生活既各显其能又互助互补。[24] 在这方面,邹某友诉张某忠合同纠纷案的裁判结果及其理由,为我们提供了成功的经验。这是最高人民法院 2015 年 12 月 4 日发布的 19 个典型合同纠纷案之一。该案的简要案情是,张某忠明知涉案楼基地依法不能转让给本集体经济组织以外成员但仍转让给邹某友,邹某友在未确认土地性质的情况下即购买涉案楼基地,双方对于合同无效均有过错。张某忠在双方转让行为历经 10 余载,涉案楼基地升值存有巨大利益后,才以违反法律规定为由主张合同无效,并请求邹某友返还楼基地。受案人民法院经审理后认为,张某忠的诉讼请求虽然符合法律规定,但从道义、情感角度而言,属于典型的违反诚实信用原则。因此,判决邹某友将楼基地返还给张某忠,张某忠以转让款为基数,按照中国人民银行同期贷款利率赔偿邹某友之损失。在司法实践中,对于类似案件的处理大多采取"各打五十大板"的做法,如此机械地适用法律条文,不仅让失信的当事人堂而皇之地获取法外利益,也极不利于在全社会弘扬"诚信"的社会主义核心价值观。转让人可以冠冕堂皇地以"法律规定"为由实施违反诚信的行为,作为深受中国传统道德规范影响的受让人及社会大众,当然难以接受。正因如此,法官在处理该类纠纷时,应在坚持法律规定的前提下,适当引入道德、风俗等规范,让"无情"的法律与"有情"的道德规范结合,实现情、法、理在司法判决中有效融合。在本案中,法官根据法律的强制性规定,确认涉案楼基地转让协议无效;同时,引入诚信原则,充分而妥当地运用自由裁量权,在合理的限度内弥补受让人的损失,让失信人承担一定的法律制裁。如此,既能有效地平衡双方的利益,也有助于培养社会公众的诚信观念。这也是

〔24〕 参见吴真文:《正确树立法律与道德的边界意识》,载《湖南师范大学社会科学学报》2014 年第 2 期。

在审判实践中培育和践行社会主义核心价值观的良好体现。此案虽不是家事案件,但家事案件的说理与其并无二致,此案例对于家事审判及其裁判文书的制作具有重大的借鉴意义。〔25〕

需要指出的是,法情理三者虽然在功能上或称作用的方向上不一致甚至相反相冲突,但却能相辅相成共生共存于一个判决说理之中。譬如,在一起判离的离婚案件中,法官首先根据我国婚姻法的相关规定,在判决书中指出,女方因婚外恋而出轨,具有明显的过错,依法应少分夫妻的共同财产;夫妻双方的共同子女因年龄较小,根据双方的意愿其女儿由女方抚养为宜。同时,法官又笔锋一转,称女方虽然具有过错,但因男方的收入明显地高于女方,出于有利益未成年人的成长之考虑,判决男方在应多分的财产中分出一部分给女方,并每月给女儿一定数额的抚养费。显然,在本案中,法官首先依据婚姻法的相关规定,对女方进行法律性评价,然后又根据《意见》第2条的要求,结合男女双方的经济收入等情况,判决男方多拿抚养费少得一些财产。显然,法律无疑是判断过错的标准和准绳,情理和公理又是为过错方特别是弱者未成年人争取权利的根据。

这里,有一个问题需要简单地讨论一下。在我国的法学理论界还是司法实务界,近几年来在使用情理法这三个词时,其排序有情理法、法理情、法情理此三种表述。笔者发现,人们使用最多最早的是法理情这种排序的词组,而且都是从正面意义上去运用和解读的,《指导意见》就是典型的一例;而使用情理法之顺序组合时,在较前一段时期往往都是从贬义的视角来使用的,指的是民意舆情影响甚至左右了司法审判,而在后来的一段时间以来则更多的是从褒义的方面来动用这个词组的;法情理这样的表述方式也时常有之,但争议不大。这种语言现象说明了两个问题,一是法理情或法情理这种表达式显系公认的语言模式,而这种语言模式表达的也是大多人们的思维方式及其认可的思维结果。二是诸如《意见》和其他理论文章、通讯报道中所使用的情理法这种结构的概念之用意,大都出于强化、强调情理、公理在家事裁判文书说理中的极端重要性之需,但有时也有他意另解。申言之,情理和公理在家事裁判文书说理中在法律规范的统摄下,有时可以甚至应当将裁判结果更多地向情理和公理方面倾斜,以修复破损的婚姻、家庭关

〔25〕 邹克友诉张守忠合同纠纷案,载中国法院网:https://www.chinacourt.org/article/detail/2015/12/id/1762131.shtml,2019年7月6日最后访问。

系，修复受损的父母子女、夫妻之间的情感。需要指出的是，家事裁判文书说理情理法的统一中的“情理法”这样的排序，并不表明在审判家事审件和制作家事裁判文书的时候，将情与理摆在最前列，以情与理作为断案的首要遵循，而应当一如既往地把法律作为定案断责的根本标准和首选依据，“坚持以法律为第一判断标准”，“善于将法律与情理融为一体，既最大限度追求法律正义，又充分兼顾社会普遍正义，并以此确保司法裁判的合法、合理、合情”。[26]

(二)情理法三者之间的冲突也为家事裁判文书说理情理法的统一提供了用武之地

从根本上来看，情理法三者是一致的、相通的，但在有些情况下情理法也会有矛盾、发生冲突。有司法实务工作者认为，导致情理法、法律效果与社会效果冲突的原因在于，一是片面适用法律、机械套用法律条文，或法律没有明确规定而随意作出未能正确反映立法原意的推定或解释；二是有些案件的裁判虽然有法律作为依据，但裁判结果未能准确反映客观事实，甚至仅仅满足于形式公正，损害了原本亦应保护的社会利益；三是缺乏明确具体的法律依据，仅有法律的基本原则加以援引，法官行使自由裁量权失当。[27]也有法官将情理法冲突的根由归咎为两个方面，一方面缘于法官适用法律过于机械，忽视了处理结果的合理性；另一方面缘于法官的不良习惯和职业偏见，法官丢失了常人观察问题的认知能力，远离了道德与社会公众的良知。[28] 笔者认为，以上观点还不够全面或精准，情理法相矛盾的情形主要有六。一是法官找错了法；二是法官对法律的解释出现了偏差、背离了法律的原意或立法的宗旨；三是法律规范竞合或者冲突、法官错选了法律；四是法律规定严重滞后于变化了政治、经济形势和社会生活；五是在法律没有明确的规定的情况下、法官适用最相类似的法律规定或法律原则存在错误、背离情理；六是法官未能在多种法律价值和多元利益之中作出正确的判断和选择、不善于辩证思维或辩证推理的能力不强、导致实质意义上的不公正。其实，在这六类情形中只有第五种情形才是真正法律意义上的冲突，而正是

〔26〕 骆锦勇：《遵循“法理情”逻辑规则》，载《人民法院报》2017年8月28日，第2版。

〔27〕 参见刘峥：《司法裁判中的法律效果与社会效果》，载《人民法院报》2018年1月8日，第2版。

〔28〕 参见胡云红：《从于欢案谈探索大合议庭陪审机制》，载《人民法院报》2017年7月19日，第8版。

这种真正冲突才为情与理作用的发挥提供了用武之地,才更能凸显情与理在家事裁判文书说理中的功能。在此方面,被最高人民法院评为"2014年度人民法院十大民事案件"之一的全国首例人体冷冻胚胎监管权和处置权纠纷案的判决为我们提供了经验和样本。江苏省无锡市中级人民法院在我国现行法律规定不是很完备的情况下,严格遵循法律原则、法律精神,综合考量伦理、情感和特殊利益保护等多种因素,作出了兼顾各方利益主体诉求、令全社会满意的判决,受到社会各界的广泛关注与好评,被广大网民点赞为"中国好判决"。此案亦被荷兰出版巨头威科集团(全球三大专业信息出版商之一)旗下的子公司CCH的网站"威科先行·法信息库"列为2014年十大案例之一,给予的评价是"体现法情理融合的典型判决"。[29] 江苏省无锡市中级人民法院二审认为,上诉人沈新南、邵玉妹和被上诉人刘金法、胡杏仙对涉案胚胎共同享有监管权和处置权,其主要理由也是最深得人心的理由是第2条:在我国现行法律对胚胎的法律属性没有明确规定的情况下,结合本案实际,应考虑以下因素以确定涉案胚胎的相关权利归属:一是伦理。施行体外受精—胚胎移植手术过程中产生的受精胚胎,具有潜在的生命特质,不仅含有沈杰、刘曦的DNA等遗传物质,而且含有双方父母两个家族的遗传信息,双方父母与涉案胚胎亦具有生命伦理上的密切关联性。二是情感。白发人送黑发人,乃人生至悲之事,更何况暮年遽丧独子、独女!沈杰、刘曦意外死亡,其父母承欢膝下、纵享天伦之乐不再,"失独"之痛,非常人所能体味。而沈杰、刘曦遗留下来的胚胎,则成为双方家族血脉的唯一载体,承载着哀思寄托、精神慰藉、情感抚慰等人格利益。涉案胚胎由双方父母监管和处置,既合乎人伦,亦可适度减轻其丧子失女之痛楚。三是特殊利益保护。胚胎是介于人与物之间的过渡存在,具有孕育成生命的潜质,比非生命体具有更高的道德地位,应受到特殊尊重与保护。在沈杰、刘曦意外死亡后,其父母不但是世界上唯一关心胚胎命运的主体,而且亦应当是胚胎之最近最大和最密切倾向性利益的享有者。综上所述,判决沈杰、刘曦父母享有涉案胚胎的监管权和处置权于情于理是恰当的。当然,权利主体在行使监管权和处置权时,应当遵守法律且不得违背公序良俗和损害他人之利

---

〔29〕《沈新南、邵玉妹诉刘金法、胡杏仙监管、处置权纠纷案——人体冷冻胚胎监管、处置权归属的司法认定》,载中国法院网:https://www.chinacourt.org/article/detail/2019/01/id/3640663.shtml,2019年7月6日最后访问。

益。本案的成功尝试告诉我们,情理法之间的冲突性也为家事裁判文书说理情理法的统一提供了更大的可能性和必要性。诚如学者所言:"在法治逻辑规则中,法、理、情三者之间并非天生对立而是辩证统一的关系,情理以道德为基本内涵,道德又是法律的基础与指引,法律的制定是建立在公众情感和社会道德基础之上的,公众情感和社会道德是赋予法律具有合理性、正当性和普遍约束力的内在依据。"〔30〕

三、家事纠纷的法律特征彰显家事裁判说理情理法统一的重要性

(一)家事纠纷的概念

"所谓家事纠纷,是指在夫妻、亲子、其他家庭成员及近亲属之间发生的人身和财产关系的纠纷。"〔31〕"家事案件通常涵盖一般意义上的婚姻案件、家庭案件、继承案件及其他亲属关系纠纷。"〔32〕这是当下比较流行或大家比较认同的关于家事纠纷概念内涵的界定。当然,也有人主张将未成年犯罪案件的审理划归到家事法庭之中,其理由是,二者理念相通,少事审判和家事审判的都遵循儿童最大利益化之原则;二者程序相近、都主张审前社会调查、审中寓教于审与寓助于审、审后回访考察;二者资源共享,专业力量和社会力量可以共享。该学者同时又主张二者要保持相对的独立性,即少年审判和家事审判分由不同合议庭进行审理。可见,此种主张的核心还是主张由专门的审判组织来专门审理家事案件,实际上并非主张将未成年案件包括在家事案件之中。〔33〕至于,关于家事案件外延的说法却有多种。其中一种认为,家事案件主要包括亲属身份争议和以亲属身份为依据所生的财产争议两大类,家事诉讼的范围一般包括婚姻事件、收养关系、亲子关系等,仅最高人民法院颁布的民事案由中婚姻家庭(继承)方面的案由类型就达20多个,但是并不全面,亲子关系诉讼(亲子认领、亲子否认等)案件,婚姻成立或不成立、离婚无效、重婚或与婚外异性同居中合法配偶提出的解除配偶一方与他人同居关系案件等,都应列入其中,实际上婚姻家庭(继承)案件,可

---

〔30〕 骆锦勇:《遵循"法理情"逻辑规则》,载《人民法院报》2017年8月28日,第2版。

〔31〕 巫若枝:《30年来我国家事纠纷解决机制的变迁及其启示——基于广东省某县与福建省厦门市五显镇实践的分析》,载《法商研究》2010年第2期。

〔32〕 刘武俊:《家事审判助力"家和万事兴"》,载《人民法院报》2017年7月24日,第2版。

〔33〕 参见姚建龙:《少年审判和家事审判的关系定位》,载《人民法院报》2018年1月22日,第2版。

独立确定案由已经达到30多种。[34] 也有学者主张,广义上的家事诉讼案件,应当包括婚姻事件、亲子事件、收养事件与其他家庭事件。我国家事案件的范围,可以根据家事审判机构所确定的具体职能和承担能力决定。考虑到我国婚姻法调整的内容和范围的变化,家事案件的范围应当适当扩大,主要包括身份关系案件,身份财产案件,侵犯婚姻当事人、家庭成员人身权利的案件和其他家事案件共四大类。第一大类案件——身份关系案件即以亲属身份或身份关系为诉讼对象的案件,又可分为婚姻事件、亲子事件与收养事件。婚姻事件包括婚姻无效之诉、撤销婚姻之诉、确认婚姻成立或不成立之诉、离婚之诉、离婚无效之诉、夫妻同居(别居)之诉、解除非婚同居之诉。亲子事件包括否认子女之诉、认领子女及认领无效或撤销认领之诉、就母再婚后所生子女确定其父之诉、宣告停止亲权或撤销宣告之诉等。收养事件包括收养无效之诉、撤销收养之诉、确认收养关系成立或不成立之诉、终止收养关系之诉等。第二大类案件——身份财产案件即以亲属身份为媒介的财产案件、或基于身份关系发生的财产案件,包括夫妻或兄弟姐妹之间的扶养、父母对子女的抚养、子女对父母的赡养,夫妻财产、婚约财产、继承、遗赠扶养,离婚后的财产分割,以及基于《婚姻法》第46条提出的赔偿等案件。第三大类案件——侵犯婚姻当事人和家庭成员人身权利的案件以及其他家事案件,诸如干涉婚姻自由、家庭暴力、虐待、遗弃等侵权案件。第四大类案件——其他家事案件,是一个兜底性表述,指没有列举的涉及婚姻家庭关系的案件。[35] 还有人认为,传统家事纠纷案件,一般是指涉及家庭内部成员之间的案件,如离婚、赡养、抚养、扶养、继承、分家析产等,当前语境下的家事纠纷业已涵盖了婚姻无效、撤销婚姻、离婚后损害责任、人身自由权、隐私权、肖像权、荣誉权、姓名权、夫妻财产约定、婚生子女否认、生父确认、同居关系析产和探望权、监护权、肖像权、被继承人债务清偿、遗赠扶养协议、涉外婚姻和涉老婚姻等纠纷,随着社会转型的凸显和深化,家事纠纷衍生的新类型案件呈现多元化。[36] 我国著名的民法学家王利明认为:"家事

---

〔34〕 参见刘武俊:《家事审判助力"家和万事兴"》,载《人民法院报》2017年7月24日,第2版。

〔35〕 参见王礼仁:《家事案件审判体制改革之构想——以婚姻案件审判现状为背景》,载《法律适用》2008年第11期。

〔36〕 参见赵文:《妥善化解家事纠纷维护婚姻家庭稳定——关于家事纠纷案件的特点、原因及对策的调查》,载中国法院网:https://www.chinacourt.org/article/detail/2018/08/id/3468491.shtml,2019年7月6日最后访问。

关系主要包括两类，一类是夫妻之间的婚姻关系，另一类是父母子女之间的血缘关系和随之而来的抚养教育等监护关系。”〔37〕

笔者认为，顾名思义，家事就是家庭中的事和与家庭有关的事，而家庭内部成员之间的主要关系又不外乎夫妻关系、父母子女关系、祖父祖母或外祖父外祖母与孙子女或外孙子女之间的关系、公公婆婆与儿媳的关系、岳父岳母与女婿关系等，以及其他具有血缘关系或婚姻关系等亲属关系，这些关系之间发生的民事纠纷就是家事纠纷；此外，一个家庭与另一个家庭之间有关家事发生的纠纷也是家事纠纷，譬如上列的沈新南、邵玉妹诉刘金法、胡杏仙监管、处置权纠纷一案，尽管此间还牵扯案外的第三人，但其核心还是两个具有姻亲关系的家庭内部发生的纠纷。总之，家事纠纷是发生在家庭内部成员之间以及发生在具有血缘关系或姻亲关系的两个或两个以上具有血缘关系或婚亲关系等亲属关系的家庭之间的民事纠纷。至于家事纠纷的种类问题。笔者认为，对于这一问题的判断应基于以下两个基本的考虑，一是我国当前的现状，二是国外的立法例。首先，就我国目前的状况而言，不宜将家事纠纷的外延界定过宽，也不要界定过细与过死。这是因为对于尚未出现的家事案件的种类作出臆断没有实际意义，于理论研究和司法实践均无多大益处；若界定过细对于司法审判活动特别是正确适用法律都会带来困难；若界定得过死则更会捆住法官的手脚，同时也会窒息相关学理的研讨。鉴于此，给我国家事纠纷外延之界定还是以审慎、粗放、开放为宜。以上列举的几种分类，明显遗漏了非讼案件，如人身安全保护令案件。其次，再看看国外的相关情况。在英国，家事法作为一个独立的法律部门，主要包括调整婚姻家庭以及父母子女关系的法律。“家庭”通常指核心家庭或者直系血亲家庭。英国家事法也有一些调整同居伴侣之间权利义务关系的规定。虽然家事法必然会和合同法、侵权法、刑法等相关领域的法律互相影响，但从传统上讲，家事法只限定在结婚、离婚、同居及相关的经济和财产问题，包括一些与儿童有关的法律，其重点在身份的创设和取消（结婚、离婚、亲子关系），以及由此带来的法律后果和在权利遭到侵害时所提供的救济。〔38〕 日本家事法院主要审理下列五类案件，一是日本新人事诉讼法规定

---

〔37〕 王利明：《家事关系的法律调整》，载北大法律信息网：http://article.chinalawinfo.com/ArticleFullText.aspx? ArticleId = 85962，2019 年 7 月 6 日最后访问。

〔38〕 参见石雷：《现代英国家事案件审判体制的变迁及其启示》，载《时代法学》2012 年第 5 期。

的案件,其性质类似于我国传统的家事纠纷;二是《家庭审判法》规定的相关的案件;三是《少年法》规定的审理少年保护案件的权限,主要是对14岁以下触犯了刑法的少年行为的审理;四是《少年法》第37条第1款列举的应该作为犯罪而进行的第一审刑事诉讼案件;五是对与户籍有关的案件、精神病患者的监护、少年院继续收容的决定以及少年院再次收容的决定等与家庭审判相关的案件有审理的权限。上述案件中包括一些非讼事件。受美国家事法院制度的启示,日本于1949年成立家庭裁判所(家事法院),庭裁判所分设家事部与少年部分别处理家事事件与少年案件。[39] 显然,日本家事法院管辖的案件包括传统意义上的家事纠纷与少年犯罪的刑事案、少年收审决定案件,但日本家事法院的家事部只负责审理家事纠纷。英日分属英美法系和大陆法系,其有关家事纠纷案件管辖具有一定的代表性,对我们也有一定的借鉴意义和启发性。鉴如以上资料和相关分析,笔者以为,我国家事纠纷的外延包括亲属身份争议、以亲属身份为依据所产生的财产争议和诸如人体冷冻胚胎特殊物质的所有权争议。具体说来,我国人民法院家事纠纷的受案范围应包括诉讼案件和非诉案件两大类。诉讼案件包括以下七种,一是婚姻案件及其附带案件;二是抚养、扶养、赡养纠纷案件;三是亲子关系案件;四是收养关系纠纷案件;五是同居关系纠纷案件;六是继承和分家析产纠纷案件;七是其他有关婚姻和家庭的纠纷案件。非诉案件主要包括宣告失踪、宣告死亡案件,认定公民无民事行为能力、限制民事行为能力案件,监护权特别程序案件,以及人身安全保护令案件等。这就是笔者给我国家事纠纷这一概念所作的定义及其主要理由。

(二)家事纠纷的法律特征

关于家事纠纷的法律特点和属性,当前主要有两种学说。一种是一元说。此种观点认为家事案件大多具有高度人身属性和浓厚的伦理色彩,与一般的民商事纠纷相比,家事纠纷往往具有明显的复合性。这种属性不仅涉及家庭成员之间的身份关系争议,还涉及身份人之间的财产关系纷争;不仅涉及成年人之间的争执,还涉及未成年子女的利益保护;不仅涉及法律上的争端,还可能涉及当事人情感上、伦理上的纠葛。[40] 有学者将家事纠纷归类于人格型纠纷,“人格型纠纷是指与人格关联的纠纷,如婚姻、抚养、分

---

〔39〕 参见张晓茹:《日本家事法院及其对我国的启示》,载《比较法研究》2008年第3期。

〔40〕 参见刘武俊:《家事审判助力“家和万事兴”》,载《人民法院报》2017年7月24日,第2版。

家析产等纠纷,这种纠纷具有相当的感情特征,由于不仅有权利义务性,还有亲属性、血缘性,所以在纠纷的处理上,除依法处理外,充分尊重当事人的意愿,进行多方面的说服等是必须的。所以婚姻纠纷的法律程序解决往往设置有调解程序,而且强调必须先经过调解”。〔41〕 日本我妻荣将家事纠纷的特征概括为“财产关系的合理性和身份关系的非合理性”,财产关系可以用合理的一般的解决基准来对待,而身份关系是非合理的关系不适合适用合理的一般基准。家事纠纷的基础就是身份关系,表面上表现为财产分割、精神安慰费、养育费等支付金钱的请求,但其背后却潜藏着复杂的人际关系,根本之处则是夫妻间、亲族间情感上、心理上的纠葛,这些纠葛埋藏着非合理的因素。因此,为了合理地解决表面上的法律纠纷,就得先解决这些非合理的要素。〔42〕 另一种是多元说。有人认为,家事纠纷具有许多不同于其他纠纷的特点。一是当事人彼此之间存在血缘或婚姻等亲密的关系,相互了解熟悉,感情是其重要的纽带,当事人和好的可能性较大;二是家事纠纷不仅涉及当事人私人之间的问题,也与国家和社会的根本利益息息相关;三是解决家事纠纷的方法和途径多种多样,诉讼并不是唯一的方式;四是家事纠纷具有隐蔽性而导致取证难,大多情况下用证据来证明是非曲直的必要性并不突出;五是家事纠纷往往具有私密性,纠纷的解决不宜公开进行;六是处理结果对当事人自身或亲属均具有深刻而长远的影响。〔43〕 也有人主张,家事纠纷相比于普通民事纠纷,具有以下六个方面的特质:一是婚姻家庭的伦理性,此种特质是家事纠纷区别于普通民事纠纷的本质特征;二是身份关系的本源性;三是争议标的的公益性;四是情感纠葛的根源性;五是表现形式的私密性;六是处理结果的深远性。〔44〕 日本学者高野耕一则认为,家事纠纷与民事诉讼相比有以下四个重要的特征,一是家事纠纷的起因复杂,且不能轻易地探析;二是家事纠纷处于动态之中,对它的变化无法预先判断;三是解决家事纠纷的方法和途径多种多样;四是家事纠纷的执行困难。

依笔者看来,上述几种观点都有一定的道理,同时也有各自的不足。持

〔41〕 参见刘荣军:《程序保障的理论视角》,法律出版社1999年版,第29页。

〔42〕 参见张晓茹:《日本家事法院及其对我国的启示》,载《比较法研究》2008年第3期。

〔43〕 参见肖建国、钱怡:《从诉讼法律文化看我国家事调解制度》,载《人民法院报》2013年1月11日,第5版。

〔44〕 参见王道强:《家事纠纷区别于普通民事纠纷之特质分析》,载《人民法院报》2016年1月27日,第7版。

一元说的学者不免过于笼统且失之片面,而且也没有说到实处。持多元说的学者虽然阐述得比较仔细,但往往将家事纠纷的特征与家事审判的特点以及家事审判的后果混为一谈,给人大有眉毛胡子一把抓之感,而且多有层次不清、重复之嫌。笔者认为,欲要厘清家事纠纷的法律特征,应当坚持两项原则,一是对家事纠纷的范畴即家事纠纷这个概念的外延有一个清楚的把握,只有既不扩大也不缩小家事纠纷的种类,方不会人为地扩张或遗漏家事纠纷的法律属性;二是切不能将不属于家事纠纷的特征硬拉进家事纠纷的特征当中,以免人为地扩张家事纠纷的法律特质。基于此种认识,笔者认为,我国家事纠纷具有以下三个方面的根本性、典型性的法律特征。一是伦理性。"伦理"一词在汉语中指的是人与人以及人与自然的关系和处理这些关系的规则。"因两性关系而产生的自然繁衍以及亲属间的血缘联系是人类社会得以延续和发展的最基本的人伦关系和社会基础。婚姻家庭是以两性关系与血缘关系为其自然条件而形成的社会关系,是人类社会最基本的社会关系,婚姻家庭的伦理有序性、分享利他性是婚姻家庭得以延续的基础,同时是社会稳定的基石。婚姻家庭法是婚姻家庭主体权利、义务在法律上的应然体现,必然具有伦理性的特征"。[45] 梁漱溟曾经这样描述,"伦理首重家庭"。无论是婚姻关系,还是父母子女关系,都以伦理情感为其核心和基础。"婚姻是精神的统一,其实质是伦理关系,婚姻的爱是具有法的意义的伦理性的爱。"[46]夫妻二人之所以能够组成稳定的婚姻关系,皆因相互之间产生了排他性的情感依赖。"在世俗的法治文明中,这种情感依赖经过法律的确认变成了法律上的婚姻关系。"信任、友爱和互助也是婚姻情感依赖不可或缺的重要内容。[47] 从这种意义上来说,婚姻家庭是传统伦理道德的主要载体。二是本源性。家事纠纷的当事人相互之间具有特定的身份关系,诸如夫妻、父母子女、兄弟姐妹等,这种特定的身份关系在相互之间生成了一种天然的亲情,家事纠纷发生的原因也是由于这种亲情的断裂或破损所致。身份关系是本源,财产关系始终依附于身份关系。三是矛盾性。家事纠纷案件当事人的心理较为复杂,既希望解决纷争又不愿意

---

〔45〕 参见王道强:《家事纠纷区别于普通民事纠纷之特质分析》,载《人民法院报》2016年1月27日,第7版。

〔46〕 参见[德]黑格尔:《法哲学原理》,贺麟等译,商务印书馆1982年版,第117页。

〔47〕 参见王利明:《家事关系的法律调整》,载北大法律信息网:http://article.chinalawinfo.com/Ar ticleFullText.aspx? ArticleId=85962,2019年7月6日最后访问。

亲属关系由此交恶，既要求分清是非又存在辈分、亲情等顾虑，既要求彻底查清事实真相公平处理纠纷又不愿意过度公开个人、家庭乃至家族的隐私。

（三）家事纠纷的法律属性特别适合也尤其需要家事裁判文书的说理融情理法于一体，家事纠纷案件的圆满解决特别需要家事裁判文书说理情理法的统一

1. 家事纠纷伦理性的特点决定了当事人对修复关系重塑亲情具有强烈的需求。婚姻是以男女两性结合为基础、以共同生活为目的、具有夫妻身份的公示性的一种社会关系。从社会学视角来看，婚姻是为当时社会制度所认可的，男女两性互为配偶的结合。强调两性、配偶身份及“婚姻是家庭产生的前提”。家庭是指基于婚姻关系、血缘关系或收养关系产生的，亲属之间所构成的社会生活单位。从社会学的角度来看，家庭是社会最基本的细胞，是最重要、最核心的社会组织，也是人们最重要、最基本、最核心的精神家园。以一个正常人的正常心态观之，家庭本身就是幸福生活的一种存在。俗话说，男大当婚，女大当嫁。这句民谚正好准确地反映了一个正常男人和一个正常女人期待结婚成家的渴望之情和健康心理。家庭分为两种，一是出身并进行大多社会化的家庭，此称之为出身家庭；二是因结婚、生子而建立的家庭，此为生育家庭。大多数人都拥有此两种家庭。一般而言，出身家庭发生的家事纠纷大多为继承、扶养、抚养、赡养之类的案件，生育家庭则以离婚和其他与婚姻关系有关的家事纠纷案件居多。无论是出身家庭还是生育家庭，都是以血缘关系和婚姻关系为纽带建立起来的人组成的单位，在正常的情况下都是以爱、快乐和幸福为主题与目标或以爱和快乐、幸福为追求目标的。然而，一旦夫妻之间、家庭成员之间发生纠纷并诉诸法律，当事人和相关的人员都会痛苦，快乐不复存在。这个时候，希望早日结束痛苦的时光、恢复往日的幸福，重拾往日的快乐，就成为当事人抑或其他相关人的共同期待。一种求和求爱的强烈需求油然而生。在这个时候，如果法官告运用当事人可以接受的表达方式，让他们重拾中国传统文化中的和为贵、和气生财、家和万事兴之类的和文化，并言之以法、动之以情，对于他们而言无疑是雪中送炭，正中下怀。

2. 家事纠纷本源性的特点决定了当事人对身份关系的弥合具有强烈的需求。身份关系的特殊性和特定性，决定了家事纠纷的当事人之间具有割不断的天然亲情或拟制亲情，诸如夫妻情、父母子女情、手足情、姊妹情等

等,并随着时间的推移在每一个人的内心深处都会生成一种强烈的心理定势和心理暗示,在他们的心里总是会自觉或不自觉地重复道:“我们是一家人,我们一家亲。”尽管纠纷将他们彼此暂时从情感上分开,但这种与生俱有或以性爱为基础的血缘关系或婚姻关系是任何力量也不能让他们一刀割断的,至少在心灵深处是这样的。对于离婚案件的当事人而言,这个时候最最需要的是对方的理解或谅解;对于带有财产性质的争议的当事人来说,这个时候也最最需要对方的消除对立情绪,至少不那么剑拔弩张。这就要求法官巧打亲情牌,在从情理之处多着墨,以情感人,以理服人,化解双方的僵局,将诉讼双方的关系拉近,为双方的对话创造条件。另外,转移审判工作以及裁判文书说理的重心,“变偏重财产分割、财产利益保护为全面关注当事人身份利益、财产利益、人格利益、安全利益和情感利益。尤其是要加强对人格利益和安全利益的保护”。[48]

3. 家事纠纷矛盾性特点决定了当事人具有护短遮丑与尽快结案的强烈需求。中国人深受传统观点的影响,大都持有“家丑不可外扬”甚至贱诉厌讼的心理,相应的家事纠纷当事人也大都怕丑害羞,认为打官司特别是为家里的事情上法庭,面子上多少都有些挂不住,这种心理有利于案件的及时解决,如果法官因势利导,利用当事人的这种心态,讲情讲理讲法,将当事人朝着这种有利于纠纷化解的积极方向引导,就会收到很好的效果,为彻底化解家庭纠纷、努力修复家庭成员心理创伤铺平道路。某法官助理审理一起赡养纠纷案件。父女二人间的矛盾因父亲的一纸诉状被彻底激化,女儿甚至决绝地拿出刀子要割腕自杀,表示父亲提出高额的赡养费就是逼她去死。经多次调解无果后,法官作出判决,并将《弟子规》中“亲爱我,孝何难,亲憎我,孝方贤”写入“法官寄语”。最终这极富人情味儿的“法官寄语”打动了他们。女儿说:“你们这样真诚,你们的判决肯定也是公正的。”一份亲切而中肯的“法官寄语”,最终化解了看似不可调和的矛盾。[49] 当指出的是,“法官寄语”完全可以正大光明地置入裁判文书的说理之中,而且效果会更好。2013年12月,著名的马彩云法官依法宣判了北京首例“常回家看看案”。在这起案件中,年逾八旬的原告尹老汉将两个女儿诉至法院,要求每周探望

---

〔48〕 参见张颖新:《杜万华:推进家事审判改革　维护婚姻家庭稳定》,载《人民法院报》2015年12月7日,第1版。

〔49〕 参见巩晓燕:《用司法温情守护家庭温馨——山东招远法院家事审判工作纪实》,载《人民法院报》2018年8月16日,第4版。

自己一次。主审法官审理后,依据2013年7月1日生效的《中华人民共和国老年人权益保障法》,判决老人的两个女儿每月看望老人一次。马彩云法官在裁判文书说理中认为,赡养父母是中华民族的传统美德。老年人养老以居家为基础,家庭成员应当尊重、关心和照料老人;与老年人分开居住的家庭成员,应当经常看望或问候老年人。当事人正是被裁判文书中如此情理法兼具而高度契合的说理而打动,双方摒弃前嫌,一家人和好如初。

当然,家事裁判文书说理情理法的统一也应当遵守一定的规则,主要有以下四条:

一是始终坚持"法主性"原则,即必须将法律作为判断是非过错的首要标准和标准,而决不能将情与理凌驾于法律之上,在严格适用法律的基础上,讲究情、理、法的融合,力求社会效果与法律效果的有机统一。"以社会公认的原理、道理、事理为说理基础,将法律适用与社会整体的法治理念、价值取向、生活规律协调起来,共同指向合理的裁判结果。"〔50〕为了达到说理情理法的统一,为了让法律效果和社会效果二者有机融合,在解释法律的时候可采用社会学解释方法,社会学解释方法是一种着重于对社会效果预测和社会目的衡量以对法条的含义进行阐释的裁判方法。社会学解释方法既具有实理法律效果与社会效果统的功能,同时又是一种独立的裁判方法。不过,重视社会的效果和需求是社会学解释方法在司法裁判中运用的主要价值所在。人们之所以要运用社会学解释方法,主要是为了让法律适应发展变化了社会生活,并由此推动法律的不断进步。我国台湾地区法院审理的一宗涉及两岸婚姻问题的案件终审即为典型的案例。邓元贞于1940年在福建与陈鸾香结婚,后自己随军赴台,之后两人音讯全无。邓元贞于1960年在台湾地区与吴秀琴又结为夫妻并育有子女。两岸恢复交流和开放探亲后,陈鸾香得知邓元贞再婚即向台湾地区地方法院提起诉讼,请求撤销邓元贞在台湾地区的婚姻。受理案件的台中法院一审认定邓元贞构成民法中的重婚,判决撤销其在台湾的婚姻。邓元贞不服提起上诉,但二审和终审两次都驳回了其上诉,维持了原判。邓元贞继续请求再审,台湾地区"司法院"于1989年重新受理了此案并最终做出判决和解释,称:"惟国家遭遇重大变故,在夫妻隔离,相聚无期之情况下所发生之重婚事件,与一般重婚事件究

〔50〕 参见姚建军:《在裁判释法说理中体现法官智慧》,载《人民法院报》2018年7月8日,第2版。

有不同。”此番释法理由显然考虑到了当时不少的类似婚姻的存在，通过重新界定概念让法律规范适应社会的实际生活状况。[51]

二是裁判文书的说理应当具有针对性，有的放矢。当事人在家庭的地位不同，特别是在案情中和诉讼中所扮演的角色的不一样，导致当事人各自持有不同的利益诉求，裁判文书就应当运用具有说服力的说理，让有道理的不仅知道自己为什么会赢，还要知晓得理也要饶人；让理亏的一方当事人不仅明白自己错在哪里，还要明白对方已作了让步。家事裁判文书说理的情理法各自具有不同的功能和作用，法在很大的程度上是对胜诉者的肯定，而情理与公理则更多的是对败诉者、弱者的帮助和抚慰。

三是要善于进行法律价值的判断与选择。案结事了人和心平，这是家事裁判的主要目标和价值追求，但是在处理个案时，对方的双方一方胜而一方败，在保护一方的同时不免会对另一方作出不利的法律评价。因此，在两种甚至多种价值发生冲突时，法官裁判就要兼顾两端，审慎地居中作出裁判。“法官裁判是一种逻辑判断，逻辑判断要有前提的正确，同时，逻辑判断并非唯一。对于司法裁判这一需要得出唯一结论的过程，就不得不面临着各种排斥与选择而不能自动产生一个唯一正确的结论。当存在两种或两种以上价值选择时，法官就必须在多项选择中经过比较与权衡，做出唯一的适选结论。”[52]

四是要积极引领当事人朝着一个共同的目标前行，这个目标就是我国家事审判改革的基本定位，即维护婚姻家庭关系的稳定，依法保护未成年人、妇女、老年人的合法权益。“以社会公认的原理、道理、事理为说理基础，将法律适用与社会整体的法治理念、价值取向、生活规律协调起来，共同指向合理的裁判结果。”[53]

---

〔51〕 参见张骐:《说理的艺术——司法判决与其他案例中的法律推理方法研究》,载《中国法学》2001年第5期。

〔52〕 杨汉平:《裁判中的价值兼顾与权衡》,载《人民法院报》2016年10月24日,第2版。

〔53〕 冯玉军:《中国传统法律文化的形成与特点》,载《光明日报》2018年8月19日,第6版。

认罪认罚从宽制度适用效果的实证研究
——基于试点地区同类案件裁判文书的比较

李 菊*

摘 要:认罪认罚从宽制度的试点,蕴含诉讼效率提升与实现实体从宽、程序从宽的功能期待。通过对试点地区同类案件裁判文书的比较研究发现,认罪认罚案件整体诉讼效率并未明显提升。在刑罚适用方面,相比非认罪认罚案件,认罪认罚案件总体上刑期更短,且缓刑适用率更高,一定程度上说明认罪认罚案件中"实体从宽"问题得到了较好的保障。而在强制措施适用方面,认罪认罚案件普遍适用非羁押性强制性措施,羁押率较之非认罪认罚案件更低,这也体现了认罪认罚从宽制度在"程序从宽"方面所具有独特价值。但应当看到,认罪认罚案件也存在量刑减轻幅度差异不明显,缓刑适用率高与认罪认罚从宽制度缺乏相关性等问题。为了解决上述问题,今后应从提升实体从宽的效果和程序从宽的效果两方面来进一步完善认罪认罚从宽制度。

关键词:认罪认罚;实体从宽;程序从宽

目前,认罪认罚从宽制度的试点工作已经结束,相关改革经验为2018年新修订的《中华人民共和国刑事诉讼法》(以下简称《刑事诉讼法》)所吸收,认罪认罚从宽制度开始在全国范围内推广实施。然而,认罪认罚从宽制度的运行是否顺畅,改革的目的是否实现?认罪认罚从宽制度是否确实提升了司法效率?实体从宽是否确实得到了保障?等等,尚需进一步考察。此前学界针对认罪认罚问题的研究大多集中在认罪认罚案件本身的适用特征及其运作效果评估,或单纯将认罪认罚案件与试点之前的非认罪认罚案件进行纵向比较

---

* 李菊,四川大学法学院2017级硕士研究生。

(尤其是诉讼效率、审理程序、刑期、强制措施适用等方面),[1]缺乏针对同一时期认罪认罚案件与非认罪认罚案件的对比性研究,而这种对比性研究对于深入地观察认罪认罚案件的运作效果事实上具有重要的价值。

本文拟通过对A市B区人民法院[2]2017年审结的31起认罪认罚案件和20起非认罪认罚案件(均为交通肇事案件)的对比分析,来深入比较认罪认罚案件与非认罪认罚案件在程序以及实体方面的差异(特别是在办案时间耗费、量刑、强制措施等三方面的差异),并在此基础上评析认罪认罚从宽制度在诉讼效率、实体从宽、程序从宽三方面的运行效果。

一、样本认罪认罚从宽制度适用总体情况

(一)办案时长

根据笔者的统计(见表1),从整体办案时长来看,认罪认罚案件和非认罪认罚案件的整体耗费时间差距明显,其中认罪认罚案件的平均办案时长为229天,非认罪认罚案件为260天,前者明显低于后者。具体来看,认罪认罚案件在审判阶段的平均办案时长为7天,非认罪认罚案件为52天,后者远大于前者。与审判阶段的时间耗费不同,在审前阶段,认罪认罚案件的时间耗费明显高于非认罪认罚案件,其中认罪认罚案件的平均办案时长为297天,非认罪认罚案件仅为207天。

表1　办案时间耗费

时间段	是否认罪认罚案件	案件数(起)	最大值(天)	最小值(天)	平均值(天)
整体耗费[3]	是	31	2232(363)	45	229(162)
	否	20	2122(437)	42	260(167)

[1] 参见宋善铭:《认罪认罚从宽制度典型样态运行的实证分析——以浙江省实践为例》,载《河北法学》2017年第10期;闵丰锦:《认罪认罚从宽的实践逻辑——基于259个试点案件的分析》,载《甘肃政法学院学报》2018年第2期;国家检察官学院刑事检察教研部课题组:《检察机关认罪认罚从宽制度改革试点实施情况观察》,载《国家检察官学院学报》2018年第6期;江苏省南京市中级人民法院课题组:《认罪认罚从宽制度的审判实践与思考——以10273例刑事判决为研究样本》,载《人民司法》2018年第34期。

[2] 之所以选取A市B区为研究对象,原因在于该区自2016年3月起,就开始了认罪认罚从宽制度的改革探索,是认罪认罚试点单位之一,该区业已形成了一定的改革经验,以该区的裁判文书为样本能够在一定程度上反映认罪认罚从宽制度的运作情况。

[3] "整体耗费"是指首次采取强制措施至裁判作出之间的时间。而之所以以"首次强制措施"作出之日为办案期限的起算点,主要是考虑到时间提取的方便以及"首次强制措施"在刑事诉讼进程中的重要意义。

续表

时间段	是否认罪认罚案件	案件数（起）	最大值（天）	最小值（天）	平均值（天）
审判阶段〔4〕	是	16	25	3	7
	否	20	176	3	52
审前阶段〔5〕	是	16	2225（360）	42	297（168）
	否	20	2091（367）	45	207（108）

注：认罪认罚样本案件中，16件载明了提起公诉的时间，呈现第三列“案件数”的差异；非认罪认罚样本案件均载明了提起公诉的时间。两组样本中，均有案件时间跨度从2011年至2017年，在最大值、平均值列，笔者均做了除去计算，除去两个最长样本后的数值见最大值、平均值列括号内，文中天数平均值均保留整数。

（二）审理程序

表2统计了认罪认罚案件和非认罪认罚案件的审理程序，可以看到，认罪认罚案件中有29起案件适用了速裁程序，占比93.6%，另外2起案件则适用了简易程序和普通程序（简易转普通）；而在非认罪认罚案件中，大多数案件则适用了简易程序（13起，占比65%），适用普通程序的案件有5起，占比25%，除此之外，各有1起案件适用了普通程序（速裁转普通）及审理程序不明。可以看出，认罪认罚案件主要适用速裁程序，适用比例大大高于非认罪认罚案件。

表2　审理程序

审理程序		速裁程序	简易程序	速裁转普通	简易转普通	审理程序不明	案件合计
是否认罪认罚	是	29起（93.6%）	1起（3.2%）	—	1起（3.2%）	—	31起
	否	—	13起（65%）	1起（5%）	5起（25%）	1起（5%）	20起

（三）刑罚适用情况

统计认罪认罚案件和非认罪认罚案件的刑罚适用情况后发现（样本案件中被告人均被判处有期徒刑），在刑期方面，认罪认罚案件中刑期最高的为18个月，最低的为6个月，平均为10个月。其中，判处12个月刑期的比重最高，为41.9%，其次为10个月，占比22.6%。总体来看，被判处1年及以下有期徒刑的有29起，占比93.6%。与认罪认罚案件不同，非认罪认罚案件中刑期

〔4〕“审判阶段”是指提起公诉至裁判作出的时间段。

〔5〕“审前阶段”是指首次采取强制措施至提起公诉的时间段。

最高的为48个月,最低的为7个月,平均为18个月。其中,判处9个月、12个月刑期的比重最高,各为20%,非认罪认罚案件的刑期分布散乱,未形成明显的集中趋势,被判处1年及以下有期徒刑的有11起,占比55%。相比较而言,认罪认罚案件比非认罪认罚案件平均刑期少8个月,前者被判处1年及以下有期徒刑的比例,明显大幅高于后者。

在缓刑适用方面,根据笔者的统计(见表3),认罪认罚案件中,犯罪嫌疑人、被告人被判处缓刑的有30起,占比96.8%,被判处实刑的有1起,占比3.2%;非认罪认罚案件中,犯罪嫌疑人、被告人被判处缓刑有8起,占比40%,被判处实刑的有12起,占比60%,前者缓刑适用率大幅高于后者(见表3)。

表3　缓刑、实刑

是否认罪认罚案件	缓刑、实刑适用		案件合计
	缓刑	实刑	
是	30起(96.8%)	1起(3.2%)	31起
否	8起(40%)	12起(60%)	20起

在达成和解协议或取得谅解方面,统计数据显示(见表4),认罪认罚案件中有27起案件被告人与被害人或其家属之间达成了和解协议(或取得谅解),占比87.1%;而在非认罪认罚案件中,达成和解或取得谅解的比例明显偏低,据统计,只有8起案件被告人与被害人或其家属之间达成了和解协议(或取得谅解),占比40%,不到非认罪认罚案件数量的一半。

表4　和解(或取得谅解)情况

是否认罪认罚案件	是否和解(或取得谅解)		案件合计
	是	否	
是	27起(87.1%)	4起〔6〕(12.9%)	31起
否	8起(40%)	12起(60%)	20起

注:认罪认罚案件中,存在部分案件仅达成和解协议,部分案件仅取得谅解,部分案件既达成和解协议又取得谅解;非认罪认罚案件中也有此种情况,为统计方便,总称为"和解(或取得谅解)"。

〔6〕　未达成和解协议的4案中,3案被害人为无名氏,参见案例(2017)粤0115刑初552号、655号、751号,其中1案支付丧葬费,母亲和妻子患病,请求适用缓刑,两案筹措赔偿金存入道路交通事故社会救助基金管理中心,三案均被判处缓刑。

在量刑建议方面,统计数据显示,认罪认罚案件中检察官提出的量刑建议以具体量刑建议为主,以幅度量刑建议为辅。其中,提出具体量刑建议的有 27 起,占比 87.1%,提出幅度量刑建议的有 4 起,占比 12.9%;而在非认罪认罚案件中,检察官提出具体量刑建议和幅度量刑建议数量相同,均为 10 起,各占 50%(见表 5)。而在量刑建议采纳情况方面,在认罪认罚案件中,检察官提出的量刑建议均被采纳;在非认罪认罚案件中,检察官提出的量刑建议,除两案的幅度量刑建议未被采纳,法官在量刑建议幅度以下判处刑罚外,其余均被采纳。[7]

表 5 量刑建议

是否认罪认罚案件	量刑建议类型		案件合计
	具体量刑建议	幅度量刑建议	
是	27 起(87.1%)	4 起(12.9%)	31 起
否	10 起(50%)	10 起(50%)	20 起

(四)强制措施适用情况

在认罪认罚案件和非认罪认罚案件中,司法机关针对犯罪嫌疑人、被告人采取的强制措施有所区别。在认罪认罚案件中,采取"取保候审"强制措施的有 17 起,占比 54.8%;由"羁押转为取保候审"的有 11 起,占比 35.5%,二者合计占比超过 90%;而在非认罪认罚案件中,犯罪嫌疑人、被告人被"持续羁押"的情况则较为普遍,根据统计,此类案件中有 14 起案件犯罪嫌疑人、被告人被"持续羁押",占比 70%。由"取保候审转为羁押"的有 1 起,占比 5%。由此可见,认罪认罚案件中,犯罪嫌疑人、被告人多被采取非羁押性强制措施,呈现较低的羁押率;非认罪认罚案件中,犯罪嫌疑人、被告人多被采取羁押性强制措施,羁押率较高。

从住址来看,外省犯罪嫌疑人、被告人在认罪认罚案件与非认罪认罚案件中被采取强制措施的情况也大不相同。其中,认罪认罚案件中被采取"取保候审"强制措施的有 2 起,占比 20%,由"羁押转为取保候审"的有 6 起,占比 60%,二者合计占比 80%;非认罪认罚案件中被"持续羁押"的有 11 起,占比 73.3%,由"取保候审转羁押"的有 1 起,占比 6.7%,二者合计占比 80%。

---

〔7〕 由于除非认罪认罚案件中两案的量刑建议未被采纳外[参见案例(2016)粤 0115 刑初 543 号、681 号],量刑建议均被采纳,以及篇幅所限,未单独对量刑建议采纳情况列表。

可见，犯罪嫌疑人、被告人在认罪认罚案件中羁押率较低，在非认罪认罚案件中羁押率较高，在犯罪嫌疑人、被告人为外省人时更为明显。

（五）类似案件的比较

表6中，笔者以均有自首情节、均被判处缓刑为筛选条件，以案件损害结果（死亡人数、被害人伤情）、被告人事故责任为分组条件，将筛选出来的案件分成“1人死亡、全部责任”“1人死亡、主要责任”“1人重伤、全部责任”“1人重伤、主要责任”四个小组，来比较类似或相同案件情节之下认罪认罚与非认罪认罚案件在采取强制措施、刑期、检察机关量刑建议方面的情况（具体分析详见文中第二、三部分相应的内容）。

表6　同类案件比较[8]

<table>
<tr><th>组别</th><th>认罪认罚</th><th>案件情节</th><th>刑期</th><th>强制措施</th><th>检察机关量刑建议</th></tr>
<tr><td rowspan="8">第一组</td><td rowspan="6">是</td><td rowspan="6">1人死亡、全部责任、自首、签《认罪认罚具结书》</td><td rowspan="3">10个月，缓刑</td><td>取保候审</td><td>6～10个月，可缓刑</td></tr>
<tr><td>羁押转取保候审</td><td>10个月～1年，可缓刑</td></tr>
<tr><td>羁押转取保候审</td><td>10个月，可缓刑</td></tr>
<tr><td rowspan="2">1年，缓刑</td><td>取保候审</td><td>1年，可缓刑</td></tr>
<tr><td>取保候审</td><td>1年，可缓刑</td></tr>
<tr><td>1年，缓刑1年6个月</td><td>羁押转取保候审</td><td>1年，缓刑1年6个月</td></tr>
<tr><td rowspan="2">否</td><td rowspan="2">1人死亡、全部责任、自首</td><td>7个月，缓刑</td><td>取保候审</td><td>6～10个月，可缓刑</td></tr>
<tr><td>1年，缓刑</td><td>持续羁押</td><td>1～2年</td></tr>
</table>

〔8〕所有量刑建议均被采纳，量刑建议中有确定的缓刑考验期的均在表6中注明，为展现是否得到采纳，“刑期”列相应注明缓刑考验期。所有筛选出来的案例，均具有和解（或取得谅解）情节。

续表

组别	认罪认罚	案件情节	刑期	强制措施	检察机关量刑建议
第二组	是	1人死亡、主要责任、自首、签《认罪认罚具结书》	8个月,缓刑	羁押转取保候审	6~9个月,可缓刑
				羁押转取保候审	8个月,可缓刑
			9个月,缓刑1年6个月	取保候审	9个月,缓刑1年6个月
				取保候审	9个月,可缓刑
			10个月,缓刑	取保候审	10个月,可缓刑
				羁押转取保候审	10个月,缓刑
			1年,缓刑1年6个月	持续羁押	1年,缓刑1年6个月
				取保候审	1年,缓刑1年6个月
	否	1人死亡、主要责任、自首	9个月,缓刑	羁押转取保候审	9个月,可缓刑
		1人死亡、1轻伤、主要责任、自首	1年,缓刑	持续羁押	1年,可缓刑
第三组	是	1人重伤、1人轻伤、全部责任、自首、签《认罪认罚具结书》	8个月,缓刑	取保候审	8个月,缓刑
	否	1人重伤、全部责任、自首	10个月,缓刑	羁押转取保候审	1年,若判决前达成和解,则10个月,可缓刑
第四组	是	1人重伤,主要责任、自首、签《认罪认罚具结书》	6个月,缓刑	取保候审	6~8个月,可缓刑
			10个月,缓刑	取保候审	6个月~1年,可缓刑
			1年,缓刑	取保候审	1年,可缓刑
	否	1人重伤、主要责任、自首、无证驾驶	10个月,缓刑	持续羁押	1年2个月,判决宣告前达成和解,判10个月,可缓刑

二、认罪认罚从宽试点案件的效果检视

(一)认罪认罚从宽制度对诉讼效率的影响

1.办案时间耗费的变化

第一,认罪认罚案件在审前阶段的时间耗费有所增加。如前所述,认罪

认罚案件审前阶段的平均时间耗费较之非认罪认罚案件多了将近90天,认罪认罚案件审前时长增加。该区认罪认罚从宽制度的适用排除了侦查阶段,[9]认罪认罚案件审前阶段办案时间耗费增加,进一步反映出认罪认罚案件审查起诉阶段时间耗费的增加。第二,审判阶段时间耗费缩短。如前所述,认罪认罚案件审判阶段平均比非认罪认罚案件少耗费近45天,认罪认罚案件审判阶段平均时间耗费与非认罪认罚案件相比,明显大幅缩短。第三,整体耗费缩短有限。数据显示,从整体耗费来看,认罪认罚与非认罪认罚案件整体办案期限在平均值上相差近30天;除去最大值后,平均值之间相差5天左右,说明平均值容易受到较大数值的干扰,最大值对平均结果的影响比较大,除去最大值后,认罪认罚案件和非认罪认罚案件的整体办案期限存在差异,但差异不明显,表明认罪认罚案件的整体办案时间耗费相较于非认罪认罚案件有所缩短,但缩短幅度不大。

2. 认罪认罚从宽案件诉讼效率特征

从认罪认罚案件与非认罪认罚案件的办案时间耗费比较来看,认罪认罚从宽案件的诉讼效率有如下特征:第一,审查起诉阶段效率降低。审前阶段办案时间耗费增加,表明审前阶段诉讼效率降低,在侦查阶段未适用认罪认罚从宽制度的情况下,审查起诉阶段诉讼效率降低。第二,审判阶段诉讼效率提升明显。审判阶段办案时间耗费大幅缩短,表明审判阶段诉讼效率得到较大幅度的提升。第三,整体诉讼效率提升有限。整体办案时间耗费有所缩短,但缩短幅度有限,表明整体诉讼效率得到提升,但提升效果有限。

3. 诉讼效率变化的原因

呈现上述诉讼效率的变化的原因多方面的,笔者将分阶段逐一分析:在笔者看来,审查起诉阶段效率的降低,可能与审查起诉阶段工作量的增多以及试点改革的审慎性有关:其一,审查起诉阶段工作量增多,需要投入更多的时间成本。相比适用一般刑事程序的案件,认罪认罚从宽案件在审查起诉阶段增加了值班律师提供法律帮助、值班律师见证签署具结书等环节,由此带来法律文书数量以及工作量的增加等,从而导致办案时间亦相应地增

---

〔9〕 参见《A市B区人民法院关于认罪认罚从宽协商制度改革探索的报告》,载B区人民法院网:http://nsfy.gzcourt.gov.cn/spgk/gzhy/2017/10/30083134365.html,2019年6月26日最后访问。

加。其二,由于认罪认罚从宽试点尚处于探索阶段,为慎重起见,试点机关不得不花较多的时间来进行经验的积累。为避免试点过程出现疏漏,办案机关不得不慎之又慎,客观上也增加了审查起诉阶段的时间消耗。

而审判阶段效率的明显提升,则与认罪认罚案件中大量适用速裁程序以及案件的争议减少有关。其一,如前所述,认罪认罚案件中适用速裁程序的比例极高(93.6%)。而速裁程序本身又对审理期限有严格的规范和要求,[10]在认罪认罚案件普遍适用速裁程序的情况下,相关案件的审理效率自然较高。其二,控辩双方争议的减少化解了审判阶段的办案压力。一方面,由于被告人认罪认罚,并通过《认罪认罚具结书》将认罪内容与认罚内容(同意量刑建议)予以固定,控辩双方对指控的犯罪事实、量刑等内容已无争议,[11]使审判阶段诉讼争议减少,案件办理的难度降低,从而有助于提升案件的办理速度。另一方面,认罪认罚案件中,由于大多数案件被告人认罪、悔罪并积极赔偿,与被害人或其家属达成了和解协议(或取得谅解),这就极大地降低了案件的处理难度,客观上也有助于法官迅速地审结案件。

由于一方面审判阶段诉讼效率明显提升,另一方面却出现审前阶段效率大幅下降的问题,这"一升一降"最终导致认罪认罚从宽案件的整体效率提升有限。当然,认罪认罚从宽案件整体诉讼效率的有限提升,也与认罪认罚从宽制度与速裁程序之间的关系未能理顺有关。一方面,相较于一般刑事案件办理程序,认罪认罚从宽案件办理程序并未简化,反而增加了新的要求;[12]而速裁程序的适用要求简化办案程序、缩短办案期限、程序快速。两种制度同时适用,存在一边要求快速办理,另一边又增加案件办理程序的矛盾。另一方面,速裁程序规定的较短办案期限主要对认罪认罚案件的审理期限具有约束力,而对审前办案期限的约束力较小。《认罪认罚从宽制度试点办法》对适用速裁程序的认罪认罚案件规定了较短的审查起诉期限、审判

---

〔10〕参见最高人民法院、最高人民检察院、公安部、国家安全部、司法部《关于在部分地区开展刑事案件认罪认罚从宽制度试点工作的办法》(以下简称《认罪认罚从宽制度试点办法》)第16条。

〔11〕参见庄永廉、苗生明、黄京平、汪海燕、闵春雷、刘传稿:《如何建立健全与多层次诉讼体系相适应的公诉模式》,载《人民检察》2017年第1期。

〔12〕参见秦宗文:《认罪认罚从宽制度的效率实质与及其实现机制》,载《华东政法大学学报》2017年第4期。

期限,但是其主要规范审判阶段,对审前诉讼阶段缺乏规制力,规制效果有限。[13]

(二)认罪认罚从宽制度对刑罚适用情况的影响

1. 整体刑期较短

数据显示,认罪认罚案件刑期大多集中在1年及以下有期徒刑,形成向短刑期聚集的趋势。相较于非认罪认罚案件,认罪认罚案件中犯罪嫌疑人、被告人被判处1年及以下有期徒刑的比例明显更高。此外缓刑适用率高。样本案件中,相较于非认罪认罚案件,认罪认罚案件适用缓刑的比例较高,达成和解(或取得谅解)的比例较高(见表3、表4)。认罪认罚案件中,检察院的量刑建议表示,若被告人在判决宣告前与被害人达成和解协议,则建议判处缓刑,[14]并得到法院的采纳;在非认罪认罚案件中,检察机关在提出量刑建议时,也将达成和解协议与缓刑挂钩,针对未达成和解协议的案件,建议若判决宣告前达成和解协议即可判处缓刑,部分案件甚至还明确建议若判决宣告前达成和解协议,可降低一个幅度量刑或调低量刑,[15]并得到法院的采纳。

2. 认罪认罚案件实体从宽整体效果显著

认罪认罚案件的整体刑期相对较短,缓刑大量得到适用,对此可以认为,总体而言,认罪认罚案件在"实体"从宽方面效果较为显著,较好地体现了认罪认罚从宽制度的"从宽"精神,落实了宽严相济的刑事政策。事实上,最高人民法院、最高人民检察院有关认罪认罚从宽试点的总结中也证实了这一点。[16]

3. 实体从宽效果显著的原因

实体从宽之所以效果显著,可能与以下两方面的因素相关:其一,样本

---

〔13〕 2018年新修定的《刑事诉讼法》第172条吸收了《认罪认罚从宽制度试点办法》第12条的规定,对适用速裁程序的认罪认罚案件规定了较短的审查起诉阶段办案期限,但缺乏对超过期限的制裁机制,超过期限的后果不明朗,规制效果恐有限。从样本案件来看实践中的规制效果并不理想。

〔14〕 参见案例(2016)粤0115刑初480号。

〔15〕 参见案例(2017)粤0115刑初248、482、503、522、532、604、679、681、756号。

〔16〕 参见最高人民检察院、最高人民法院:《关于在部分地区开展刑事案件认罪认罚从宽制度试点工作情况的中期报告》,载《人民法院报》2017年12月24日,第1版;参见最高人民法院:《中国法院的司法改革(2013~2018)》,人民法院出版社2019年版,第23页,"刑事案件认罪认罚从宽制度改革成效示意图"。

中的认罪认罚案件属于轻罪案件。从审理程序来看,样本中的认罪认罚案件,主要适用速裁程序,当时速裁程序的适用条件是针对 11 种罪名下可能被判处 1 年及以下有期徒刑、拘役、管制,或单处罚金的案件。[17] 其二,检察官具有程序启动权及程序适用的审查权,可能存在对案件进行选择性适用的情形。“在美国辩诉交易是检察官的权力,不是被告人的权利,被告人可以提出辩诉交易的请求,但是否进行辩诉交易,与谁进行辩诉交易,只能由检察官来决定”,[18] 而在我国,认罪认罚从宽制度的启动主要被检察机关主动适用,在这一点上与美国的辩诉交易一致。认罪认罚从宽制度适用的主动权掌握在检察官手中,检察官还具有是否适用认罪认罚的审查权与决定权,因此,认罪认罚从宽试点案件一定程度上可能是检察机关“选择性办案”的结果。换言之,样本案件中的认罪认罚案件可能是检察机关有意筛选的案件,因而形成了同一案由下认罪认罚与非认罪认罚案件的分野,形成了样本中认罪认罚案件整体量刑向 1 年以下集中的样态。

(三)认罪认罚从宽制度对强制措施适用的影响

1. 强制措施适用情况

如前所述,试点认罪认罚案件中的犯罪嫌疑人、被告人审前适用非羁押性强制措施的比例更高,羁押率比非认罪认罪认罚案件要低。在筛选出的四组情节类似的案件中,笔者发现单从案件情节来看,强制措施的采取没有明显的规律;从案件量刑结果来看,表中的认罪认罚与非认罪认罚案件,都是轻罪案件,均被判处 1 年及以下有期徒刑,其中,认罪认罚案件更倾向于采取非羁押性强制措施,非认罪认罚案件更倾向于采取羁押性强制措施,认罪认罚案件非羁押性强制措施的适比例明显较高,羁押率较低。

2. 程序从宽的效果

样本中的认罪认罚案件大量适用或转为非羁押性强制措施,是认罪认罚从宽制度中程序从宽的具体体现。[19] 非羁押性强制措施的普遍应用,对于解决实践中普遍存在的“关多久判多久”甚至“刑期倒挂”等问题具有积

---

[17] 参见最高人民法院、最高人民检察院公安部、司法部《关于在部分地区开展刑事案件速裁程序试点工作的办法》第 1 条。

[18] 参见[英]麦高伟、[英]切斯特·米尔斯基:《陪审制度与辩诉交易——一部真实的历史》,陈碧、王戈等译,中国检察出版社 2006 年版,第 14 页。

[19] 参见胡云腾主编:《认罪认罚从宽制度的理解与适用》,人民法院出版社 2018 年版,第 79 ~ 81 页。

极意义。[20] 样本案件中,从羁押期限与刑期的关系来看,非认罪认罚案件中,有两件案件羁押期限与案件最终判定的刑期较为接近,[21]不能排除法院有刑期倒挂的嫌疑。然而,正如有论者指出的,认罪认罚从宽制度有助于"避免被追诉人审前羁押期限超过实际被判处刑期的情况,有利于遏制押判倒挂的现象"。[22] 认罪认罚案件中,大量适用非羁押性强制措施,对于防止刑期倒挂具有重要意义,体现了程序从宽的要求。

3. 程序从宽效果显著的原因

在笔者看来,程序从宽能取得明显效果可能与以下因素有关:其一,我国犯罪嫌疑人、被告人权利保障有待提高,犯罪嫌疑人、被告人采取强制措施时存在问题,羁押性强制措施的适用缺乏科学的衡量体系,将社会危险性判断简单地与被告人住址挂钩,样本中非认罪认罚案件中的外省犯罪嫌疑人、被告人被采取强制措施的情况就是明证。非认罪认罚案件中的犯罪嫌疑人、被告人适用羁押性强制措施的比例更高,尤其是外省犯罪嫌疑人、被告人及其中的外来务工人员,大多处于"逢案必羁"的状况,尽管部分案件最终被判处缓刑,但其在刑事诉讼过程中仍被持续羁押,[23]反映出目前我国外地犯罪嫌疑人、被告人尤其是外来务工人员大多被适用持续羁押的强制措施,反映出刑事案件中犯罪嫌疑人、被告人权益保障的不健全。正是因为保障水平不高,才使适用认罪认罚从宽制度以后,效果显现得极其明显。其二,样本中的认罪认罚案件本身就是罪行较轻的刑事案件,社会危险性不高,故而在强制措施的适用上,获得更多的自由度。其三,在试点过程中,部分办案人员可能过于机械地理解认罪认罚从宽案件中的"逮捕必要性"审查问题,以至于产生凡是认罪认罚的案件均不需要强制羁押的错误认知,未综合考虑案件情节、社会危险性、再犯可能性等因素。

---

〔20〕 参见胡云腾主编:《认罪认罚从宽制度的理解与适用》,人民法院出版社2018年版,第80页。

〔21〕 参见案例(2016)粤0115刑初248号、681号,两案的裁判日期与判决执行期限的终点之间分别相差25天、4天。

〔22〕 参见叶青、吴思远:《认罪认罚从宽制度的逻辑展开》,载《国家检察官学院学报》2017年第1期。

〔23〕 参见案例(2017)粤0115刑初46号、223号、532号、756号,其中三案被告人的住址为G省以外地区,一案被告人的住址为G省内A市以外地区,其中两案被告人为务工人员,四案被告人均被持续羁押,最终均被判处缓刑。

三、认罪认罚从宽试点改革中存在的问题

(一)量刑减轻幅度差异不明显

在类似案件的比较中,从第一、二组来看,认罪认罚与非认罪认罚案件刑期上限一致,均为1年,从下限来看,第一、二组中认罪认罚案件刑期区间下限分别是10个月、8个月,非认罪认罚案件刑期区间下限分别是7个月、9个月。表明在案件情节相同或类似时,认罪认罚案件的刑期区间上限与非认罪认罚案件一致,认罪认罚案件的刑期区间下限并非一定比非认罪认罚案件低。除第三组中,认罪认罚案件情节明显比非认罪认罚案件严重,但前者刑期明显比后者要短外(前者被判处8个月,后者被判处10个月),第一、二、四组内非认罪认罚案件中被告人被判处的刑期,均在认罪认罚案件刑期区间之内。经过筛选的案件除是否认罪认罚存在差异外,其余的从轻、减轻量刑情节均基本一致,但认罪认罚案件与非认罪认罚案件之间在量刑结果上的从轻、减轻幅度差异并不明显。

量刑减轻幅度差异不明显,表明实体从宽程度差异不明显,至于从宽程度之所以差异不明显,可能存在以下几方面的原因:

其一,认罪认罚的从宽功能如何实现、从宽程度如何体现,缺乏实体法律依据。有论者指出,"《认罪认罚从宽制度试点办法》没有规定,刑法和相关的司法解释没有规定,认罪认罚从宽的法律依据处于不确定状态,或者无法可依状态"。[24] 在其看来,《认罪认罚从宽制度试点办法》与最高人民法院2017年发布的《关于常见犯罪的量刑指导意见》(以下简称《量刑指导意见》)、地方实施细则一样不仅对法官具有事实约束力,而且对刑事诉讼控、辩、审各方具有事实约束力。[25] 以事实拘束力作为案件得到从宽处罚的依据,与根据刑事政策获得从宽并无差别,说服力欠缺。我国是一个成文法国家,尤其是在所遵循的罪刑法定原则之下,刑事裁判文书中据以确定犯罪并科以刑罚的依据原则上只能是法律,以及法律解释,[26]"从宽必须在法律规定的幅度、框架内进行,不允许超越现行法律规定的量刑幅度,否则就是违反了罪刑法定原则"。[27] 但是,一方面,现有规定要求裁判文书"应当"援引

〔24〕 黄京平:《认罪认罚从宽制度的若干实体问题》,载《中国法学》2017年第5期。

〔25〕 参见黄京平:《认罪认罚从宽制度的若干实体问题》,载《中国法学》2017年第5期。

〔26〕 参见吴兆祥:《〈关于裁判文书引用法律、法规等规范性法律文件的规定〉的理解与适用》,载《人民司法》(应用)2009年第23期。

〔27〕 陈卫东:《认罪认罚从宽制度试点中的几个问题》,载《国家检察官学院学报》2017年第1期。

相关法律、法律解释作为裁判依据;[28]另一方面,现实情况是立法上缺乏实体法律的供给,司法实践中也缺乏实体法律的援引。[29]

其二,认罪认罚与现有各量刑情节之间的适用关系尚不明确。认罪认罚从宽的制度内涵是"自愿如实供述,承认指控的犯罪事实,愿意接受处罚,可以依法从宽处理",[30]与现有的坦白、自首量刑情节之间,一定程度上存在"如实供述"[31]范围内的内容重合,认罪认罚是否作为独立量刑情节,与现有的各量刑情节之间适用关系如何,有待法律的进一步明确。目前,已有个别省份在依据最高人民法院的《量刑指导意见》制定实施细则时,将认罪认罚作为一个酌定从宽量刑情节来规定,[32]可见各省对此问题的理解存在差异,亟须在全国范围内形成统一规范。若将认罪认罚作为一个量刑情节加以规定,与其他量刑情节之间的适用关系,可以参考"当庭自愿认罪"与自首、坦白之间适用关系。[33] 从样本中的认罪认罚案件来看,显然将认罪认罚作为一个从宽情节,适用上与坦白、自首情节之间属于并列关系,[34]然而,从量刑结果来看,此种并列关系,并未使认罪认罚案件在相同或类似案件情节之下获得明显优于非认罪认罚案件的从宽程度,从宽程度差异并不十分明显。

其三,具体量刑建议比例较高,检察官参与量刑存在不足。样本中的认罪认罚与非认罪认罚案件中,都存在较高比例的具体量刑建议,认罪认罚案件中,检察院更倾向于提出具体量刑建议,且部分案件还提出了确定的缓刑考验期限;非认罪认罚案件中,检察院的量刑建议未体现出明显偏好(见表

---

〔28〕 参见最高人民法院2009年发布的《关于裁判文书引用法律、法规等规范性法律文件的规定》第1条。

〔29〕 参见案例(2017)粤0115刑初9号,"本院认为"部分。

〔30〕 参见《刑事诉讼法》第15条。

〔31〕 参见《刑事诉讼法》第15条;参见《中华人民共和国刑法》第67条。

〔32〕 参见辽宁省高级人民法院2017年8月1日起实施的《〈关于常见犯罪的量刑指导意见〉实施细则(一)(试行)》"三、常见量刑情节的适用"中第13点关于"办理认罪认罚从宽处罚的案件"的规定。

〔33〕 参见最高人民法院2017年3月9日发布的,法发〔2017〕7号《关于常见犯罪的量刑指导意见》中"三、常见量刑情节的适用"中第6点关于"当庭自愿认罪"的规定。自首、坦白的适用,排除了"当庭自愿认罪"的适用,即当庭自愿认罪与自首、坦白之间是择一适用,而非叠加适用。

〔34〕 参见案例(2017)粤0115刑初9号,"被告人梁某有自首、与被害人家属达成和解协议和自愿签署《认罪认罚具结书》的从轻、从宽、酌情从轻处罚情节,依法对其从轻处罚"。

5、表6)。虽然检察官提出的量刑建议属于求刑权,[35]但如前所述,检察官提出的量刑建议经过了犯罪嫌疑人、被告人签署的《认罪认罚具结书》的认可及固定,[36]除特殊情况外,法官必须采纳检察官提出的量刑建议。[37]法官的裁判过程建立在量刑结果已经基本确定的基础上,尤其是在检察官提出具体量刑建议的案件中,量刑建议等于量刑结果。样本案件所呈现的认罪认罚案件与非认罪认罚案件之间量刑减轻幅度差异不明显的情况,一定程度上反映了检察机关参与量刑存在不足的现状。

(二)缓刑适用率高与认罪认罚从宽制度缺乏相关性

根据最高人民法院《量刑指导意见》的规定,达成和解协议、取得谅解均属于从轻、从宽的量刑情节。[38]样本案件中检察院关于缓刑适用的量刑建议,在认罪认罚与非认罪认罚案件中是一致的,表明认罪认罚从宽制度下的"从宽",是在现有法律体系下的从宽,无论是认罪认罚案件,还是非认罪认罚案件,均依照现有法律规定来进行案件的办理,均依据同种缓刑判断标准,体现了司法公正。但是,根据《量刑指导意见》的规定,赔偿能力、赔偿数额会影响从宽程度,被告人积极赔偿但未取得被害人谅解,也可考虑从轻。[39]有论者考察发现,诸多省份的《量刑指导意见》实施细则也将赔偿数额与量刑挂钩。[40]样本中的认罪认罚案件中,没有取得被害人谅解、没有与被害人达成和解协议的案件,在满足一定条件后,同样也被判处缓刑。[41]这些都表明被告人积极赔偿、取得被害人谅解、与被害人达成和解协议,以

---

〔35〕参见胡云腾主编:《认罪认罚从宽制度的理解与适用》,人民法院出版社2018年版,第103页。

〔36〕参见庄永廉、苗生明、黄京平、汪海燕、闵春雷、刘传稿:《如何建立健全与多层次诉讼体系相适应的公诉模式》,载《人民检察》2017年第1期。

〔37〕参见《认罪认罚从宽制度试点办法》第20条。

〔38〕参见最高人民法院2017年3月9日发布的,法发〔2017〕7号《关于常见犯罪的量刑指导意见》中"三、常见量刑情节的适用"中第9点"赔偿损失并取得谅解"的规定,第10点"刑事和解协议"的规定。

〔39〕参见最高人民法院2017年3月9日发布的,法发〔2017〕7号《关于常见犯罪的量刑指导意见》中"三、常见量刑情节的适用"第9点"赔偿损失与取得谅解"的规定。

〔40〕参见王瑞君:《量刑情节的规范识别和适用研究》,知识产权出版社2016年版,第29~34页。15个省份将赔偿作为从轻量刑情节进行细化规定,书中所列实施细则虽然不是最新版,但已能展示各省实施细则中赔偿规定的全貌。

〔41〕未达成和解协议的4案中,3案被害人为无名氏,参见案例(2017)粤0115刑初552号、655号、751号,其中1案被告人支付丧葬费,母亲和妻子患病,请求适用缓刑,两案筹措赔偿金存入道路交通事故社会救助基金管理中心,三案均被判处缓刑。

及“认罪认罚”,都只是概括地作为缓刑适用“悔罪表现”的考量因素。由此可见,“悔罪表现”才是缓刑适用的必要条件,认罪认罚只是其中的一个考量因素,而不是必要条件。缓刑适用与否与案件的性质、情节有关,缓刑适用与否与是否认罪认罚没有必然联系。这实际上反映出认罪认罚从宽制度的实体“从宽”价值并未得到充分的彰显。[42]

四、我国认罪认罚从宽制度进一步改革的进路

笔者认为,应主要从以下三个方面进一步改革认罪认罚从宽制度:

一是简化诉讼程序,调节认罪认罚从宽制度与速裁程序的适用关系,进一步提升诉讼效率。如前所述,单纯压缩速裁程序的办案期限,以办案期限的缩短作为效率提高的标志,会给办案人员带来较大压力。[43] 因此,提升诉讼效率,不仅应该依赖于速裁程序较短的办案期限,而应从根本上简化认罪认罚案件的诉讼程序,尤其是简化审查起诉阶段的诉讼程序,并使认罪认罚从宽制度与速裁程序的适用互相协调,才能使程序的简便性与认罪认罚从宽制度要求的效率性相匹配,真正提高诉讼效率。

二是抓紧明确认罪认罚的实体法律地位,制定统一的认罪认罚量刑规则,鼓励检察官提出幅度量刑建议,来进一步提升实体从宽的效果。首先,目前认罪认罚从宽制度的适用,缺乏实体法律依据,需要在配套实体法律中明确认罪认罚的实体从宽功能、从宽幅度如何实现,厘清认罪认罚与各量刑情节之间的适用关系,为法官、检察官提供统一量刑规则,并提倡对符合条件的案件尽可能地适用非监禁刑,进一步提升认罪认罚从宽制度的实体从宽效果。从长期来看,需要在实体刑法中对认罪认罚从宽加以规定,从短期来看可以抓紧制定效率级别较高的量刑规则,[44] 来解决当前实体法律缺失的困境。其次,不应要求检察官提出具体量刑建议,而应鼓励检察官提出幅度量刑建议,由法官来裁定具体刑罚。检察官在量刑方面并不专业,要求其提出具体量刑建议,事实上是对其提出了过高的要求,同时,也会有压缩法

---

〔42〕 参见胡云腾主编:《认罪认罚从宽制度的理解与适用》,人民法院出版社2018年版,第81页。认罪认罚从宽的实体从宽蕴含“扩大非监禁刑适用”之义。

〔43〕 参见秦宗文:《认罪认罚从宽制度的效率实质及其实现机制》,载《华东政法大学学报》2017年第4期。

〔44〕 参见黄京平:《认罪认罚从宽制度的若干实体问题》,载《中国法学》2017年第5期。

官量刑权的嫌疑。[45] 在样本中,法官未采纳量刑建议的两个非认罪认罚案件中,法官调整后的确定刑低于幅度量刑建议的下限,[46] 使量刑更加均衡。应当保留法官调整个案量刑的权力,尤其是在量刑建议偏轻或偏重时发挥调节、均衡作用,并且这种量刑调整,不应成为被“制裁”的对象,法官出于均衡目的调整量刑后,由此引发的上诉、抗诉案件中,相关请求不应得到支持。

三是制定综合的认罪认罚案件强制措施适用标准,进一步提升程序从宽的效果。虽然认罪认罚已经被列为非羁押性强制措施适用中评判社会危险性的重要考量因素之一,[47] 但是规定较为原则,缺乏适用标准,在具体司法实践中操作不便。有必要明确社会危险性判断是一个综合标准,综合考虑案件事实、情节、再犯可能性、认罪认罚等因素,应尽可能地对社会危险性进行量化评估,并制定具有操作可能性的认罪认罚案件强制措施适用标准。

五、结语

通过认罪认罚案件与非认罪认罚案件的对比,可以发现认罪认罚从宽案件在诉讼效率提升,实体从宽、程序从宽方面均具有一定的效果,发挥了认罪认罚从宽的作用。但仍应进一步提升认罪认罚从案件在诉讼效率、实体从宽、程序从宽方面的效果,简化认罪认罚从宽案件的诉讼程序,调节认罪认罚从宽制度与速裁程序的适用关系,制定统一的认罪认罚量刑规则及明确的认罪认罚案件强制措施适用标准。

---

〔45〕 参见刘计划、孔祥承:《论认罪认罚从宽制度的建构——基于理论与实践的双重展开》,载《烟台大学学报》(哲学社会科学版)2018 年第 2 期;参见国家检察官学院刑事检察教研部课题组:《检察机关认罪认罚从宽制度改革试点实施情况观察》,载《国家检察官学院学报》2018 年第 6 期。

〔46〕 参见案例(2016)粤 0115 刑初 543 号、681 号。

〔47〕 参见《认罪认罚从宽制度试点办法》第 6 条,参见《刑事诉讼法》第 81 条。

认罪认罚从宽制度背景下量刑权与量刑建议权之平衡
——基于河南省11起抗诉案件的分析

聂钰青*

摘　要:认罪认罚从宽制度是修改后刑事诉讼法的重要诉讼制度改革,在该制度构造下,检察院就认罪认罚案件提出量刑建议,由法院对量刑建议进行审查,并行使最终的量刑权。量刑建议作为该制度的核心要素,其被采纳与否标志着量刑建议权和量刑权的是否达到理想状态的平衡,关系到检察院对被告人的允诺能否真正实现,关涉认罪认罚从宽制度的实施效果。因此,探寻实现两者动态平衡的具体方法,是推动认罪认罚从宽顺利实施的客观需要。

关键词:认罪认罚从宽;量刑建议;量刑权

一、问题的引出

2018年新修订的《刑事诉讼法》将认罪认罚这一改革举措上升为具体法律规定。在认罪认罚从宽制度改革中,量刑被认为是诉讼主体间进行博弈的焦点所在。[1] 学者们从不同角度对认罪认罚从宽制度的量刑问题进

* 聂钰青,郑州大学法学院2017级本科生。

〔1〕 参见吴冬、张东武、吴海伦:《认罪认罚从宽制度改革中量刑建议研究》,载《人民检察》2017年第17期。

行学理探讨,如量刑建议的约束力、[2]规范性[3]以及量刑协商[4]等,但少有研究直接从法官量刑权和检察院量刑建议权的平衡关系角度切入,而从这一角度来研究认罪认罚从宽制度的量刑问题又是极为重要的,原因在于:

认罪认罚从宽制度推进的关键是认罪协商,核心是量刑建议;[5]该制度下的量刑建议是控辩双方协商之“合意”,使被告人以认罪认罚为前提条件对认罪认罚后实体上的量刑减让有合理预期。2018 年新修订《刑事诉讼法》第 201 条规定[6]表明认罪认罚从宽案件中检察院的量刑建议权大大压缩了法官量刑权的自由裁量空间,对法官的量刑权产生一定约束力。然而,根据《宪法》(2018 年修正)第 128 条和第 131 条所确立的国家权力配置结构,法院享有对检察院量刑建议权的合法性与合理性进行审查监督的最终权力,只有法院可以决定是否采纳检察院的量刑建议。正因如此,有学者指出,《刑事诉讼法》第 201 条中“一般应当”的表述,给予检察机关的量刑建议以最大限度的尊重,甚至以触动法院依法独立行使审判权的基本原则为代价。[7] 可见,量刑建议权和量刑权呈现出激烈的博弈状态,所以很有必要在两者的博弈中实现一种动态平衡。鉴于此,本文选取河南省 11 起抗诉案件作为分析对象,从量刑建议权和量刑权平衡关系的视角来探讨我国认罪认罚从宽制度中的量刑问题,并在此基础上提出完善认罪认罚从宽制度量刑建议的思路和方法,以期为我国认罪认罚从宽制度的未来发展提供一

---

[2] 有学者认为,认罪认罚案件中量刑建议具有约束力,约束力的产生前提是被告人与公诉机关的合意与协商,源于量刑协商的契约化,约束力及于诉讼构造各方。具体参见李懿艺:《论认罪认罚案件中量刑建议的约束力》,载《政法学刊》2018 年第 2 期。

[3] 有学者指出,量刑建议规范化面临新问题,量刑建议方式各地差异较大。具体参见陈国庆:《量刑建议的若干问题》,载《中国刑事法杂志》2019 年第 5 期。

[4] 有学者谈到量刑协商的正当基础和基本特征,同时指出制度缺憾,如值班律师法律帮助的局限性。具体参见陈瑞华:《刑事诉讼的公力合作模式——量刑协商制度在中国的兴起》,载《法学论坛》2019 年第 4 期。

[5] 参见樊崇义:《关于认罪认罚中量刑建议的几个问题》,载《检察日报》2019 年 7 月 15 日,第 2 版。

[6] 《刑事诉讼法》第 201 条规定:“对于认罪认罚案件,人民法院依法作出判决时,一般应当采纳人民检察院指控的罪名和量刑建议,但有下列情形的除外:(一)被告人的行为不构成犯罪或者不应当追究其刑事责任的;(二)被告人违背意愿认罪认罚的;(三)被告人否认指控的犯罪事实的;(四)起诉指控的罪名与审理认定的罪名不一致的;(五)其他可能影响公正审判的情形。人民法院经审理认为量刑建议明显不当,或者被告人、辩护人对量刑建议提出异议的,人民检察院可以调整量刑建议。人民检察院不调整量刑建议或者调整量刑建议后仍然明显不当的,人民法院应当依法作出判决。”

[7] 参见魏晓娜:《结构视角下的认罪认罚从宽制度》,载《法学家》2019 年第 2 期。

定的政策建议。

二、实证梳理:认罪认罚从宽案件的量刑现状

毫无疑义,在认罪认罚从宽制度中,量刑建议扮演着十分重要的角色,但在司法审判实践中,检察院的量刑建议并非百分百被法院采纳。接下来,笔者试图通过搜集案例来对该现象进行实证考察,了解认罪认罚从宽制度司法实践过程中量刑建议权与量刑权"摩擦"的具体表象。

(一)司法图景:认罪认罚案件的宏观考察

笔者以"认罪认罚""河南省"作为检索条件在"无讼案例网"的司法案例库中进行全文搜索,检索到刑事判决及裁定书共20231份,其中一审19917份、二审302份、再审11份以及1份执行实施类裁定书,排除1份执行实施类裁定书,则共有20230份,一审占98.45%,二审占1.49%。再审占0.05%。首先,诉讼程序止于一审的认罪认罚案件表明法院与检察院在量刑问题上意见统一,法院采纳了检察院的量刑建议,故不属于本文的研究范围;其次,所检索到的11份再审案件内容与量刑建议权和量刑权的关系无实质关联,也不属于本文的研究范围;最后,由于认罪认罚从宽制度的目的是缓解诉累,从而优化司法资源,避免刑事司法制度的僵化[8],而二审认罪认罚案件的出现表明司法实践中部分检察院的量刑建议未被采纳,该制度缓解诉累的目的不能完全实现,所以有必要研究。是故,笔者又以"认罪认罚""二审""河南省"作为检索条件在"无讼案例网"的司法案例库中进行全文搜索,检索到刑事判决及裁定书共301份,其中判决书60份,占比19.93%,裁定书241份,占比80.07%,截止时间为2020年1月6日。需说明的是,尽管判决书、裁定书的公开性并不完备,[9]但以此为基础梳理认罪认罚从宽制度中法院与检察院就量刑建议问题产生的摩擦具象,仍具有重

---

〔8〕 参见韩大元、许瑞超:《认罪认罚从宽制度的宪法界限》,载《国家检察官学院学报》2019年第3期。

〔9〕 无讼案例库中案例主要来自中国裁判文书网,而中国裁判文书网并不是一个"全样本",已经披露的裁判文书数量仅占已经结案的裁判文书数量的一部分,经调查有20个省份裁判文书上网率低于50%。具体参见马超、于晓虹、何海波:《大数据分析:中国司法裁判文书上网公开报告》,载《中国法律评论》2016年第4期。有学者指出,在最高人民法院有关裁判文书"应上尽上"的话语之下,刑事裁判文书仍面临着"部分上网"的问题。具体参见叶燕杰:《司法政策执行视阈下刑事裁判文书"部分上网"问题》,载《山东大学学报》(哲学社会科学版)2019年第2期。

要的学术价值和实践意义。

按照裁判文书作出的时间分类,2016 年、2017 年、2018 年、2019 年及 2020 年(截至 2020 年 1 月 6 日)分别有 3 份、12 份、66 份、217 份、2 份判决或裁定书,总体呈上升趋势。其中,2018 年、2019 年上升最为明显,分别相比上一年净增加 54 份、151 份(其中 2020 年非全年统计,故此处不计算在列)。这与我国认罪认罚从宽制度的发展历程有莫大关联,[10]反映了认罪认罚从宽制度在司法实践中的运用不断深化的过程。该份数据同时也显示出针对认罪认罚从宽制度构造下量刑建议权与量刑权之间的内在张力并未因 2018 年《刑事诉讼法》的修改而得到妥善解决,在司法实践运用过程中仍然存在较大问题。

按照裁判文书作出的案由分类,其中案由共计 7 类(侵犯财产罪;妨害社会管理秩序罪;危害公共安全罪;破坏社会主义市场经济秩序罪;侵犯公民人身权利、民主权利罪;贪污贿赂罪;渎职罪),其中侵犯财产类犯罪案件占比最多,共有 102 份,而渎职罪案件最少,仅有 1 份。

(二)裁判逻辑:二审抗诉案件的微观分析

通过梳理上述 301 份案例发现,认罪认罚从宽二审案件,有三类情形:一是原审被告人认为原判量刑过重而上诉,有 269 件,占比 89.37%;二是检察院抗诉案件,有 15 件,占比 4.98%;三是既有上诉又有抗诉案件,有 17 件,占比 5.65%。其中,检察院因为原审法院未采纳量刑建议而提起的抗诉,有 11 件,占比 3.65%。由于笔者旨在研究认罪认罚从宽制度构造下检察院量刑建议权与法院量刑权的平衡问题,故研究范围限于检察院和法院就量刑建议产生分歧的情形,即检察院因原审法院未采纳量刑建议而提起抗诉的情形,最终以此 11 份判决及裁定书为实证分析样本(见表 1)。以下是此 11 份案例分析表格。

---

[10] 2016 年 9 月 3 日,全国人大常委会出台《关于授权最高人民法院、最高人民检察院在部分地区开展刑事案件认罪认罚从宽制度试点工作的决定》,授权最高人民法院、最高人民检察院在部分地区开展认罪认罚从宽制度试点工作;2018 年 10 月 26 日,全国人大常委会通过《关于修改〈中华人民共和国刑事诉讼法〉的决定》,将认罪认罚这一改革举措作为刑事诉讼制度确立下来。

表1　认罪认罚制度下检察院抗诉案件司法裁判实务案例

序号	案例名称	法院	抗诉理由	二审裁判要点	结果	裁判日期
1	刘某永盗窃二审刑事裁定书〔11〕	郑州市中院	原判未建议公诉机关调整量刑建议即作判决,违反法定程序。	原判未向公诉机关建议而直接适用缓刑,程序不当,但其量刑结果、缓刑适用与刘华永的罪责、认罪情节相适应。	驳回抗诉,维持原判	2017年11月20日
2	周某永、张某远盗窃二审刑事裁定书〔12〕	郑州市中院	审查起诉中张培远自愿签署具结书,庭审过程中其表示认罪认罚,一审法院未采纳具结书,判决未考虑认罪认罚情节。	一审法院审理期间,函告原公诉机关,认为张某远虽有立功情节,但其提出盗窃犯意、准备鞋柜钥匙、提供厂牌,且仅取得部分被害人谅解,量刑建议单处罚金不宜。原判量刑适当。	驳回抗诉,维持原判	2017年12月13日
3	张某疆盗窃二审刑事裁定书〔13〕	郑州市中院	原审未商请公诉机关调整量刑建议即作判决,违反相关规定,程序不当。	原审承办人建议公诉机关调整量刑建议遭拒,遂作判决。	驳回抗诉,维持原判	2017年9月4日
4	常某武合同诈骗二审刑事裁定书〔14〕	郑州市中院	常某武签订具结书后当庭不认罚,原审法院认定其认罪认罚属适用法律错误,量刑畸轻。	常某武发表量刑意见及最后陈述时希望从轻处罚,且在一审判决宣告后主动缴纳罚金,表明其并非不认罚。原判在法定量刑幅度内并无不当。	驳回抗诉,维持原判	2019年6月27日
5	梁某某危险驾驶二审刑事裁定书〔15〕	平顶山市中院	公诉机关量刑建议与原审法院对类似案件的量刑相比并无不当,一审法院未采纳,违反《刑事诉讼法》第201条规定。	原判综合梁某某的犯罪事实、情节等,量刑时予以从宽处罚,原判未采纳量刑建议不违反《刑事诉讼法》规定。	驳回抗诉,维持原判	2019年7月23日

〔11〕参见(2017)豫01刑终724号二审刑事裁定书。

〔12〕参见(2017)豫01刑终833号二审刑事裁定书。

〔13〕参见(2017)豫01刑终579号二审刑事裁定书。

〔14〕参见(2019)豫01刑终713号二审刑事裁定书。

〔15〕参见(2019)豫04刑终286号二审刑事裁定书。

续表

序号	案例名称	法院	抗诉理由	二审裁判要点	结果	裁判日期
6	耿某涛危险驾驶二审刑事裁定书〔16〕	焦作市中院	公诉机关量刑建议不属于《刑事诉讼法》规定的“五种不予采纳量刑建议的除外情形”及“明显不当”情形。原审法院未采纳量刑建议的法律依据不足，审理程序违法。	一审法院根据耿某涛犯罪的事实、情节，依据认罪认罚从宽制度和量刑规范化标准作出判决，并无不当。一审法院未书面建议检察院调整量刑建议，做法不妥。	驳回抗诉，维持原判	2019年5月30日
7	郭某中危险驾驶二审刑事裁定书〔17〕	驻马店市中院	本案系认罪认罚案件，其量刑建议并无明显不当，一审判决未采纳其量刑建议且未说明理由，不仅违反法定程序，且适用法律错误。	一审程序并无不当，且适用法律正确。故该抗诉意见不成立，本院不予采纳。	驳回抗诉，维持原判	2019年12月24日
8	王某松盗窃二审刑事裁定书〔18〕	商丘市中院	一审未采纳量刑建议，属适用法律错误，建议依法改判。	经审理认为，王某松伙同他人八次入室盗窃，盗窃数额8000余元，应从重处罚，原公诉机关量刑建议不当，一审法院不予采纳量刑建议于法有据。	驳回抗诉、上诉，维持原判	2019年12月10日
9	陈某峰危险驾驶二审刑事裁定书〔19〕	平顶山市中院	原判未采纳检察机关量刑建议属适用法律错误。	一审法院依照法律规定通知原公诉机关调整量刑建议，原公诉机关未调整，一审法院依法判决。	驳回抗诉，维持原判	2019年12月10日
10	景某如危险驾驶二审刑事判决书〔20〕	南阳市中院	根据《刑事诉讼法》第201条的规定，一审法院应当采纳量刑建议而没有采纳，量刑不当。	原公诉机关以起点刑提出量刑建议不当。根据《刑事诉讼法》第201条第2款的规定，人民法院应当依法作出判决。故该抗诉理由不能成立，本院不予支持。	撤销原判，改判	2019年12月17日

〔16〕 参见（2019）豫08刑终172号二审刑事裁定书。

〔17〕 参见（2019）豫17刑终656号二审刑事裁定书。

〔18〕 参见（2019）豫14刑终530号二审刑事裁定书。

〔19〕 参见（2019）豫04刑终492号二审刑事裁定书。

〔20〕 参见（2019）豫13刑终956号二审刑事判决书。

续表

序号	案例名称	法院	抗诉理由	二审裁判要点	结果	裁判日期
11	吕某甲、陈某全非法采矿二审刑事判决书〔21〕	郑州市中院	一审法院在本案没有任何新的事实及证据出现的情况下,无故低于量刑意见,违反认罪认罚案件相关规定。	根据认罪认罚制度的相关规定及案件基本事实,一审法院量刑不当,应予纠正。	部分维持,部分改判	2019年12月3日

* 表中"中院"为"中级人民法院"的简称。

(三)症结所在:量刑建议权和量刑权之不平衡

在本部分,笔者试图从微观层面提炼并分析上述11个抗诉案件中检察院的抗诉逻辑以及法院的裁判思路,从而发现问题症结之所在。

上述案例中检察院提出抗诉的法律依据主要是《刑事诉讼法》第201条,〔22〕理由是:原审法院对被告人适用认罪认罚从宽制度,但在未商请公诉机关调整量刑建议的前提下即自行判决。其逻辑在于,对于检察院提出的量刑建议,如果法院并未告知其调整量刑建议,那么法院应当采纳检察院的量刑建议作出裁判。

而二审法院的裁判理由主要分为两种。就第一种而言,多数二审法院并不支持检察院的抗诉理由。这些二审法院认为,尽管一审法院在未建议检察院调整量刑建议的前提下即未采纳检察院量刑建议而径行判决,但一审法院量刑结果与被告人认罪认罚情节相适应,原判量刑适当。至于检察院依据的《刑事诉讼法》第201条则解释为程序上略有不当或是干脆模糊不提,一笔带过。其逻辑在于,法官掌握量刑权,只要案件被告人的认罪认罚情节把握准确,其径行作出的量刑便正确,达到了公正审判的标准。然而,根据《刑事诉讼法》第201条之规定,可以推导出一审法院在不采纳检察院量刑建议做出判决前必须履行告知义务,这就意味着,面对处理一审法院不履行告知义务而径行判决的做法,二审法院轻描淡写的处理方式有失妥当。具体来讲,法

〔21〕　参见(2019)豫01刑终1189号二审刑事判决书。

〔22〕　在认罪认罚从宽制度尚未成为法律制度前,郑州市作为试点城市之一,其检察院提出上述抗诉理由的法律依据主要是《郑州市刑事案件认罪认罚从宽制度试点工作实施细则》第26条、第27条;在2018年新修订的《刑事诉讼法》写入认罪认罚制度后,检察院抗诉依据的主要理由则是《刑事诉讼法》第201条。

院如果认为检察院量刑建议"明显不当"却不给检察院调整的机会而径行判决,量刑建议权被规避,那么认罪认罚制度中量刑建议权存在的意义便被削减,久而久之,必将挫伤检察院提出量刑建议的积极性——检察院提量刑建议只是自己的"独角戏",反正最终的量刑权在法院手里——从而难以推进认罪认罚从宽制度的顺利进行。就第二种而言,少数法院支持了检察院的抗诉理由。在笔者所检索到的上述11个抗诉案件中只有1个,二审法院以"根据认罪认罚制度的相关规定及案件基本事实"为由支持了检察院的抗诉理由,而原审法院和二审法院按照量刑建议所处量刑仅差1个月。这也难免有法官为了减少麻烦勉强采纳量刑建议之嫌,若果真如此,则量刑权对量刑建议权的迁就使量刑权的最终决定意义丧失殆尽。

在实践操作中,囿于法院通知检察院调整量刑建议的程序较为复杂,〔23〕法官或直接按照自己的审判经验径行判决,或为了减少麻烦而勉强采纳量刑建议,前者使量刑建议权被规避,后者使量刑权遭迁就,但无论哪种情况,都使量刑建议权和量刑权之间失去平衡,最终不利于认罪认罚从宽制度的良性形成。这种现象反映了检察院和法院对认罪认罚从宽制度下量刑建议权和量刑权的定位并未形成统一认知,其产生的深层次原因则在于检察院和法院量刑标准的分歧。正是在这种分歧下,法官在实践操作中出于效率的考量或不顾检察院量刑建议而径行判决、或勉强采纳量刑建议,最终使量刑建议权和量刑权的平衡被打破,认罪认罚从宽制度运行不畅。

那么,该如何统一检察院和法院对量刑建议权和量刑权关系的定位认知、又该如何统一两者的量刑标准呢?

三、路径选择:量刑建议权和量刑权的平衡之道

在认罪认罚从宽制度的运行逻辑中,量刑建议权和量刑权的法律概念及两者关系直接影响量刑建议是否被采纳的问题。因此,笔者试图先论述量刑建议权和量刑权两者的法律概念及关系,明确认罪认罚从宽制度中两者的正确定位,然后针对认罪认罚制度中的量刑问题提出一些措施性建议。

---

〔23〕 有学者指出,建议检察院调整量刑需经过复杂的程序,即先经法院部门负责人审查批准后发函给检察院,检察官重新量刑后再移送法院。具体参见卢乐云、曾亚:《认罪协商机制中的法官职权——基于C市认罪认罚从宽制度试点实践的考察》,载《广东社会科学》2018年第6期。

(一)正确定位:量刑建议权与量刑权的关系

量刑建议又称“求刑建议”,源于起诉权中的求刑权(又称“量刑请求权”),是指检察院在刑事诉讼中对被告人应当判处的刑罚依法向法院提出的建议,[24]体现了代表国家的检察院基于被告人的认罪认罚在实体上作出量刑减让的一种承诺。量刑,又称刑罚裁量,是指人民法院在定罪的基础上,依法确定对犯罪人是否判处刑罚、判处何种刑罚以及判处多重刑罚,并决定所判刑罚是否立即执行的审判活动。[25] 量刑权属于司法裁判权,是法院的固有权力,根据法治原则和以审判为中心的诉讼制度改革精神,求刑权应当服从裁判权。[26] 也就是说,检察院的量刑建议权只对法院的量刑裁判起参考作用,但不是启动法院量刑程序的依据,也不是法院进行量刑裁判的唯一信息来源,[27]因此,量刑建议不具有约束力和终局性。且量刑是一个开放、不确定、有差异性的审判活动,[28]法官在考虑量刑时吸收了检察院量刑建议依据的情节,也会考虑法庭调查中查明的新情况以及个人的办案经验等,所得出的量刑并不一定与检察院的量刑建议相一致,所以法官认为检察院的量刑建议“明显不当”而不予采纳是其行使量刑权的题中应有之义,检察院对此应该有正确的认知,不能动辄对未采纳量刑建议的案件启动抗诉程序,而是应该尽可能地提高其量刑建议的质量,提高法官对其量刑建议的采纳率。

从《刑事诉讼法》第201条规范表达来看,立法目的的导向是法官对于检察院的量刑建议“一般应当”接受,肯定了检察院在量刑问题上的主导作用,凸显了认罪认罚从宽制度中量刑建议的重要性。因此,法院不能因为掌握最终的量刑权便对检察院的量刑建议视而不见,认定量刑建议“明显不当”时应当及时告知检察院予以调整,从程序上给予其足够的重视与配合。但这并不意味着法院需要对检察院的量刑建议权迁就,不能因为程序烦琐等原因就勉强接受检察院的量刑建议,而应当谨慎妥当地行使手中的量刑权。长远来看,量刑建议权与量刑权应达到一种博弈后的动态平衡,两者相互制约,方可

[24] 参见朱孝清:《论量刑建议》,载《中国法学》2010年第3期。

[25] 参见高铭暄、马克昌主编:《刑法学》(第7版),北京大学出版社2016年版,第250页。

[26] 参见孙长永:《认罪认罚案件“量刑从宽”若干问题探讨》,载《法律适用》2019年第13期。

[27] 参见陈瑞华:《论量刑建议》,载《政法论坛》2011年第2期。

[28] 参见刘杉彬:《自由裁量权与检察院精准量刑建议的博弈与平衡——以四个基层法院的认罪认罚判决书为样本》,载最高人民法院主编:《司法体制综合配套改革与刑事审判问题研究——全国法院第30届学术讨论会获奖论文集》(下),法律出版社2019年版,第13页。

更好地推进认罪认罚从宽制度的实施。那么,检察院和法院双方该如何做呢?

（二）动态平衡:法院和检察院的相互配合

根据“分工负责,互相配合,互相制约”的宪法原则,在量刑建议权和量刑权的博弈过程中,也需要通过两者的互相配合与制约来实现两者的动态平衡,从而贯彻这一宪法理念,以推动认罪认罚从宽制度的顺利实施。

1. 检察院如何更好行使量刑建议权

如前所述,在认罪认罚案件量刑建议权与量刑权的衔接过程中,检察院量刑建议权量刑问题上的权重增加,与之相应,检察院应当承担好提出量刑建议的责任。笔者认为,目前检察院行使量刑建议权可以从以下三个方面进行考虑。

一是可供参考的推动量刑建议精准化的制度尚不综合、全面、连贯,有待完善补充。《人民检察院刑事诉讼规则(试行)》第399条规定[29],可以提出精准量刑建议,但到目前为止检察院展开精准量刑建议工作的制度条件却并不完备:2010年2月23日发布实施的《人民检察院开展量刑建议工作的指导意见(试行)》并未根据具体罪名案件进行详细的量刑指导,而2013年12月23日发布的最高人民法院《关于常见犯罪的量刑指导意见》(现已修改)[30]以及2017年5月1日发布的最高人民法院《关于常见犯罪的量刑指导意见(二)(试行)》[31]也仅规范交通肇事、故意伤害、强奸等常见的23种判处有期徒刑、拘役犯罪案件的量刑,较少涉及对判处无期徒刑以上刑罚的罪名(典型的如故意杀人罪)进行量刑规范化的指导。现有量刑规范指导制度从案件类型来看,仅覆盖23种常见类型罪名,覆盖面尚不全面,使检察院在对未规定的罪名进行量刑建议时缺乏明确具体的量刑规范指导,控辩双方开展量刑

〔29〕《人民检察院刑事诉讼规则(试行)》(自2013年1月1日起施行,现已废止)第399条规定:“人民检察院对提起公诉的案件,可以向人民法院提出量刑建议。除有减轻处罚或者免除处罚情节外,量刑建议应当在法定量刑幅度内提出。建议判处有期徒刑、管制、拘役的,可以具有一定的幅度,也可以提出具体确定的建议。”

〔30〕最高人民法院《关于常见犯罪的量刑指导意见》规定了15种常见犯罪量刑,分别是:交通肇事罪、故意伤害罪、强奸罪、非法拘禁罪、抢劫罪、盗窃罪、诈骗罪、抢夺罪、职务侵占罪、敲诈勒索罪、妨害公务罪、聚众斗殴罪、寻衅滋事罪、掩饰、隐瞒犯罪所得犯罪、所得收益罪及走私贩卖运输制造毒品罪。

〔31〕最高人民法院《关于常见犯罪的量刑指导意见(二)(试行)》规定了8种常见犯罪量刑,分别是:危险驾驶罪、非法吸收公众存款罪、集资诈骗罪、信用卡诈骗罪、合同诈骗罪、非法持有毒品罪、容留他人吸毒罪及引诱、容留、介绍卖淫罪。

协商欠缺制度条件，检察院提出的量刑建议质量难以保证。

结合目前《刑事诉讼法》相关规定来看，认罪认罚制度适用的案件范围尚无限制，因此，建立覆盖所有分则罪名的量刑指导意见，便于认罪认罚案件中检察院推进量刑建议工作。首先，应在依据现有量刑指导意见的前提下，注重案情的地区差异性，各地在落实认罪认罚从宽制度时不断总结各地经验，向上级反馈，逐渐扩充量刑指导意见中的分则罪名。其次，还应加强案例数据分析为核心的量刑实证统计。因为量刑规则制定中需要将大量的犯罪情节量化，量化为预判提供了可供遵循的制度和标准，而量化的基础是实证，要通过实证分析、检验和科学比较来确定，不能凭空杜撰。〔32〕 检察院可以充分发挥大数据智能辅助系统的作用，将大数据、智能化与量刑建议工作进行深度结合与联动，追求“同案同判、类案类判”的效果，继而做到量刑标准的统一性，避免量刑不公正等问题。同时，尽管检察院刚性的量刑建议权极大地限制了法官自由裁量的能动性和创造性，但相应地，法官的量刑权可以渗入检察院行使量刑建议权的环节反向制约检察院的量刑建议权，从而保障检察院量刑建议权的高质量行使。换言之，各地可以建立以检察院为主导、法院相合作的良性衔接机制，双方在根据案件地区差异化完善量刑规则时积极充分沟通，从而将法官丰富的量刑经验融于检察院根据案例数据分析总结的量刑规则中，弥补人工智能对案件分析的不足，尽可能地缩小检察院量刑思维与法院量刑思维的差异，提升检察官和法官量刑思维同质化程度，努力实现两者量刑标准的统一，从而提高检察院所提量刑建议的采纳率。

各地检察院与法院充分合作，在落实认罪认罚从宽制度的同时不断总结经验，完善地区性的量刑规则，将地方制度的实践经验予以总结和反馈，自下而上进一步推动量刑规范化改革，从而完善量刑指导意见的顶层设计。实际上，在制度系统性完善过程中，我国可以结合本国国情借鉴一些比较好的域外经验，如英国的《量刑指南》。我国可考虑制定认罪认罚从宽案件量刑指南，在重视基层的实践探索的基础上，逐步系统、详细地建立起覆盖刑法分则各罪名的量刑指南，将基层的“有益资源”不断凝聚成中国法治发展的“本土资源”〔33〕，以为检察院提出量刑建议和法院审查量刑建议是否适当提供参

〔32〕 参见陈晓明：《量刑指南的模式比较及总体评价》，载《法治研究》2017年第2期。

〔33〕 参见苏彩霞：《中国量刑规范化改革发展研究——立足域外经验的考察》，载《湖北大学学报》(哲学社会科学版)2019年第1期。

照，从而有效解决“从宽”难以落地的实践难题。[34]

同时，还可考虑建立代表性量刑案例指导制度。认罪认罚中的量刑建议制度正处于探索完善阶段，亟须发布指导性案例对类似案件进行指导，为检察院推进量刑建议工作提供参照。2016 年修订后的《人民检察院组织法》[35]赋予最高人民检察院发布案例指导的职责，因此，可以考虑由最高人民法院和最高人民检察院或各省、自治区、直辖市的高级人民法院和相应检察院联合发布一些关于量刑的指导性案例，以确保案例选择具有代表性，贴合全国范围和各区域量刑建议工作推进的实际需要。

二是量刑建议的方式。法律和司法解释对于检察院所提量刑建议并无具体规定，实践中提出量刑建议主要存在三种方式：其一，确定的量刑建议，即在法定刑幅度内提出确定的刑种和明确的刑期的量刑建议；其二，幅度刑量刑建议，即提出确定的刑种和带有一定幅度的刑期的相对具体的量刑建议；其三，概括刑量刑建议，即只提出对刑种的量刑建议或者提出法定刑幅度内量刑的建议。[36] 对此学术界和实务界存在很大争议，有人支持确定刑量刑建议，认为可以更好地激活认罪认罚从宽制度的“激励机制”，鼓励自愿认罪认罚，强化认罪认罚从宽协商过程及其结果的稳定性，进一步发挥该项制度的积极意义，实现繁简分流；[37]亦有观点支持幅度性量刑建议，认为公诉人量刑经验[38]不足以及确定性量刑建议会使公诉权侵蚀审判权，使检察官成为“法官之前的法官”。笔者认为，对于检察院量刑建议的方式不可“一刀切”，应当从适用效果来看，符合案件实际情况、采纳率高、社会效果好的量刑建议就是合适、恰当的量刑建议。对于情节简单、法官独任审判的案件，检察院提出精准具体的量刑建议，该建议本身符合法官判断的概率越高；对于情节复杂、法院尚需组成合议庭由几位法官合议的案件，检察院提出精准的量刑建议反而有可能是因为超出了一位检察官的判断能力导致该量刑建议不被采纳，而提出有幅度的量刑建议，既能增加检察官的把握，也

[34] 参见熊秋红：《比较法视野下的认罪认罚从宽制度——兼论刑事诉讼第四范式》，载《比较法研究》2019 年第 5 期。

[35] 《人民检察院组织法》第 23 条规定：“最高人民检察院可以对属于检察工作中具体应用法律的问题进行解释。最高人民检察院可以发布指导性案例。”

[36] 参见陈国庆：《量刑建议的若干问题》，载《中国刑事法杂志》2019 年第 5 期。

[37] 参见樊崇义：《关于认罪认罚中量刑建议的几个问题》，载《检察日报》2019 年 7 月 15 日，第 2 版。

[38] 参见潘申明：《论量刑建议模式的选择》，载《华东政法大学学报》2013 年第 6 期。

增加了法官选择的空间和余地,采纳率大为提升,从而使认罪认罚从宽制度梳理实施和推进。因此,检察院应经过长期的司法实践,判断哪类案件适合幅度刑,哪些适合确定刑,总结应用规律。

三是检察院还应增强量刑建议的说理性。量刑建议书中应尽可能详细,写明被告人意见和其他诉讼参与人意见,以及采纳与否的理由;对法定量刑情节以及酌定量刑情节综合判断的过程;类案的量刑数据何如,以及检察院最终做出该量刑建议的理由等。此举意义有三:一是可以更好地说服被告人,提高协商效率;二是从程序意义上较完整地展现量刑协商过程,体现程序公正;三是便于说服法官,提高量刑建议的采纳率。

2. 法院如何妥当行使量刑权

"程序参加者在角色就位之后,各司其职,互相之间既配合又牵制,恣意的余地自然受到压缩。"〔39〕认罪认罚从宽制度中的量刑问题绝非检察院一方即可处理得当,还需法院予以配合,双方展开互动式制约,才能使各自手中的权力运行规范,最终推动认罪认罚从宽制度的落地开花。笔者认为,目前法院行使量刑权可以从以下三个方面进行考虑。

一是对认罪认罚从宽制度中审查起诉阶段的程序进行实质审查。认罪认罚从宽制度实际上把本属于在审判阶段才展开的实体权衡活动提前到了审前阶段,由于审前阶段存在透明度差、参与人少等弱项,所以更需要严格、规范的程序加以保障。〔40〕法院应根据《刑事诉讼法》中规定的认罪认罚从宽制度中审查起诉阶段的有关程序进行实质审查:例如,检察院是否依据法律相关规定履行告知、释明义务以保证被告人对认罪认罚的法律规定、性质和法律后果知悉并进行选择;被告人是否自愿认罪认罚并在辩护人或者值班律师在场的情况下签署认罪认罚具结书;值班律师或辩护律师是否为被告人提供有效的法律帮助;等等。其中,由于被告人认罪认罚的自愿性是认罪认罚从宽制度正当性的基础要素,对其进行审查是该制度有效运行的要点和难点〔41〕,因此,法院应对其进行重点审查。法院在审查时,应包含以下内容:如被告人是否因受到暴力、威胁等影响而非自愿认罪认罚;被告人认

〔39〕 季卫东:《法治秩序的建构》,中国政法大学出版社1997年版,第17页。

〔40〕 参见胡云腾:《正确把握认罪认罚从宽　保证严格公正高效司法》,载《人民法院报》2019年10月24日,第5版。

〔41〕 参见胡云腾:《正确把握认罪认罚从宽　保证严格公正高效司法》,载《人民法院报》2019年10月24日,第5版。

罪时的精神状态是否正常;被告人是否理解认罪认罚的性质和可能导致的法律后果;被告人供认的事实与检察院指控的事实是否一致;等等。

二是依法审查检察院的量刑建议是否适当。检察院在认罪认罚从宽案件中提出的量刑建议,是处理此类案件最为重要的司法意见,既具有实体性又具有程序性,法院要把审查量刑建议作为重中之重。[42] 尽管修改后《刑事诉讼法》第201条关于检察院量刑建议效力的规定确立了认罪认罚从宽制度中检察院在量刑问题上居于主导地位,但法院对量刑建议只是"一般应当"采纳,并非照单全收。这是因为,求刑权应当服从裁判权,当检察院量刑建议存在明显违反类案同判和法律统一适用、背离司法公正等明显不当情形,法院应按照法律规定的程序,告知检察院调整量刑建议,检察院不调整或调整后仍不当的,再依法作出判决。此举的意义在于:一是回应并尊重检察院量刑建议权,同时充分行使主导量刑建议变更的建议权,强调法院对量刑的最终决定权;二是通过建议检察院调整量刑建议给予其修改量刑建议的空间和余地,为其完善量刑建议规范积累案例经验;三是做到程序正当,符合法律规定,避免检察院以此理由频繁抗诉,从而推动认罪认罚从宽制度的顺利实施。

诚然,如前所述,法院可以在检察院根据案件地区差异化完善量刑规则时便与检察院合作,将法官丰富的量刑经验融于检察院根据案例数据分析总结的量刑规则中,通过将量刑权往前渗入检察院行使量刑建议权的环节反向制约检察院的量刑建议权,以保证检察院按照量刑规则提出的量刑建议处于一个合理区间内,与法官的量刑判断偏差不会太大,从而推动认罪认罚从宽制度的顺利进行。

三是法院还应建立和完善不采纳量刑建议的说理机制。认罪认罚从宽案件中,法院如果不采纳检察院的量刑建议,应当在裁判文书中进行必要的量刑说理。在实践操作中,检察机关提出的量刑建议若未被法院采纳,一般在刑事裁判文书中通常只以一句"检察机关提出的量刑建议量刑过轻(重),本院不予采纳"予以描述,通常没有独立的量刑理由说明,[43]这无疑不利于认罪认罚从宽制度的顺利运行。量刑裁判说理一般包括以下内容:

---

〔42〕 参见刘杉彬:《自由裁量权与检察院精准量刑建议的博弈与平衡——以四个基层法院的认罪认罚判决书为样本》,载最高人民法院主编:《司法体制综合配套改革与刑事审判问题研究——全国法院第30届学术讨论会获奖论文集》(下),法律出版社2019年版,第13页。

〔43〕 参见贺卫:《认罪认罚从宽量刑建议机制的检视和完善》,载《中国检察官》2018年第23期。

(1)已经查明的量刑事实及其对量刑的影响;(2)是否采纳公诉人、被告人及其辩护人、被害人及其诉讼代理人的量刑意见及其理由;(3)法院的量刑理由和法律依据。[44] 此举意义有三:一是体现对检察院量刑建议权的尊重,便于认罪认罚从宽制度的顺利开展;二是便于更好地说服被害方和被告方,提高其对认罪认罚制度的理解,促使当事人息诉服判;三是体现法官的量刑思维步骤和方法,向社会公众宣示了法官自由裁量权的行使合乎理性,[45] 进而提高司法公信力。

(三)小结:明确认识,弥合分歧

认罪认罚从宽制度增强了检察院的量刑参与权与主导地位,是法院对审判权的部分让渡。但是,权力让渡后还需保证让渡的部分权力有所规范与约束,才能使让渡出的部分权力真正发挥应尽之作用。法官量刑思维渗入量刑建议规范的制定和完善环节,在规范和约束量刑建议权的同时,也提升了量刑建议的质量。检察院和法院需在量刑问题上明确各自的定位与作用,弥合双方之间的分歧,统一认识,有利于量刑建议权和量刑权维持动态平衡,推进量刑建议工作的进一步展开。

四、结论

"量刑一致性,或者说相似的案件是否得到了相似的对待,是支撑一个公正法律体系的基本原则之一。"[46] 认罪认罚从宽制度下,量刑建议权和量刑权维持动态平衡,检察院与法院双方通过合作提高量刑思维的同质化水平,有利于推动制度的顺利实施,实现繁简分流、宽严相济以及推进实质性控辩协商的立法目的。[47] 本文仅是对量刑建议权和量刑权的动态平衡做了初步研究,至于未来司法实践中两者应如何进一步构建平衡路径,有待学界的深入研究。

---

〔44〕 参见朱孝清:《论量刑建议》,载《中国法学》2010年第3期。

〔45〕 参见王利荣、娄永涛:《规制量刑权的路径》,载《中国刑事法杂志》2013年第11期。

〔46〕 Pinasánchez J. & Linacre R, *Sentence Consistency in England and Wales*, British Journal of Criminology 53(6), 2013, pp. 1118 - 1138.

〔47〕 参见张泽涛:《认罪认罚从宽制度立法目的的波动化及其定位回归》,载《法学杂志》2019年第10期。

论　文

刑事法视野下我国土壤污染防治法律制度研究

袁章润　冯　露*

摘　要：当前土壤污染形势较为严重，我国土壤污染防治法律制度仍不完全适应土壤保护的现实需要。本文从刑事法角度切入，利用在中国裁判文书网搜集到的32个土壤污染犯罪案例，考察了土壤污染防治刑事法律制度的立法与实践现状，指出我国现行制度存在缺乏对生态法益的保护、犯罪行为构成界定不清、刑事制裁与行政执法的关系混乱及量刑不当等问题。在贯彻立法先行原则的前提下，提出可以从细化《土壤污染防治法》《刑法》相关规定、加强部门法之间衔接和司法适用、健全行刑制度等方面完善我国土壤污染防治刑事法律制度。

关键词：土壤污染；污染防治；刑事法；土壤污染犯罪

一、问题的提出

我国土壤污染现状堪忧，2001年的一组数据表明，我国耕地因土壤污染遭受的经济损失至少有200亿元。[1] 早在2007年政府就将土壤保护战略作为重要环境要素战略之一。[2] 2016年12月国务院印发《"十三五"生态环境保护规划》，提出以提高环境质量为核心，实施最严格的环境保护制度，打好包括土壤污染防治在内的三大战役（水、大气和土壤）。可见，政府高度注重我国土壤资源的污染防治问题。从立法层面看，尽管《土壤污染防治法》已经出台，但其本身存在一系列问题，且刑法和其他法律规范对土壤污染防治的规定也存在问题，要实现有效防治土壤污染的目标，仍然任重而道

---

* 袁章润，电子科技大学公共管理学院法学系2016级本科生；冯露，四川大学法学院副教授。

〔1〕参见韦朝阳、陈同斌：《重金属超富集植物及植物修复技术研究进展》，载《生态学报》2001年第21期。

〔2〕参见赵其国、骆永明：《论我国土壤保护宏观战略》，载《中国科学院院刊》2015年第4期。

远。

根据中国知网检索发现,学界有较多有关土壤污染问题的相关研究。但以土壤污染防治制度为主题的期刊不足70篇,这些论文内容主要集中于以下四个方面:第一,各种性质的土壤的污染防治制度的研究。牛善朋、王育才针对耕地土壤污染防治存在的不足与缺陷,指出加强法律制度创新是耕地土壤污染防治的关键所在。[3] 梁剑琴则主要对矿区土壤污染进行研究。[4] 第二,不同省份或地区的土壤的污染防治制度的研究。李思成以甘肃省土壤污染现状为基础,分析了甘肃省土壤污染产生的原因,并提出相关建议。[5] 王宏巍、战艺璇则着眼于黑龙江农田土壤污染的现状与问题,提出相应建议。[6] 虞锡君、刘晓红、胡勇根据长三角地区农用土壤污染防治现状,在借鉴发达国家成功经验的基础上,指出需完善七项基本制度。[7] 第三,对我国土壤污染防治制度的立法探讨。例如,李挺专门针对我国《土壤污染防治法》立法提出建议,他指出其应当体现环境法中的"预防为主"的原则,采用"效益"占主导的与经济发展相统筹的污染治理方式等。[8] 第四,其他地区、国家的土壤污染防治制度的启示。潘书宏通过分析与解读我国台湾地区的土壤污染防治制度,指出大陆可以借鉴其立法模式及其立法导向,并且参考其立法举措。[9] 曾晖、吴贤静通过分析法国土壤污染综合防治模式,指出我国应该借鉴其模式。[10] 朱静在分析美国、日本有关土壤污染防治立法的基础上,提出我国应借鉴发达国家相应的制度体系,制定《土壤污染防治法》等。[11]

---

[3] 参见牛善朋、王育才:《我国耕地土壤污染防治立法缺失与法律制度创新》,载《山西农林科学》2017年第10期。

[4] 参见梁剑琴:《我国矿区土壤污染防治法律制度的初探》,载《金属矿山》2010年第2期。

[5] 参见李思成:《甘肃省土壤污染防治与制度构建》,载《环境研究与监测》2012年第1期。

[6] 参见王宏巍、战艺璇:《黑龙江省农田土壤污染防治法律探究》,载《安徽农业科学》2017年第17期。

[7] 参见虞锡君、刘晓红、胡勇:《长三角地区农用土壤污染防治的制度创新探讨》,载《农业经济问题》2011年第3期。

[8] 参见李挺:《我国土壤污染防治现状及立法研究》,载《湖北函授大学学报》2017年第3期。

[9] 参见潘书宏:《我国台湾地区土壤污染防治制度评析——兼议对大陆土壤污染防治立法的启示》,载《海峡法学》2011年第12期。

[10] 参见曾晖、吴贤静:《法国土壤污染防治法律及其对我国的启示》,载《华中农业大学学报》(社会科学版)2013年第4期。

[11] 参见朱静:《美、日土壤污染防治法律制度对中国土壤立法的启示》,载《环境科学与管理》2011年第11期。

综合上述四类研究，前两类着眼于微观，对不同性质、不同省份或地区的土壤污染防治制度进行了具体的研究，充分考虑了土壤的性质差异与地域差异，极具针对性，但是不可避免地会缺乏一定的宏观考虑。第三类研究是对我国土壤污染防治制度的立法探讨，学者多从土壤污染防治单行法出发进行研究，但缺乏对土壤污染防治制度的整体考究，故对土壤环境保护体系的构建依旧缺乏一定的完整性与深入性。第四类研究将视角放诸境外，通过研究其他地区、国家的土壤污染防治制度，博采众长，其本身具有一定的参考价值，但是对于其他地区或国家之经验本土化的合理性与可行性，还需要进一步的研究。

本文的研究立足于刑事法视野下我国土壤防治污染制度的法律问题，厘清土壤污染防治领域在各部门法对应的法律责任，更好地区分法律责任衍生出的不同法律制裁手段的地位。这种地位界定有助于改变在环境治理领域中行政、刑事等法律关系的界限长期模糊不清的局面；从宏观的角度出发，有利于在土壤污染防治方面，进一步构建涵盖行政与刑事两方面的法律责任体系。此外，有助于从立法推及现实，即以完善土壤防治的相关立法推动现实问题的解决。本文从健全制度与完善配套设置两方面展开，“从条文到实践”，以期对解决土壤污染的现实问题有所裨助。

二、我国土壤污染防治刑事法律制度的现状

（一）立法现状

2018 年 8 月 31 日第十三届全国人民代表大会常务委员会第五次会议正式通过《土壤污染防治法》。该法分为七章，包括总则，规划、标准、普查和监测，预防和保护，风险管控和修复，保障和监督，法律责任，附则。着眼于与刑事责任相关的内容——该法第 98 条规定，违反本法规定，构成违反治安管理行为的，由公安机关依法给予治安管理处罚；构成犯罪的，依法追究刑事责任。这是《土壤污染防治法》中唯一涉及刑事责任的条款。

从《刑法》条文来看，直接或间接涉及土壤污染的罪名有第 338 条、第 342 条和第 346 条。第 338 条规定了污染环境罪，即违反国家规定，排放、倾倒或者处置有放射性的废物、含传染病病原体的废物、有毒物质或者其他有害物质，严重污染环境的，处 3 年以下有期徒刑或者拘役，并处或者单处罚金；后果特别严重的，处 3 年以上 7 年以下有期徒刑，并处罚金。第 342 条规定了非法占用农用地罪，即违反土地管理法规，非法占用耕地、林地等农用地，改变被占用土地用途，造成耕地、林地等农用地大量毁坏的，处 5 年以

下有期徒刑或者拘役,并处或者单处罚金。第346条为单位犯破坏环境资源保护罪的处罚,属于对单位犯罪作出的规定,是对环境刑事责任主体的延伸。

从其他部门法及规范性法律文件来看,《民法总则》《民事诉讼法》中都未涉及关于土壤污染防治的具体法条,但前者对资源短缺、环境污染和生态问题有概括式的规定,后者有民事公益诉讼的原则性规定。除此之外,土壤污染防治的法律规定还散见于《环境保护法》《农业法》《土地管理法》等。另外,还有《土地复垦规定》《基本农田保护条例》等与土壤生态安全密切相关的规范性法律文件。

(二)实践现状

1. 案件数量和案由

截至2018年8月1日,笔者以"土壤污染"为关键词在中国裁判文书网中进行检索,共找到366个结果,其中属刑事案件类型的仅51个。上述刑事案件中,历年分布数量如图1所示:

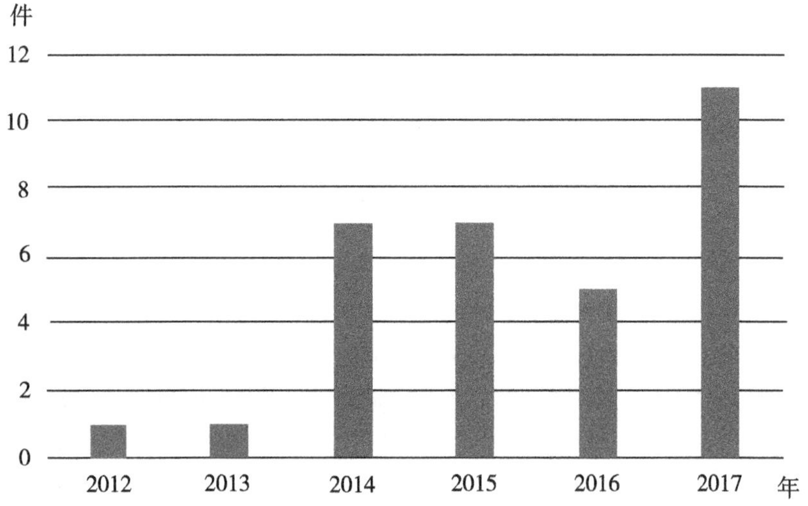

图1　近年来有关土壤污染的刑事案件数量

由图1可知,虽然历年来有关土壤污染的刑事案件数量都较少,但是自2014年来,有关土壤污染的刑事案件数量明显增加,至2017年甚至达到了11件。由于2018年的案件暂时无法统计完全,因此,接下来案件的数据分析集中在2014年至2017年(包括2017年在内,以下省略)。据统计,2014年至

2017 年有关土壤污染的刑事案件数量共 39 件,案由的分布情况如表 1 所示。

表 1　2014 年至 2017 年有关土壤污染的刑事案件的案由分布情况

刑事案由	危害公共安全	破坏社会主义市场经济秩序	妨害社会管理秩序		渎职
			破坏环境资源保护		
			污染环境	非法占用农用地	
数量(件)	1	1	31	1	5

由于本文围绕环境污染展开,尤其是针对刑事法视野下的土壤污染防治制度进行研究,因此在分析的过程中,主要以关于土壤污染的破坏环境资源保护的刑事案由展开,即非法占用农用地罪与污染环境罪,共计 32 个样本案例,其中污染环境罪占研究样本的绝大多数,有 31 件案件;非法占用农用地罪则仅有 1 件。

2. 处罚对象和量刑

首先,从处罚对象上看,2014 年至 2017 年,有关土壤污染的破坏环境资源保护的刑事案件共 32 起,以处罚主体的单复进行分类,其中 28 起案件适用单罚制,即案件中仅有相应的自然人承担刑事责任;4 起案件适用双罚制,即符合刑法明文规定的单位和自然人均应承担刑事责任如图 2 所示。

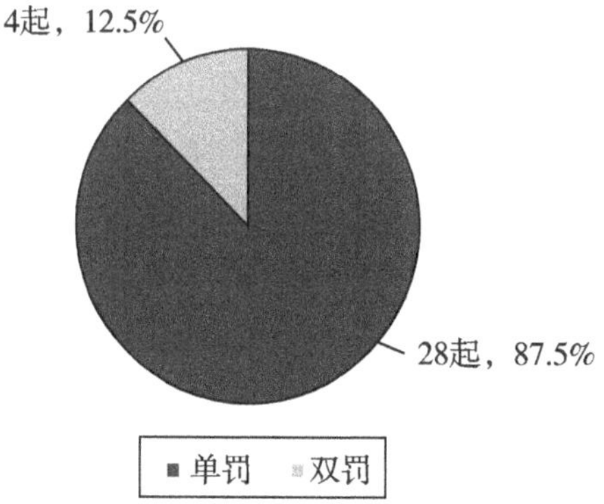

图 2　2014 年至 2017 年有关土壤污染的破坏环境资源保护的刑事案件的处罚主体情况

其次,从量刑上看,主要表现为:第一,由于司法实践中土壤污染刑事案件的量刑并无统一标准,因此,法官的自由裁量权较大,司法能动性较强。我国环境司法审判存在问题的主要倾向是消极和保守,[12]这使包括污染土

[12]　参见周珂、曾媛媛:《论司法能动性在环境司法审判中的应用》,载《环境保护》2018 年第 4 期。

壤在内的污染环境行为本身较难入罪,因而可形成的有关环境刑事案件的判例较少,所以难以通过长期的审判实践形成一套可供司法审判系统参考的关于土壤污染刑事案件的量刑标准。即使历年来最高人民法院公布的具有指导作用的案例中,已有关于污染环境罪的案件,但实际上,由于包括土壤污染在内的环境污染案件有其特殊性,司法能动性依旧在环境司法审判中受到高度重视,[13]法官依旧享有较大程度的自由裁量权。

第二,部分土壤污染刑事案件的量刑科学地考虑到诸如生态恢复、消除污染等积极因素。例如,(2017)鄂0921刑初148号案件的判决书中提道"……已委托有资质单位对污染土壤进行了修复,可依法对其从轻处罚",(2018)湘1124刑初29号案件的判决书中同样提到"……积极出资修复了生态环境,犯罪情节较轻,请求从轻处罚的意见,经查均成立,本院予以采纳"。再如,(2017)鲁14刑终95号案件的判决书中有"……案发后积极主动将涉案危险废物进行处置,消除污染,确有悔罪表现,可依法免予刑事处罚",(2018)湘1124刑初29号案件的判决书中有"某翔公司主动缴纳防止污染的应急处理等费用,依法对其可以酌情从宽处罚"。上述案件体现了在土壤污染刑事案件的审判中,存在科学地考虑诸如生态恢复、消除污染等有益要素的情形。

3.行政处罚与刑事制裁的衔接

环境犯罪的实害犯,是指行为人排放污染物造成实际环境损害的行为。在美国,具体又分为两种情况:一是以行政违法为前提的实害犯,二是切断行政关联的实害犯。[14] 我国对环境犯罪没有如上的明确分类。在本文研究的案例中,存在刑事审判前就已有行政处罚的情形,但行政处罚通常仅作为刑事审判中的加重量刑情节予以考虑,如(2014)金婺刑初字第234号判决书中"被告人王某曾因污染环境的行为被行政处罚,可酌情从重处罚"。

三、我国土壤污染防治刑事法律制度的问题

(一)立法问题

1.《土壤污染防治法》涉及刑事制裁的问题

一方面,就《土壤污染防治法》本身特点而言,它作为环境领域的单行法,

---

〔13〕 参见周珂、曾媛媛:《论司法能动性在环境司法审判中的应用》,载《环境保护》2018年第4期。

〔14〕 参见贾学胜:《美国对环境犯罪的刑法规制及其启示》,载《暨南学报》(哲学社会科学版)2014年第4期。

行政色彩浓厚。这种行政化的导向使《土壤污染防治法》容易或多或少掺杂部门利益,削弱了保护土壤的核心立法成效;另一方面,行政手段充斥《土壤污染防治法》将导致"以罚代刑"情况的泛滥,有损于其威慑性,同样也不利于土壤环境的保护。此外,《土壤污染防治法》还存在一些其他问题。其一,高度概括性。从《土壤污染防治法》的部分条款,如第 31 条第 1 款中"国家加强对土壤资源的保护"的规定,第 38 条"实施风险管控、修复活动,应当因地制宜、科学合理,提高针对性和有效性"的规定,可见《土壤污染防治法》的内容通常较为笼统概括,需要地方进行相应立法和完善配套制度、政策,从而进一步落实、推进《土壤污染防治法》的精神。故短期内,《土壤污染防治法》也无法在土壤污染相对严重的地区进行试点与检验,其立法成效还有待时间考证。其二,从条文细节上看,《土壤污染防治法》中多禁止性规定,如第 22 条有"禁止采用重金属超标的降阻产品改造土壤",第 29 条中"对未利用地应当予以保护,不得污染和破坏",但是缺少违反上述禁止性规定的后果的规定,从逻辑结构上看不甚完整周严,从立法效果上看则有损上述禁止性规定的否定力度。

2.《刑法》对土壤污染犯罪规定的问题

从《刑法》条文来看,直接或间接涉及土壤污染的罪名有第 338 条、第 342 条和第 346 条。上述条文规定存在如下问题:

第一,从刑法保护的环境要素之独立性角度看,上述法条并未对包括土壤要素在内的各环境要素单列保护,而是对诸环境要素进行了笼统的规定。对诸环境要素的细化保护,才能表现出立法者重视对关键要素的保护;反之,笼统的规定则淡化了对关键环境要素保护的重要性。对环境要素笼统的保护不利于将有关的罪责刑具体化,导致具体污染案件的司法适用不便。

第二,从所属类罪的角度出发,上述涉及土壤污染的刑法条文均属于妨害社会管理秩序罪,其以人身和财产性法益的损害程度为衡量标准,并未对生态法益加以考虑。刑法法益的排序是指刑法法益组成要素之间的排列次序,它反映的是立法者对各种刑法法益的重视程度。〔15〕虽然《刑法》第六章"妨害社会管理秩序罪"中设有"破坏环境资源保护罪"一节,一定程度上是对生态法益进行保护。但是,这种视生态法益为社会法益之一种的做法,显然说明刑法法益存在结构性缺陷,同时也说明刑法对保护生态法益的重视

〔15〕 参见张明楷:《刑法学》,法律出版社 2003 年版,第 506 页。

不够。[16] 传统刑法法益结构即“国家利益——个人利益——社会利益”的三元利益结构,缺乏生态法益的融入,这与我国现阶段长期和扎实推进生态文明建设的主张不相适应。

第三,从行为构成来看,学界和实务界对土壤污染犯罪行为的行为构成存在争议。一方面,从行为犯与结果犯的区分来看,《刑法》第338条对污染环境罪“严重污染环境”以及“后果特别严重”的规定,都意味着刑法条文中的污染环境罪属于结果犯,而非行为犯。但值得一提的是,最高人民法院、最高人民检察院《关于办理环境污染刑事案件适用法律若干问题的解释》(以下简称《环境污染刑事案件适用解释》)中的有关规定却使污染环境罪的行为构成既可以是行为犯,又可以是结果犯,如《环境污染刑事案件适用解释》第1条第1项规定的“在饮用水水源一级保护区、自然保护区核心区排放、倾倒、处置有放射性的废物、含传染病病原体的废物、有毒物质的”,第2项规定的“非法排放、倾倒、处置危险废物三吨以上的”,第3项和第4项的规定,以及第3条第2项规定的“非法排放、倾倒、处置危险废物一百吨以上的”,这些情形下的污染环境罪则为行为犯;而如第1条第8项至第11项,第3条其他项规定的环境污染罪则为结果犯。简言之,《刑法》污染环境罪的行为构成仅为结果犯,但是司法解释将“污染环境罪”变成了“行为犯”和“结果犯”并存。[17] 这便有违罪刑法定原则。

一个国家的刑法体系通常是由刑法典、单行刑法和附属刑法三个部分组成的。[18] 由于我国现阶段没有附属刑法,因而我国刑法渊源则仅为刑法典和单行刑法。而刑法的解释是指“对刑法规定意义的说明”,[19] 它并非我国刑法的渊源,而是为了发现刑法用语的含义,不能增设或减少构成要件。而《环境污染刑事案件适用解释》的有关规定改变了刑法对环境污染罪行为构成的规定,相当于改变了环境污染罪的构成要件。尽管刑事政策是土壤污染防治制度工具的重要组成部分,但刑事政策与刑事法之间的联系,应当是刑事政策为刑事法的先导,而刑事法则是刑事政策的边界。[20] 刑事政策

---

〔16〕 参见简基松:《论生态法益在刑法法益中的独立地位》,载《中国刑事法杂志》2006年第5期。

〔17〕 参见严厚福:《污染环境罪:结果犯还是行为犯——以2015年1322份“污染环境罪”一审判决书为参照》,载《中国地质大学学报》(社会科学版)2017年第4期。

〔18〕 参见高铭暄、马克昌主编:《刑法学》,北京大学出版社、高等教育出版社2011年版,第7页。

〔19〕 参见张明楷:《刑法学》,法律出版社2003年版,第28页。

〔20〕 参见侯宏林:《刑事政策的价值分析》,华东政法大学出版社2005年版,第100页。

不可侵入立法领域,“刑事法是刑事政策不可逾越的樊篱”。因为试图通过刑法解释使刑法与时俱进,随着时代的发展而发展,克服刑法的不周延性、滞后性和僵化性的弊端,同时也包含着使刑法文本丧失明确性与确定性的弊端,导致破坏刑法的可预测性、破坏公民的法自由与法安全的后果。[21]

另一方面,从危险犯与侵害犯的区分来看,《刑法》第338条“严重污染环境”的字面规定表明,污染环境罪属于侵害犯。有学者指出,对于污染环境罪属于危险犯在学术界已成共识。[22] 但笔者看来不然:针对环境污染罪属于侵害犯还是危险犯,不同学者对言简意赅的法条规定有各自的理解,存在分歧。在学理解释较为杂乱的情况下,《环境污染刑事案件适用解释》将“污染环境罪属于侵害犯还是危险犯”这一问题的答案推向了便于总结的局面。大致归纳如下:《环境污染刑事案件适用解释》第1项至第4项所描述的行为应当被归入危险犯的范畴,第5项至第13项之规定则可以将本罪归入侵害犯的范畴。[23] 针对某一罪名下危险犯与侵害犯能否共存的问题,张明楷指出这种区分并非就罪名而言,而是根据犯罪的具体形态而言,一个故意犯罪会出现不同的形态,因此,一个罪名之下侵害犯与实害犯完全可能并存。[24]

若抛开司法解释,单纯从《刑法》第338条规定着眼,一个犯罪究竟属于侵害犯还是危险犯,归根结底取决于其所保护的法益内容。在环境犯罪领域,向来存在个人中心法益观与生态中心法益观之争。[25] 但就刑法法条本身而言,其以人身和财产性法益的损害程度为衡量标准,并未对生态法益加以考虑。就条文设计而言,“严重污染环境”在文义上即表明了“环境”是污染环境罪的侵害对象,但与此同时,本罪并非为了保护环境自身而保护环境,其最终目的是人类法益免受侵害。[26] 这便存在一组迂回的关系:刑法条文中直接规定了对“环境”的保护,但由于生态法益在我国刑法中并未受到独立保护,本罪中的“环境”需要“挂靠”在人类法益上方可受到“有名分”

---

〔21〕 参见梁根林:《罪刑法定视域中的刑法适用解释》,载《中国法学》2004年第3期。

〔22〕 参见李梁:《中德两国污染环境罪危险犯立法比较研究》,载《法商研究》2016年第3期。

〔23〕 参见陈庆、丁毅:《对污染环境罪中“严重污染环境”的探讨》,载《人民司法》2014年第9期。

〔24〕 参见张明楷:《污染环境罪的争议问题》,载《法学评论》2018年第2期。

〔25〕 参见喻海松、马剑:《从32件到1691件——〈关于办理环境污染刑事案件适用法律若干问题的解释〉实施情况分析》,载《中国环境报》2016年4月6日,第5版。

〔26〕 参见张志钢:《摆荡于激进与保守之间:论扩张中的污染环境罪的困境与出路》,载《政治与法律》2016年第8期。

的保护,即视二者为具有主从地位但不可分割的关系。而由于需要根据法益进行“属于侵害犯或危险犯”的判断,故对于人类法益下环境要素的侵害,可以理解为对人类法益的侵害,因此,基于刑法法条本身出发,此罪应归为侵害犯。综合前述司法解释与刑法法条的分析,可见两者对“污染环境罪究竟属于侵害犯还是危险犯”并无一致的结论。

第四,从责任形式上讲,学者对土壤污染犯罪行为的主观心态也有不同认识,影响到实践中对本罪的认定。本文认为现行刑法中的环境污染罪仅能由故意构成。其一,从《刑法》第338条来看,没有任何一个表述体现该罪可以由过失构成。根据罪刑法定原则,该条文缺乏处理过失犯的文理基础。[27] 其二,《刑法》第338条中规定的损害结果为“严重污染环境”,行为人在实施污染环境的行为时,对于产生上述结果有所认识,但放任这种结果的发生,属于间接故意。其三,条文中“后果特别严重”属于结果加重犯,行为人只需对基本犯持有故意即可。但是,环境犯罪的产生往往随着巨大的危害后果,甚至无法恢复到过去的环境状态,正因如此,应当重视危害结果出现之前的注意义务,强调环境危害严重领域的刑罚威慑力。[28] 这不仅符合刑罚自身所具有的预防原则的要求,也顺应了现阶段刑事政策的指向。

3. 部门法对法律责任规定的衔接问题

我国土壤污染防治法律制度缺乏系统化法律责任体系的构建。根据法律责任理论,行为人违反不同的法律义务,也将承担不同的不利后果。不利后果的设定即是制裁手段的选择。目前有关土壤污染防治的规定散见于各个法律规范之中。由于各种条文分布零散,涉及土壤污染防治的法律责任也相应地缺乏系统的整合和梳理。例如,有关土壤污染的刑法条文与执法部门所遵循的行政处罚有关情形存在一定的竞合。在土壤污染防治领域,缺乏行政、刑事等方面法律责任体系的构建,使不同法律关系长期处于模糊不清的局面。此类缺乏体系的规范给人以混乱之感,不仅严重损害了法律严密的逻辑性和不可侵犯的权威性,还为实践中的具体适用造成了极大的不便。

(二)土壤污染防治刑事法律制度实施中的问题

首先,从刑事责任主体来看,有学者指出,在环境资源犯罪中,单位构成

[27] 参见张明楷:《刑法学》,法律出版社2003年版,第17页。

[28] 参见傅学良:《刑事一体化视野中的环境刑法研究》,中国政法大学出版社2015年版,第153页。

犯罪主体的比例较高,并且单位越大,对环境资源造成的危害可能越大。[29]在2014年至2017年有关土壤污染的破坏环境资源保护的32起案件中,单罚制28起,双罚制仅为4起。而上述单罚的案件中,存在依照法律规定和案件事实应当采用“双罚制”的情形。例如,在(2016)沪0112刑初2598号判决书中,被告人许某芳系上海陈行炼油厂法定代表人,在上海市闵行区浦江镇近浦村塘浦路691弄132地块经营煤焦油业务,并在该址安置9个巨型油罐,用于公司经营,“本案被告人许某芳系煤焦油油罐的直接责任人员,其在明知的情况下,授意被告人曹某权不当处置含有大量危险废品的储油罐,以废铁名义出售给不具备处理资质的人员任意处置”,属于“违反了国家有关规定,处置、倾倒有害物质,严重污染环境,且后果特别严重,行为已构成污染环境罪”。但是,本案被告人系炼油厂法定代表人,属于单位内部成员,且其行为的实施是基于追求单位利益,以减轻单位的废品处理负担,因此,被告人所在的单位理应承担刑事责任,但本案刑事责任主体并未涉及所在单位。由此窥见,在有关土壤污染的破坏环境资源保护案件的司法实践中,单位环境犯罪刑事责任主体的适用还不具有实质上的相当性与普遍性。

其次,从量刑上看存在以下两个问题。第一,从程度来看,对包括土壤污染在内的环境污染犯罪的量刑普遍偏轻。根据《刑法》第338条之规定,环境污染罪的基本犯处3年以下有期徒刑或者拘役,并处或者单处罚金;结果加重犯则处3年以上7年以下有期徒刑,并处罚金。然而,综观2014年至2017年有关土壤污染的破坏环境资源保护的32起案件(涉案的84位被告人),其中仅3起案件、6位被告人最终被判处3年以上7年以下有期徒刑并处罚金,绝大多数案件中的被告人仅被判处低于3年以下有期徒刑的刑罚,甚至有免予刑事处罚的情形。其中不乏法益侵害严重、罪责刑不相符的案件,如(2018)湘1124刑初29号等。第二,从种类来看,我国有关土壤污染的破坏环境资源保护的案件以罚金刑为主,威慑力不足。有学者提出,“污染环境犯罪多为图利性犯罪,因此应重视财产刑的适用”,“法院应重视罚金在遏制环境犯罪中的作用”。[30] 笔者对于该论述中的污染环境犯罪多

〔29〕 参见曹明德、黄锡生主编:《环境资源法》,中信出版社2004年版,第99页。

〔30〕 参见贾学胜:《美国对环境犯罪的刑法规制及其启示》,载《暨南学报》(哲学社会科学版)2014年第4期。

为逐利性犯罪这一性质判断予以认同,但却对其主张的应对措施不尽赞同。自由刑适用的社会环境——自由刑的惩罚与报应只有在现代自由、开放社会才能得到彰显,[31]在这样的社会,自由会受到珍视与捍卫,所以人们对以剥夺或者限制人身自由为主要内容的自由刑心有忌惮,因此会加倍注意规定了自由刑的犯罪。反观以缴纳一定数额财产为内容的罚金刑,虽然就使用率而言,它似乎至今已成为最主要的刑罚手段。但是,由于其只是剥夺受刑人的金钱,相较于自由刑而言,具有较低的刑罚痛苦,故其具有较弱的威慑力。尤其是对于造成污染的单位主体而言,它们以牺牲土壤环境为代价换取到高额经济收益,但高额的经济收益与低数额的犯罪成本相比较,后者便显得无关紧要,即"守法成本高,违法成本低"。在这种情况下,追求更大利益的单位当然更有理由铤而走险,选择继续走污染土壤的老路。

最后,刑事制裁与行政执法的关系混乱。犯罪圈的划定主要是刑法与行政法的"势力范围"之确定。按照当下的主流观点这其实是一个刑事不法与行政不法的界定问题。[32]我国刑法并无上述规定,这也致使实践中司法适用与行政违法关系的混乱。在本文研究的案例中,存在刑事审判前就已有行政处罚的情形,但行政处罚通常仅作为刑事审判中的加重量刑情节予以考虑。在我国高度重视土壤污染防治的背景下,行政与司法的界限依旧不明晰将引发诸多问题。一方面,由于规定不清,可能面临难以准确追究污染土壤行为人之责任的问题,滋生出边界不明的法外空间;另一方面,这可能导致行政机关与司法机关相互推诿的情况,使土壤污染防治无法找到适当的主体落实。

四、土壤污染防治刑事法律制度问题的原因

前文对我国土壤污染法律制度在立法和实践中存在的问题进行了分析,究其成因,大致可归纳为四个方面:

(一)经济发展优于环境保护

(2017)晋0311刑初174号判决书中提道,"被告人赵某在无危险废物经营许可证的情况下,私自收购废旧油桶并进行拆解,拆解过程中亦未采取

〔31〕参见梁根林:《罪刑法定视域中的刑法适用解释》,载《中国法学》2004年第3期。

〔32〕参见姜涛:《追寻理性的罪刑模式:把比例原则植入刑法理论》,载《法律科学》2013年第1期。

有效防渗措施，造成公私财产损失1828996元，后果特别严重，其行为构成污染环境罪”。该案单纯以经济利益受损的程度作为衡量污染环境罪后果严重程度的标准。通过这一个案可以看出，即使在环境污染刑事案件的处理中，对经济利益的考量都是极其重要的。这是我国过去较长一段时期内的“先污染，后治理”发展思路造成的。从治理成本来说，“先污染，后治理”可能导致污染扩散，甚至造成进一步恶化，从而大大增加治理成本。从治理可能性来看，“先污染，后治理”意味着污染与治理存在时间差，而在这段时间里，污染势态可能变得不可控制。例如，化工厂将大量废水排放到耕地后，污水随着土壤渗透至地下水，造成大面积的地下水污染。而由于地下水深埋地底，并且面积广大，因此，它几乎无法治理，这便丧失了治理的可能性，即污染造成的严重后果不可挽回。

（二）利益博弈影响土壤污染等环境问题的解决

从地方政府的角度，当地企业的蓬勃发展有助于带动地方经济。而在经济结构正逐步调整的现阶段，这些企业中不乏严重污染土壤、水、大气的企业，但客观地说它们的存在与发展仍然能够有效地为地方政府创收，从外在上看能够提升地方经济水平。此时地方官员为了政绩的需要，不愿也不会整顿、关停上述企业，甚或出现了地方环保作假等“以官护商”的情形。[33]这使土壤污染等环境污染案件无论是从行政层面抑或是司法层面都难以追究，极不利于土壤污染等环境问题的解决。另外，政府为了招商引资，大力发展当地经济，会出台相应招商引资政策如土地优惠政策、资源优惠政策等，这些对资本具有吸引力的倾斜性政策，也为包括土壤污染在内的环境污染埋下了一定的隐患。而从企业角度，“资本是逐利的”，企业为了谋求更大的收益，除了“开源”便只好“节流”，即进一步降低成本，从而提升企业的竞争力。企业在生产过程中，不可避免地会产生一定量的废弃物，而为了减少甚至消除排污的高昂费用，部分企业会选择将固体废弃物、污水等排放到无人管护的土壤或河流中，或者在明知的情形下将污物等低价外包给没有任何处理资质的单位或个人，直接或间接地造成严重污染环境的损害结果。

（三）民众生态意识薄弱

民众生态意识薄弱，“认为不重要”，对土壤污染法律制度实施问题的影

---

〔33〕 参见朱达志：《污染企业督办7年依然如故，地方包庇如何追责？》，载《中国青年报》2018年7月5日，第2版。

响主要体现在两方面:其一,不重视土壤污染等环境问题。一定程度上讲,这也属于过去国家重视经济发展理念的延伸性问题。国家确定的发展理念影响着公众的认知,而大众在以经济发展为导向的认知下,很难跳脱出来关注并重视环境问题。其二,对污水、固体废弃物等污染物是否致损以及何种程度上致损缺乏认知。

(四)部分企业缺乏相关技术和设备

首先,企业缺乏专业知识及相关技术人员。具体到生产操作过程中,则是企业不知如何减少污染、转化污染。在“先污染,后治理”的滞后发展理念受到摒弃的现状下,“预防污染”以及“污染治理齐下”的发展理念愈发受到提倡。但是,如何切实做到预防污染、如何将生产过程中的污物集中处理、转化,则是企业亟待解决的技术问题。而问题的关键在于企业缺乏相关的专业知识及相应的技术人员。其次,企业没有符合标准的设备。其一,企业没有符合标准的检测设备,无法准确地知晓何种程度的污染将致损。即使企业了解有关法律、法规及司法解释,清楚达到土壤污染标准的污物的“量”的条件,但实践中缺乏用以检测的设备,无法现实地得出相应“量”的数据,实则也是枉然。其二,企业没有符合标准的污染处理设备,“巧妇难为无米之炊”,这使有心治理污染的企业无从落实。

五、完善我国土壤污染防治刑事法律制度的建议

(一)贯彻立法先行原则

党的十八届四中全会提出,法律是治国之重器,良法是善治之前提。我国是典型的成文法国家,根据目前环境状况,加之顺应世界环境刑事立法的走向,刑法已经介入环境保护的领域。然而,我国土壤污染等环境问题依旧严峻,生态环境现状仍然不容乐观,这与法律对相关污染环境行为的调整不善有紧密的联系。基于此,笔者提倡进一步贯彻立法先行的原则,首先着力部署环境领域的立法完善,再以立法带动行政与司法,从而充分实现三位一体的全面机能。

(二)完善土壤污染防治刑事法律制度的对策

1.完善《土壤污染防治法》对刑事司法的规定

第一,《土壤污染防治法》作为刚出台的新法,需要进行试点与检验,在一定程度上检验其立法成效后再进行推广。第二,地方应及时立法并完善配套制度、政策,从而进一步落实、推进《土壤污染防治法》的精神。第三,应适当在《土壤污染防治法》中增设刑事司法干预、调整的条款,即在《土壤污

染防治法》中划明行政不法与刑事不法的界限，这有助于预防行政机关与司法机关在被追责时“踢皮球”等相互推诿的情形发生。

2. 完善《刑法》对土壤污染犯罪的规定

第一，从保护的环境要素的独立性看，建议参照《德国刑法典》，将土壤、水、大气等关键性环境要素单列，分别规定为不同犯罪。2016 年 12 月“三大战役”提出后，土壤、大气、水资源的保护便成为提高环境质量的核心。为避免对诸环境要素进行笼统规定，将污染土壤的行为单列成罪，不仅有利于土壤保护地位之提高，引起公众的重视，更有助于刑事司法对相应犯罪行为的追究，从而更好实现刑法对污染土壤行为的制约。

第二，建议增加对生态法益的考虑。赋予生态法益以独立的法益地位，首先，需要将污染环境的犯罪从妨害社会管理秩序罪的类罪中分离，单设“环境犯罪”专章，明确生态法益之独立地位。其次，在具体的法条规定上，需要增加生态恢复、消除污染等量刑因素，为上述积极因素的司法适用设立法律依据。

第三，从行为构成上看，一方面，从行为犯与结果犯入手，对于行为犯与结果犯的界定，刑法与司法解释中的规定相互冲突。面对这一冲突，张明楷提出两种途径：一是司法解释删除关于行为犯的规定，二是再次修改《刑法》第 338 条，使污染环境罪既可以是行为犯也可以是结果犯，并指出考虑到罪刑法定原则以及当前环境形势依然严峻的背景，宜采取后一种立法方式。[34] 采取这种立法方式一方面积极地顺应了刑事政策的指向，另一方面在一定程度上降低了举证难度，即“对行为的判断和结果的判断是同一的”。除此之外，污染环境后果的体现具有一定特殊性——对环境进行破坏所造成的侵害结果（尤其是环境污染事故）并非总是即时发生的，污染环境的后果具有一定潜伏期，可能是由不同行为主体长期侵害积累所致。而一旦等到后果发生后，才开始追究各行为主体的一系列先前侵害行为，可能陷入难以准确、逐一追究责任的困境。因此，采取上述立法方式一定程度上切断了责任意义上逐个侵害行为与损害结果的联系，有利于追究相应行为主体的责任。当然，此种立法方式客观上降低了入罪的门槛，可能与当前倡导的轻刑化路径有所背离。但是，我国刑法整体具有重刑化的特征，却对污染环境的刑罚总体偏轻。故此种背离，不否认可能是一种调和。

---

〔34〕 参见张明楷：《污染环境罪的争议问题》，载《法学评论》2018 年第 2 期。

另一方面,从危险犯与侵害犯着眼,由前文可知,其与行为犯和结果犯产生问题的缘由相同,即刑法法条与司法解释对"污染环境罪究竟属于侵害犯还是危险犯"并无一致的结论。根据这一问题产生的根源及保护土壤生态的现实需要,本文认为宜采取同上的解决思路——相较而言,司法解释对"污染环境罪究竟属于侵害犯还是危险犯"的回应更为准确。因此,解决这一问题的关键应回溯至刑法规范,回溯至污染环境罪保护的法益本身,即应考虑增加对生态法益的保护。当环境污染罪明确保护双重法益时,在刑法条文下本罪既可以是侵害犯,也可以是危险犯。如此,从保护的法益来看更加全面;从逻辑结构上看,这组行为构成便与司法解释的相关规定并行不悖。

第四,从刑罚类型来看,可以借鉴德国经验,调整罚金刑的处罚形式为完全的单处式。可以独立科处的罚金刑能够适应不同犯罪人的各种犯罪行为。例如,对于某些情节轻微、危害不大的土壤污染行为,可以实行单处罚金制,这不仅有助于犯罪者的改造,也为修复相应的土壤污染提供资金支持。

3.完善土壤污染犯罪的司法适用

在司法适用上,第一,应完善刑事责任主体的责任追究,在涉及单位犯罪的土壤污染刑事案件中,合法适用双罚制,做到责任主体与责任内容相适应;注重改善单位环境犯罪中,刑事责任主体的适用缺乏相当性与普遍性的问题。需要补充的是,根据《刑法》第31条之规定,单位犯罪的,对单位判处罚金,并对其直接负责的主管人员和其他直接责任人员判处刑罚。可见,即使强调对单位环境犯罪依法适用双罚制,但对单位本身的威慑力也仅停留在罚金上。如前所述,往往单位越大,对环境可能造成的危害则越大,而罚金在遏制单位环境犯罪的作用有限,尤其是面对资金实力极为雄厚的大企业,仅判处一定数额的罚金可能"不痛不痒"。此时需要根据法律、法规或章程,由行政机关按《行政处罚法》的有关规定,对涉事单位处以警告、责令停产停业、暂扣或者吊销许可证、暂扣或者吊销执照等行政处罚,畅通刑行衔接机制,从而实现对单位犯罪主体实施的土壤污染进行体系化治理,增强威慑力。

第二,从量刑上看,根据刑法的刑事政策化要求,可适当加重对土壤污染犯罪的处罚,做到"重其重者"。德国学者乌尔里希·贝克(Ulrich Beck,1944~2015年)于1986年在《风险社会》中首次提出"风险社会理论"。在贝克的论述中，环境风险是风险社会中最典型的风险。[35] 目前我国污染现状堪忧，从刑罚的适用来看，我国刑法整体具有重刑化的特征，但是对于污染环境的刑罚却总体偏轻。随着国际社会人权运动的日益高涨以及刑罚谦抑、人道、宽容思想渐次深入人心，世界刑事政策总的趋势是朝向轻缓化的方向发展，但并非对所有的犯罪都予以宽松处理，而是重其重者，轻其轻者，轻重有度。[36] 从土壤污染防治刑事法律制度的实施来看，我国环境污染犯罪的量刑普遍偏轻，甚至有免予刑事处罚的情形，其中不乏法益侵害严重、罪责刑不相符的案件。此种情形下，决心攻克作为"三大战役"之一的土壤污染问题，适当加重对土壤污染犯罪的处罚，或许势在必行。

第三，从刑罚适用的种类来看，对于部分造成严重土壤污染的刑事案件，可以根据具体的案件情节等，综合考虑增加自由刑的适用。从污染环境犯罪的成本收益出发，行为人是否实施犯罪的影响因素有二：一是犯罪的机会成本，二是预期惩罚成本。而后者对犯罪的影响是最为关键的，并且也是最可控的。[37] 故提高预期刑罚成本，可大概率抑制行为人实施犯罪。单从使用率上讲，罚金刑确为目前最主要的刑罚手段，但较于自由刑，它具有较少的刑罚痛苦，预期刑罚成本较低。故针对部分严重的土壤污染案件，结合具体案件情节，可考虑依法适用自由刑，以改善土壤污染等环境犯罪刑罚威慑力不足的问题。

4. 健全行刑制度

从行刑来看，一方面需要改变行刑场所。为避免封闭式行刑所产生的诸多弊端，可以借鉴西方国家创设的开放式处遇制度[38]，并创新行刑场所的设立。例如，在遭受土壤污染地区，犯罪人通过一定期限的"居住式"体验，有机会直观、深刻地体会到土壤受到污染后的诸多不利影响，从而产生心灵上的震撼与愧疚，一定程度上有助于实现刑罚特殊预防的目的。

另一方面，在对环境污染犯罪减刑制度的设计上，应注重对生态恢复的

---

〔35〕 参见吴何奇：《风险社会环境犯罪治理模式的调整与补充》，载《大连理工大学学报》（社会科学版）2020 年第 41 卷第 2 期。

〔36〕 参见赵志华、鲜铁可：《轻刑化问题实证研究——以轻刑化趋势和犯罪态势的内在平衡为视角》，载《中国刑事法杂志》2011 年第 9 期。

〔37〕 参见王璇：《我国污染环境犯罪浅析——基于成本收益模型》，载《河北公安警察职业学院学报》2019 年第 4 期。

〔38〕 参见严然：《我国监狱实行开放式处遇制度的理性思考》，载《四川警官高等专科学校学报》2004 年第 2 期。

考量,以实现环境刑法之生态环境恢复的核心要求。一般认为,科学合理的法律责任机制应当兼顾报应与功利的双重功能,其中功利功能注重对受损利益的填补。而环境犯罪最大的特殊性在于其不仅造成了传统法益的损害,还损害了生态环境的生态服务功能。[39] 早在2002年,福建省邵武法院率先成功进行"植树折抵罚金"的个案运用。随后,为更好发挥司法修复环境损害的作用,形成复绿补种的长效机制,该法院还出台了相关实施细则。[40] 虽然根据《刑法》第78条之规定,减刑制度并不适用于罚金刑,而仅适用于被判处管制、拘役、有期徒刑、无期徒刑的犯罪人,但邵武法院主张的"犯罪人积极恢复生态以影响其刑罚的执行"的模式是值得提倡的,也可变通推及至土壤污染犯罪的减刑制度。

5. 加强部门法之间的衔接

《日本刑法典》并未对土壤污染等污染环境的行为进行调整,日本关于土壤防治的立法主要为专门性立法。从效果上看,日本用较短的时间便改变了"公害岛国"的窘境,成为治理土壤污染最为先进的国家之一。可见,在防治土壤污染的方式上,发挥刑法作用并非唯一的途径。如今,在我国对土壤污染防治高度重视的背景下,要"加固"土壤污染防治的效果,需要其他部门法及规范性文件的配合,构建系统的土壤污染防治法律体系。

除《土壤污染防治法》《刑法》对土壤污染防治的集中规定,土壤污染防治的法律规定还散见于《环境保护法》《农业法》《土地管理法》《固体废弃物污染防治法》《水污染防治法》《大气污染防治法》《矿产资源法》《水土保持法》《防沙治沙法》等。另外,还有《土地复垦规定》《基本农田保护条例》《闲置土地处置办法》等与土壤生态安全密切相关的规范性文件。而如何将以上法律、法规及规范性文件中有关土壤污染防治的条款进行梳理与整合,如何确立相应法律规范的效力与位阶等,是在土壤污染问题严峻的社会现状下,立法者亟待思考、解决的问题。

值得一提的是,正如哈佛大学法学院理查德·拉撒路斯(Richard J. Lazarus,1954~)教授所提出的,"在治理环境破坏的问题上,刑事惩罚的缺乏会让加害方将民事赔偿与行政处罚简单地看作是'从业成本'的一部

[39] 参见徐本鑫:《刑事司法中环境修复责任的多元化适用》,载《北京理工大学学报》(社会科学版)2019年第6期。

[40] 参见张光彬:《千亩荒山披上绿装》,载《福建日报》2015年7月22日,第2版。

分”,并最终将成本转嫁于消费者。[41] 可见,在环境污染犯罪日趋严重的情况下,即使加强部门法之间的衔接,着意构建相对全面的土壤污染防治体系,也需警惕“以罚代刑”、有案不移等情况,绝不应当由此淡化和轻视刑事惩罚在防治体系中的地位与效用。

（三）落实配套措施

从技术上讲,需要加大对土壤污染防治的财政投入和技术支撑。首先,政府行政立法需要技术支撑。在具体的土壤污染案件中,可能会存在地区环境承载力差异等因素影响对法益侵害程度的判断的情况。因此,地方应在明确当地环境生态“能力”的基础上,进行相应地方立法和配套制度、政策的完善。其次,执法、司法过程中,需要有权威、中立、专门的土壤污染损害鉴定机构予以配合,精准检测出土壤污染损害程度,以便行政或司法程序的进一步推进。譬如,政府进行周期性土壤监测时,需要专业的鉴定机构予以支持。此外,企业需要技术支撑。从教育宣传上看,需要大力开展保护土壤资源的宣传活动,做好防治土壤污染的教育引领,让保护土壤资源、爱护土壤生态成为民众的共识与习惯。

---

〔41〕 Mark A. Cohen,“Environmental Sentencing Guidelines or Environmental Management Guidelines: You Can't Have Your Cake and Eat It Too!”, *Federal Sentencing Reporter* 8(4), 1996, p. 225. 转引自吴何奇:《风险社会环境犯罪治理模式的调整与补充》,载《大连理工大学学报》(社会科学版)2020 年第 2 期。

新县制下的荣县区划改革研究

——兼论地方法制史研究的意义*

樊英杰**

摘　要:新县制推行下在荣县施行的县制区划改革的实践,区与乡镇的地位发生了变化。区渐变为一级虚置层级,而联保被乡镇取代。乡镇地位虽得到提高,但在抗战时期地方社会人财紧缺的困境下,地方行政如何走上运行正轨,是地方法制史与地方发展史紧密联系的研究方向。"国家"并不是简化了的"中央","地方"也是推动历史与制度向前发展的重要因素。地方法制是中央法制实践的地方化和具体化。地方法制史研究通过对地方史料的挖掘和整理,有效结合地方习惯与特点,具有深入研究的意义。

关键词:地方法制史;荣县档案;新县制

一、民国以来县制改革的历史思考

县制是县级政府的行政制度,包括县及县以下的行政区划体系、政府职能配置、县级政府的行政组织和县级政府的运行机制及相关制度。传统中国因其封闭型农业社会使中央集权能够实现其在全国范围内的统治。从"礼乐征伐自天子出"幻灭到"礼乐征伐自诸侯出","以中央集权为理想态,以地方分权为破坏态"[1]的"皇权不下县"的格局自近代以来发生了变化。走向共和时期,地方政府除了需承担传统的刑名、钱谷两大主要政务之外,还需承担公共服务型的社会职能。地方政府、士绅、民众三者之间的权限与关系有了进一步分明的需要。县级以下的社会开始出现以行政区划为载体所形成的职能划分与职权担当。

---

* 本文系国家社科基金重大项目"民国时期荣县档案整理与研究"(13&ZD152)和成都大学校青年基金项目"民国时期四川县政改革研究"(2018XSA06)的阶段性成果。

** 樊英杰,成都大学马克思主义学院副教授,历史学博士。

〔1〕 魏光奇:《近代县制问题的历史思考》,载《博览群书》2015年第10期。

民国初年，孙中山先生以民权为基础，认为地方自治是实现直接民权的保证，其在《国民政府建国大纲》中明确提出，“建设地方自治，促进民权发达，当以县为自治单位”。[2] 地方自治是实现民主主义政治制度的重要步骤，以地方自治制度的建立为开端的民国时期的县制改革探索开始出现。

南京国民政府统一政权后，开始探索县制方面的改革。县级行政一律采用县长制，1927 年 6 月 9 日国民政府发布训令，县公署改为县政府，县知事改为县长。1928 年国民政府颁布了关于县制方面的正式法律《县组织法》（该法于 1930 年再次修正公布）。《县组织法》规定：“县设县政府，于省政府指挥监督之下，处理全县行政，监督地方自治事务”，从而将县定性为中央及省行政之下仅具监督自治权的纯行政机关，而非自治单位。1929 年，国民政府宣布在六年内完成训政时期的相关工作后，社会各方均感觉推行地方自治不是一件容易的事。因此，1932 年第二次全国内政会议决议，各省可以设立实验县。以实验县为先导，逐步探索县政及县制改革。[3]

顿时，实验县风起云涌。基层政权建设、乡村建设、基层政治等方面的讨论在当时的知识分子中掀起高潮，甚至政府也参与其中，反映出民国时期不同的人员、机构、组织对于县制理论与地方自治理论的探讨与实践热情。据统计，在实验县空气最浓厚的时候，各地称为实验县、实验区、实验乡或实验村的，总数在一千个单位以上。[4] 较为有名且对后来县制改革的推行影响较大的几个实验县包括：河北的定县，山东的邹平、菏泽、济宁，河南的辉县、禹县，江苏的江宁，浙江的兰溪，湖南的衡山，湖北的孝感，江西的临川，云南的昆明，广西的宾阳，福建的闽侯以及四川的新都等。这些实验县或者是中华平民教育促进会通过省政府而成立，如定县、衡山和新都；或者是山东乡村建设学院通过山东省政府而成立，如邹平、菏泽；或者是华北五大学通过山东省政府而成立，如济宁；或者是中央政治学校通过江苏和浙江省政

[2] 孙中山：《中国革命史》，载《孙中山全集》（第 7 卷），中华书局 1985 年版，第 62 页。

[3] 这一时期出现了不少民国时期县政学者的相关研究成果，诸如胡次威的《民国县制史》（大东书局 1948 年版）、程方的《中国县政概论》（商务印书馆 1939 年版）、陈柏心的《中国县制改造》（国民图书出版社 1942 年版）、闻钧天的《中国保甲制度》（商务印书馆 1935 年版）、江士杰的《里甲制度考略》（商务印书馆 1942 年版）等，关于县制理论、省县行政关系、县行政组织、县政建设实验、县吏治、县财政、县教育、县警政、保甲及经济社会建设等方面均有所述。

[4] 参见胡次威：《怎样实现新县制》，大东书局 1946 年版，第 1 页。

府而成立,如江宁和兰溪。对这一时期的实验县样本的研究出现了不少成果。[5]

实验县在针对县以下的行政区划改革中,有的废闾邻,改行村里,注重乡镇;有的加强对乡镇的督导,乡镇以下推行保甲;有的废除区制,充实乡镇,基层乡村设立公民服务团……然而,借用王先明在对五个县政建设实验县为基本分析样本研究中的表述,"国民党政权不是一个能推动中国乡村整体走向现代化的强大而有效能的中央政权,县政建设运动失败的结局也就成为必然",[6]其可视为是对轰轰烈烈的实验县改革尝试最终失败结果的一种解释。

抗战发生后,国民政府迁都重庆,政治军事形势的变化需要县制进行新的改革。经国防最高委员会和国民党中执委共同决议,在四川、湖南、江西、陕西、贵州五省各择一县,进行改革县制的试点。不久,国民党中常委又议决增加试办县份,并决定由政府公布新的县制条例。1939年9月19日,国民政府行政院公布《县各级组织纲要》(以下简称《纲要》)。《纲要》颁行后,其他各项法令的有关内容凡与之抵触者,均被命令"暂行停止适用"。这一文件以"纲要"命名,实质不是一部正式法律,表面看具有临时性。据胡次威回忆,"就《县各级组织纲要草案》的内容看来,其实就是'县组织法',不称为'法'而称为'纲要'的原因,是避免经过立法程序,直接由行政院通令施行"。[7]因此,《纲要》实际是由政府公布的新的县制条例,主要是针对县行政制度的改革,"新县制"开始推行。

《纲要》明确规定:"县为地方自治单位",县长的主要职权是"受省政府之监督办理全县自治事项,受省政府之指挥执行中央及省委办事项"。在财政方面规定,"所有国家事务及省事务之经费由国库及省库支给,不得责令

---

〔5〕关于这一时期的相关研究包括:吴相湘的《晏阳初传——为全球乡村改造奋斗六十年》(时报文化出版社1981年版)、郑大华的《民国乡村建设运动》(社会科学文献出版社2000年版)、李伟中的《20世纪30年代县政建设实验研究》(人民出版社2009年版)、孙诗锦的《启蒙与重建——晏阳初乡村文化建设事业研究(1926-1937)》(商务印书馆2012年版);相关论文如王先明、李伟中的《20世纪30年代的县政建设运动与乡村社会变迁——以5个县政建设实验县为基本分析样本》(载《史学月刊》2003年第4期)、何建华的《晏阳初的平教运动及县政改革实验》(载《东南学术》2008年第1期)等。

〔6〕王先明、李伟中:《20世纪30年代的县政建设运动与乡村社会变迁——以5个县政建设实验县为基本分析样本》,载《史学月刊》2003年第4期。

〔7〕胡次威:《国民党反动统治时期的"新县制"》,载全国政协文史资料研究委员会编:《文史资料选辑》第129辑,中国文史出版社1995年版。

县政府就地筹款开支……县之财政均由县政府统收统支”。《纲要》的规定使县、县长、县政府的地位和性质发生了根本改变，其具有法人地位，不再是没有法人资格的一级行政，而是地方自治的最高执行机关和行政机关。但因“新县制”颁行于抗战期间，敌占区、国统区和中共领导的敌后根据地在政治上相互分裂，因此，各地推行进程颇不平衡。[8]

《县组织法》时规定，“县设为法人与地方自治机关”，而到《纲要》时，变为“县为法人、乡镇为法人”“乡镇内之编制为保甲”。对于县以下的区划及自治事项等，各实验县均进行过不少探索，有不同的划分及称谓，诸如闾邻、村里、乡镇、区制、保甲等划分及实践。新县制的改革试图统一《纲要》颁行前，在各省实施不一致的县以下的区、乡、镇、闾、邻、保甲等各组织名称及范围，“各省斟酌情形存废，但不得少于二级或多于四级”。[9]《纲要》对县制的设计主要体现为三个方面的变化：一是地方自治制度；二是县行政制度方面；三是区乡镇行政制度。《纲要》的颁行实际是将地方政权组织法制化，且将国家政权从县一级下沉至乡一级。通过新县制推行的县级以下的区划改革，是在试图荡涤掉曾经由地方精英对基层社会所进行的治理实践。

新县制改革的推行，试图让行政组织逐渐取代地方精英对基层事务的把控。国家以推行新制为载体而进行的逐级向下的统一的行政区划设置成为县制改革的线索之一。国家对地方事务的渗透自上而下地逐渐展开，与自下而上反映出的基层百姓对新区划的态度，可能会形成一对博弈：一方面，因为“国家政权的内卷化”，[10]而扩展到制度内卷化的形成，虽然传统社会中的地方精英可能会对基层社会形成有效治理，也会义务承担不少社会公共事务的职能，但从本质上却并不能代表国家。因此，从制度的层面上，国家必须出面来扩大其行政职能。另一方面，用马克斯·韦伯的话来讲，“老百姓的憎恨与不信任，主要针对着与人民实际接触最密切的下层统治者。民众对政治的冷漠并逃避与‘国家’的任何接触（这种接触并不绝对必

[8] 参见魏光奇：《官治与自治：20世纪上半期的中国县制》，商务印书馆2004年版，第212～214页。

[9] 钱端升：《民国政制史》，上海世纪出版集团2008年版，第631页。

[10] 杜赞奇通过对20世纪前半期中国国家政权的扩张及其现代化过程的描述，提出了“国家政权的内卷化”这一概念，详细论述可参见［美］杜赞奇：《文化、权力与国家》，江苏人民出版社1996年版。

要),在中国是典型的"。[11] 由此,双方对新制推行过程时可能形成新制度与旧环境的梗阻,或许以荣县在新县制改革中所发生的区划风波可见其缩影。

二、荣县推行新县制后的区划风波

从国家权力下渗前后的行政机构层级设置来看,毋庸置疑的是县级以下的行政组织在新县制推行后变得愈发重要。《纲要》对县级及以下的基层政权机构作了统一的制度性安排之外,各省可根据其自身情况制定相关制度,即所谓的"变通执行"。例如,《纲要》规定乡镇划分以十保为原则,不得少于六保,多于十五保。四川省为顾及各县人力财力及地方实际情形起见,特规定乡镇划分,各县应依《纲要》第29条及第30条拟定呈核,但应尽量保留以"场"为中心的优点,并充分注意历史关系及自然条件。之所以如此规定,为免除各县的纷扰。

惟川省过去之乡镇(联保)有少至四保者,有多至六七十保者,调整殊为困难,迄今各县为乡镇划分而起纠纷者,或请求改划,仍时有所闻。至其规定以场为中心之原则,因场为川省农村社会中之经济中心、交通中心、文化中心、政治中心。多系人口密集或集中之所,以其为乡镇之中心,对于行政及自治事务之推行,当较为便利也。[12]

如何区划,既符合新的县制,又不至于使各县受到过多纷扰,成为新县制推行过程中需要面对的现实难题。区,即分区设署,其本意为协助县长深入民间推行政令的机关,借以确立县政之下层的基干。新县制之前,当时的保甲制度,只有保与甲两级,设置区确有其必要性。直至《整理川黔两省保甲方案》颁布,确定联保为区与保纵向之间的联系。于是,县以下的行政机构变为区与联保两级。因为联保这一级的增加,使公文承转增多,行政效率日减,县下行政机构的层级成为问题。区与联保设置是否均合适?应否在县以下行政机构中减少一级?对此,四川省政府民政厅曾联合在川各大学实地考察过川内部分县的县政,并在其考察后的总报告中建议,"于县之下再设一级行政机构,或半自治式之组织,殆事实所必需。问题只是留区抑留

---

〔11〕［德］马克斯·韦伯:《儒教与道教》,江苏人民出版社2005年版,第111页。
〔12〕参见高登海:《四川实施新县制之检讨》,载《服务(重庆)》1942年第1期。

联保?"〔13〕新县制推行后,首当其冲的区划调整使县级以下基层社会波澜再起。

（一）风波之起:区划调整

新县制推行后,各县对区进行调整,区属于县政府的派出机构或分支机构,只是在县境过大或有特殊情形的地方设区,这改变了此前区作为一级国家行政而在各县辖区内普遍设置的情形。因此,从民国时期的规定及实践来看,区自创制以来所体现的制度设计与实际情况不匹配,主要表现为:区的配置与所辖乡镇数量的匹配问题。

关于区的配置,依《剿匪省份各分区设署办法大纲》规定,"各县分区不得多于六区,少于三区",而行政院公布的《各县分区设署暂行规程》所规定者亦然。区的配置与组织的规定过于硬性。我国各县面积大小相差本极悬殊,因此,常出现划区时为迁就法令上区数的限制,遂使区内辖境相差甚大。多者一区或辖二十一联保,直逼一些小县所辖。试想以当时区的人力、物力与财力,使之所辖区域几乎与一县相等,何尝不会感到竭蹶。根据在川各大学考察县政总报告中所述,"如以平均数字而论:新津三区共辖十一联保,平均一区不足四联保;雷波三区共辖却只五联保,平均一区不足两联保;宜宾五区共辖九十联保……"〔14〕就四川而言,区所辖联保的个数不等,以致设区的大小并未能适应其设置目的。荣县也存在同样的问题,从档案中能看到其区划曾经多次调整(见表1):

表1　荣县区划调整变化

时间	1935年	1943年	1944年	1946年	1947年
划分数量	5个区	10个区	5个区	4个区	4个区

资料来源:荣县档案001-03-458、001-01-155。

荣县在1935年划分为5个区,到1943年增设为10个区,因未符合行政院1937年所颁布的《各县分区设署暂行规程》区设为3~6个。因此,至1944又改编为5个,1946年再缩编为4个,1947年在4个区的基础上,又对乡镇进行过一次调整。数量上虽然同样是4个区,但针对区划内部的调整也引起基

〔13〕《四川省政府民政厅联合在川各大学考察县政总报告》(1939年),第19页,四川大学图书馆。

〔14〕《四川省政府民政厅联合在川各大学考察县政总报告》(1939年),第20页,四川大学图书馆。

层民众的诸多不满。前后两次调整对比(见表2),荣县总数仍保有54个乡镇,各区的分布更趋于合理,有效避免了之前出现的第一区所辖乡镇过多的情况。

表2　荣县各区所辖乡镇数

时间	第一区	第二区	第三区	第四区
1946年	18	14	11	11
1947年	14	14	13	13

资料来源:荣县档案001-03-458、001-01-155。

为何一年内进行两次区划调整?为进一步了解详情,通过档案爬梳继续寻找线索。荣县的两次区划调整,主要是乡镇数发生变化,即所辖乡镇过多的第一区经调整后减少的4个乡镇,分别被平衡到第三、第四区各2个。哪些乡镇被平衡到第三区和第四区?这些被分配过去的乡镇是自主自愿,还是被动分配?是否内有隐情?带着这些疑问,在档案中详细对比了1946年和1947年四个区分别所辖的具体乡镇名。经对比发现,第一区所辖乡镇最多,除了县政府所在地(以下简称县城)中城镇外,还有在中城镇东南西北四个方向所形成的坿东、坿南、坿西与坿北四个乡镇(以下简称坿四乡)。该坿四乡与县城之错综复杂的关系,亦在荣县档案材料中反映出来。

(二)风波高潮:拒绝合并

荣县所辖中城镇为县府所在地,也是荣县中心之所在,为进一步增强县城的实力,其东南西北四个乡皆有被合并到中城镇的可能。因此,在未正式确定调整方案之前,坿四乡即有传言,"坿四乡、同心乡,有合并中城镇之说"。此说在基层引起极大反响,以坿四乡乡民代表(坿东乡代表14人、坿南乡代表10人、坿西乡代表8人、坿北乡代表7人)及机关法团的部分代表分别呈文省府,以"地方自治"为理由,提出各种异议,反对合并。坿四乡民众以"若合并,均易惹起极大纠纷"的理由极力反对合并,提出"固非详密计议,不足以谋长治久安",提出如下三点坿四乡绝不能并合中城镇的理由:

其一,乡民认为,合并对其担负不能减轻,反而增加。他们对官方所提出的,"合并之后裁撤五个乡公所的薪公费用以提高一个镇公所的薪公费是有余的,因此可减轻人民负担之说"提出了反驳。其理由为,合并后六乡学校仍在,公教人员的待遇同镇公所公务员薪额一致,既然镇公所公务员薪额提高,各教员的薪额增加自不能视同例外。因此,节余有限,而负担转多。另外,就地方防务力量而言,过去城区团总的设置,有十个团正:城中四个,坿东二个,坿南二个,坿西、坿北,各一个。若合并,则中城镇即管有五十余保之多,纵横辖地六七十里。撤调中间机构,以后推动任务,恐难于兼顾。如果将来又巧立名目,另增职员,则仍然增加人民负担。“况五乡警卫力量,早感不足,因区域较小,守望尚易,今设此庞大之镇,至低当有一大队之设置,举凡械弹、服装、薪饷,莫不成重大问题,又必增加人民负担,此决不能骤合者一。”〔15〕

其二,乡民认为,合并本意是为加强组织,实际可能导致更为松懈的局面。其理由为,五个乡并入中城镇为一镇,在形式上固然壮观,然而合并后会导致该镇所辖的保则有五十余个,辖地六七十里,对于教育的视导,警卫的巡察,财粮的催收,讼争的调解,人事的配备,是否胜任?如果只顾表面形式,而不切实际的强调合并,则上令宣扬、下情呈达,实际可能更为松懈。因此,乡民认为,“不问可知,以过去区团总领有十个团正,第一区领有六个联保,有时推动尚感困难。今骤合若干具有历史性之乡公所,而无深长理由,欲求政效增加,良非易事,此决不能骤合者二”。〔16〕

其三,乡民认为,调整应有依据,不能妄自合并,有违背传统的“义”。荣县现有54个乡镇,各有其存在的历史沿革,虽然省府根据省参议会的决议,转至县按照调整办法进行区划调整,但其事实上是富有弹性的,如果认为调整相宜,则从事调整,如果调整有害,则决不改变。乡民们着重强调了强行合并有违“义”的传统。“今中城四坿同心六处为一镇,其比例调整,全县当存九个乡镇为宜,如果其他乡镇,不能以六合一,则四坿、同心之裁并,其义何取?……今若强以城外之乡,增益中城,未免误认四坿乡为城厢,殊有未当。况同心乡与仁寿县接壤,今以直隶中城,于事于理,困难实大,此决不能骤合者三。”〔17〕

以上三点,皆为坿四乡乡民认为绝不能并入中城镇的理由,至于民风、习俗、自治、保安、财粮等内在矛盾既多,人事竞争必烈。“八年抗战,元气未复,方事抚循,何能纷更。”因此提出,“所有坿四乡绝不能并合中城镇,宜仍旧制”上请县府公决,并强调“毋取一日之长,致引多年之患”。〔18〕可谓洋洋洒洒、于情于理于义均有道理,虽于制度无据,但均为民众直言。对于民众极力反

〔15〕荣县档案,001-03-469。
〔16〕荣县档案,001-03-469。
〔17〕荣县档案,001-03-469。
〔18〕荣县档案,001-03-469。

对坿四乡与中城镇合并的方案,荣县县政府自然无法“强以城外之乡,增益中城”来进行区划。档案中能看到县府除了将“坿东、坿南、坿西、坿北、同心等五乡,合并为中城镇一体”,[19]也拟定过“坿四乡照旧有区域管辖,不必调整”[20]等不同的方案。区划调整受阻,县府无法断决,遂上报省参议会。省参议会给予了三条颇具原则性的意见:“一、乡镇之划分务须以场为中心,乡镇公所所在地之场必有一定之赶集期,且系旧有场镇;二、普通城厢只设一镇,不得分割;三、每乡镇所辖之保数应以十保以上为原则。”[21]在此意见之下,荣县区划最终并未强行将坿四乡与中城镇合并,如前文所述的坿四乡分别被平衡到第三、第四区各两个作罢。

(三)风波反思:行政受阻

根据各县呈报的《调整指导区划调查表》中所展现出的国民政府政权在大陆的最后一次区划调整中,荣县坿四乡亦未妥协,仍未集中至中城镇所在的第一区,而是分别划分至四个区之中。从荣县区划风波中,似乎可以看到新县制实施过程中的行政受阻。

从坿四乡的区划之争可得出以下几点反思,一是行政命令并不能令乡镇强行合并,乡镇具有充分的表达意见和反对之权,反而让县政府及省参议会显得有些“无所适从”,其所制定的制度也仅是原则性的规定,无法直接强行划分;二是不予合并的理由在于民众更细致地考虑到本地利益因素,诸如节余不足、负担加重、行政可能变得更加松懈,以及长期以来所形成的民风、习俗、保卫、钱粮等关系(当然也有因合并所致的某些人员被裁撤的考虑);三是其理由中所言的,“四坿、同心之裁并,其义何取”,从“义”的角度来谈合并之弊与无效,而并未搬出《四川省政府颁发各县(局)乡镇编制调整办法》中的制度性规定。看来申诉的理由更多体现在情理与道义,并非法理与制度。因此,坿四乡与中城镇合并一案,既可知基层社会民众参政议政的积极与主动,又可知自上而下的命令即使是针对基层乡镇之事,也并非能得到顺利的贯行。看似在有充分理由行使土地行政权的区划问题上,仍然会受到基层社会的诸多审视、质疑、排斥与否绝。尤其是基层社会以“义”作为解决乡镇区划问题的理由,可见,基层社会中“重义轻制”的现实。国家制度的下行,比不上

[19] 荣县档案,001-03-469。

[20] 荣县档案,001-03-469。

[21] 荣县档案,001-03-469。

基层社会自身所衡量对错的标准。即便是在国民政府统治较为稳定的时期，想要贯行行政制度，也需考虑当地的思维习惯。地方势力的强势，既反映出新县制推行过程中的行政受阻，也反映出地方基层社会对国家汲取资源的种种防范与抵制。

行政受阻的另一个原因，还在于新县制前后对区本身的性质及定位也不甚清楚。新县制推行之前，对于区的性质与定位就不甚明了。1934 年 12 月，南昌行营颁发《剿匪省份分区设署颁发大纲》训令，关于区之职掌，曾有明白解释，其文曰：

所有区中保卫安宁，调查户口，训练民众，指导合作，推行教育，清丈土地，实施工役，以及一切农村水利等建设工作，暨区内卫生、公安、交通、经济、财务之一切县政，凡与管教养卫有关者，统由区长秉承县长之命负责执行……是故今后之区，即成为纯粹协助县长，深入民间推行政令之机关……[22]

训令本意希望区能成为县府下令之后的具体行政行为的执行机关，然而区对其本身的设置及定位却不甚清晰。尤其是县府所在地的区之设置，究竟是由县府指挥还是脱离县政府控制单独设置区独立运行指挥呢？

据荣县档案中的会议记录，曾有人提出县府所在地的区应独立设置，[23]其理由主要有三方面，一是根据行营颁布的《分区设署办法大纲》的规定，县府所在地的区应附设于县府之内，区长及区内职员应由县府职员兼任。但这样一来，经费开支增加，且县府与区责权难分，各有专司却实难兼顾，即使勉强兼顾，却政绩极少，影响县及区的政绩。因此，县府应独立设置，既可节省经费，减轻民众负担，又能保证县与区的政绩。二是省府于 1936 年 1 月有一令（民字第 1444 号令）规定，县城附区辖境应与其他各区平均分划。附该区辖境不得小于各区，则经费之开支、人员之配置，自应与各区同等待遇，不能减小。三是县府附区系据专员兼县之例，但各省专员多未兼县，"兹四川专员无有不兼县之规定，无论四川专员不兼县之议能否成为事实即据各省专员不兼县之例，设置附区之制已可取消"。[24] 最终讨论

〔22〕 王春英：《民国时期的县级行政权力与地方社会控制——以 1928—1949 年川康地区县政整改为例》，四川大学 2004 年博士学位论文。

〔23〕 荣县档案，001 - 02 - 060。

〔24〕 荣县档案，001 - 02 - 060。

后的解决办法为,"县府所在地区应独立设置,经费由省府照章援支"。[25]县府所在地的区划实具特殊性,这在很多基层政权的机构设置中都有所体现。这也是为何县府所在的中城镇与周围的坿四乡之间的区划如此棘手。

区在创制之初,用意原在使其成为一实务机关,希望能深入民间,负责执行具体行政管理事务。新县制之后,区的地位发生了变化,如荣县第三区区长所说,

> 自新县制推行以来,区之地位,已由纵的阶层,变为横的组织,人事设置,除指导员外,仅一雇员,极为简单,且规定指导员应常川循回指导,督饬所属乡镇,推动政务,住区时日较少,盖非若往昔之,徒作公文承转机构已矣。[26]

区这一层级的实践与其制度设计的偏离,"一方面,因其人员配置与能力确实不足以适应区域范围过大的基层政权的动态运行工作;另一方面,又囿于我国传统的行政方式,只知办理公文行政而不习于实践管理活动。因此,川省原设区474处,自实施新县制后,遵照《县各级组织纲要》第四条予以调整,分别将不合设署条件之区予以裁撤,计已裁去区231处"。[27]嗣以各县所辖的区与《纲要》第24条及第4条第1项后段的规定不相符,行政院电令继续调整,其已存在各区则按照充实其组织,健全其人事,合理运用其督导权能,使其成为县政府之辅助机关而发挥其效能。

三、区划改革下的另一重困境

与新县制推行后的区划调整不同,县级以下的行政体制下沉到乡镇一级,乡镇亦为一级法人是县制改革的一大变化。为了施行过程中的简单易于操作,在实践中,大多县级以下的乡镇为联保直接改名而成。联保改为乡镇,这不仅仅是名称上的变化,还有对各县乡镇进行重新划分。自1940年5月着手至8月止,四川各县呈报全省划分为3514个乡镇。后经省府检查各县划分乡镇,多系迁就地方经费任意扩并,与法令不合。于1941年各县整编保甲户口时,依照查口立户,按户立甲,按甲编保,按保划分乡镇的原则,

---

〔25〕 荣县档案,001-02-060。

〔26〕 荣县档案,001-02-449。

〔27〕 高登海:《四川实施新县制之检讨》,载《服务(重庆)》1942年第1期。

重新调整，计川省共化4327乡镇。[28] 曾任荣县县长的刘觉民评论道，

改五级制为二级制，就是将原有的县区乡五级改为县乡二级，在新县制之下，区已非行政机构之一级，而保甲亦不过为构成乡镇之细胞分子。仅有乡镇一级，才算是县地方的基层组织。[29]

（一）联保变乡镇的尴尬

在新县制推行之前，联保是区以下的重要一级，因此有必要回溯一下联保的产生。联保产生之初，依照《剿匪区内各县编查保甲户口条例》的规定，联保是保与保之间横向的联系，原为保甲制度中之一种组织，因此谓之"联保"。但自《整理川黔两省保甲方案》后，从制度上又重新确定其为区与保之间纵向的阶层。行政层级增加，行政效率下降，官治风险所带来的问题也随之加大。联保的产生与最初设想和制度设计之间存在脱节，管辖区域的划分与配备再次显示出制度设计的欠合理性。随之而来的具体实践也出现不同的问题：

问题之一，联保所辖保数目与经费不配套的问题。按照联保划分要求，以川省之县为例，联保所辖保数有多至49保者（宜宾第二区），其与边远各县全县的保数差不多（理番全县共49保、懋功全县亦49保、汶川全县共42保……）；少者有一联保仅辖5保者（庆符第一区）。[30] 5保与49保，同样都为一个联保办公处管理，虽然联保办公处在编制上有不同等级。四等联保办公处与一等联保办公处相比较，人力与经费方面只差两名传达与办公费6元的区别而已（一等14元，四等8元）。

问题之二，联保办公处的事繁责重及办公方式问题。国家任何政令均会下达至联保办公处。为避免周折及增进效率起见，各上级机关直接行令至联保者日渐增多。在荣县档案中，可见四川省政府、第二行政区、荣县政府、各机法团体等与各区下辖联保有各种不同类型的公文往来多达233处。至于各联保办公方式，仍未脱离传统式公文政治的方式，其一切令文转呈均自上而经过联保后，又施令于各保长办公处。联保主任视保长，殆如部属，其收入的公文，十之七八又转之至保长处，即为了事，故各联保办公处，逐渐

[28] 参见高登海：《四川实施新县制之检讨》，载《服务（重庆）》1942年第1期。
[29] 刘觉民：《新县制与计划政治——现阶段四川县政之检讨》，载《服务（重庆）》1941年第3期。
[30] 参见《四川省政府民政厅联合在川各大学考察县政总报告》（1939年），第22页，藏于四川大学图书馆。

脱离制度之初设计,工作日益公文化,而演变为类似区的又一级公文承转机关而已,并未达到对基层社会有效治理之初衷。

冬裘夏葛,因时设治。新县制推行前,区与联保的地位已颇为尴尬。以基层政权的制度设计而言,本欲赋予区以协助县政府、实际执行具体行政管理之权责,却变为县与联保之间的公文转呈机关;而联保本欲从保与保之间的联合,设计为区与保之间的纵向行政管理层级,但实际工作却变为将公文从区下达至保办公处的一级转呈机关。新县制推行后,区经过调整重划,渐被虚置,而联保一级也被乡镇取代。新县制后的基层政权成为体现国家权力不断下沉的官治政权结构,虽然为了方便动员基层民众从事抗战之事,但其确已偏离孙中山建国之初所确定的"县以下为自治机关"之设想。

(二)人力与财力的困顿

《纲要》经国府明令公布,并限各省于3年内完成。新县制的实施,一为人力,一为财力。新县制推行后,县级以下的基层政权机构作了统一的制度性安排,基层行政权力机关的框架基本架设出来,但政权主体的具体实践过程是如何进行的?行政主体如何进行内部运转与外部运行?尤其在战时,人力资源相当紧张与拮据的时期,人事与经费的安排与规划更显重要,矛盾与问题也多由此生。

首先,"为政之要,首在择人"。人事管理,包括人事制度的建立,对人员的选定、待遇、考绩等方面进行制度性的设计和规定。这些人员的质量对于县制改革具有重要的关系。组织机构的调整,不过是一种制度的改进,改进后的制度能不能得到预期的效果,须视得人与否。制定优良的人事制度,使人当其事,才能发挥制度的最优化效果。在人事任用的制度与安排方面。无论是过去的县政府、区、联保,还是现在的乡镇,均无法回避内部人事任用的问题。人事制度的完善及有效实施被列为新县制三年计划之内。然而,实践中,虽有法令依据,但执行起来却相当困难。虽字面上对基层公务人员的考绩、奖惩等方式固可明白规定,但欲真正达到公正严明的结果,则至为不易。

以荣县下属各区长为例,"荣县每区任命区长一人,同县府科长待遇。按区务繁简,下设区员2~3人,同县府科员待遇。并设办事员,雇员2~4人,工役2~4人,待遇与县府同级员工相等。各区经费,纳入地方预算。1940年,将区裁撤,由县府另设行政指导员5人,承办县府交办的事务,并直接指导乡、镇公所一切工作"。[31] 新县制推行后,中央的本意是希望能依据"地方自治"的精神,由各地"就地取材",自行安排人员,但在基层实践过程中,却遭遇重重矛盾。

以1940年12月四川省政府在调整乡镇公所及中心学校、保国民学校人事与权责方面,总结出四处矛盾:一是依据地方自治的初步实施,所有乡镇长应就地取材,而此条与之前规定的乡镇长一律回避本县原籍的立法原意不符。二是提请废除副乡镇长及名誉副乡镇长,其与《纲要》第31条规定抵触。三是文化经济股请设专任干事一员,以增进行政效率,但同时注明该县乡镇事务过繁,经费足敷开支,才能可行(但事实上,经费是不敷开支的,虽请设专任,仍多为兼职)。四是关于中心学校保国民学校校长一律专任,使隶属于乡镇公所一节,如果该乡镇经济教育发达,自可遵照县各级组织纲要第34条第2款规定办理,但仍须兼任副乡镇长以符规定。[32]

从四处矛盾中可见,人事安排虽有《纲要》规定,但在荣县实践中仍免不了遭遇矛盾而难以推行,其根本原因在于:地方事务责重,人员不得不身兼数职,加之遭遇经费困顿的局面。这些具体困境均是制度无法解决的现实问题,国家制度层面的积极改革,自然难以"收获"基层的积极响应。

其次,在经费的困难与筹集方面。所谓"为政在人,无钱莫办",想要成效显著,自然在经费方面需大量增加投入。但是,在抗战及川省频繁遭遇的各种天灾面前,如何增加经费,何处筹集经费,实在是新县制改革成败的关键所在。

以荣县基层公务人员的薪金为例。荣县全县乡、镇公所,原是57所,自新县制推行后,与自贡市接壤的贡井、艾叶、敦睦三乡镇划归自贡市管辖后,即只有54个乡镇。每一乡镇,设乡镇长、副乡镇长各一人,队坿一人,民政、经济干事各一人。1941年,增设地籍,户籍干事合为一人;均系薪级制。每人月支薪金,最高未超过24元。全县548保,每保设保长、副保长、保队坿各一人。保设办公室,直辖甲长若干人。保长受乡、镇长监督指挥,承办征丁、派款等繁杂的基层工作,但每月仅支津贴2元,殊属菲薄,所以当时有讽刺的对联,上联:"管教养卫四个字",说明保长事务的繁杂;下联:"油盐柴

---

[31] 参见中国人民政治协商会议四川省荣县委员会文史资料委员会编:《荣县文史资料选辑》(第4辑)1997年版,第113页。

[32] 根据荣县档案,001-02-449整理归纳以上四点。

米两块钱”,形容生活待遇的菲薄。当时保长贪赃枉法者多,薪不足以养廉,应是重要原因之一。[33]

因地方财力不足,按照双八折支给后,加之法币不断贬值,物价上涨加速,适逢荣县遭遇难得的旱灾,公务人员的收入更是寅吃卯粮。经费不敷使另筹经费成为常态。因此,乡、镇、保经费,除纳入县地方预算外,还需自筹经费,用于乡、镇、队坿充实地方防卫力量及其他开支。“在荣县档案中仍能看到虽然县财政经费项下设置有防务的相应预算,但实际巡夜人员经费不敷,大体仍靠自备或向地方绅商筹募。”[34]筹集办法,县府虽有明文规定,而各乡镇仍各行其是。“对所筹经费的收、支各款,县府要求必须编表报核,基层公务人员却未遵照办理,其中舞弊多端,可想而知。全县的自筹经费,究是多少,始终无法掌握统计。”[35]各机关法团保甲等通过不同方式,不同理由提出要求增加经费或以其他挪借等方式上呈区、县政府或省政府、省动员委员会等要求挪借补足不敷经费。

荣县各部门对于经费不敷向上请求拨付,虽所请理由各异,经档案整理后大致归纳如下:一是法币不断贬值,物价上涨加速,公务人员寅吃卯粮,入不敷出,请求将兼职未兼薪的那部分节余用以酌量挪借补贴津贴;二是适逢荣县遭遇难得的旱灾,灾难之下国力更显捉襟见肘,预算项下的开支自然不够支付,请求增支;三是因公务事的增加(简单地说,就是帮国家办事,如禁烟等事)所耗资,之前县地方向来有补助之例,今改由国库开支却未见补贴,请求在县预备金项下分别给予补助;四是虽然给予的薪给较高,但总是拖欠未发,希望设法加重津贴,避免饿腹,而利公务。[36] 当然,亦有将本地薪给与本省其他地方比较,认为薪给较低,请求将荣县县府及区所有员役比照省府加薪规定予以加薪的请求。总体而言,薪给的微薄、物价的高涨、国库补贴拖欠、入不敷出的现状均从侧面反映县级以下基层公务财政经费的紧张。

---

〔33〕 参见中国人民政治协商会议四川省荣县委员会文史资料委员会编:《荣县文史资料选辑》(第4辑),1997年版,第113页。

〔34〕 里赞、樊英杰:《地方防务体系下的制度变迁思考——以民国四川荣县冬防制度与实践为例》,载《四川大学学报》(哲学社会科学版)2017年第2期。

〔35〕 中国人民政治协商会议四川省荣县委员会文史资料委员会编:《荣县文史资料选辑》(第4辑),1997年版,第113页。

〔36〕 荣县档案,001-09-088。

四、县制改革研究的地方法制史意义

政治制度是一个非常广泛的学术范畴，涵盖了政治行为、制度、机制、准则的相互作用、相互依存的所有类型和形态。制度的直接发展是通过政治体制的演变被具体化，而政治体制反映的是现实的政治进程和"政治制度实际运行中最本质的特点"。[37] "政治制度被视为政治体制的组成部分，是作为已被检验和确立的准则和规则而固定下来的。"[38] 制度史的研究有时候可能出现连锁反应，即一个制度的变动引发另一个制度的变革，并最终导致整个制度的系列性变革。从清末新政始，废除科举、地方自治、官制改革、县制改革、立宪运动乃至共和兴、帝制亡，构成了一种相互关联的、连锁性变革。国家体制、地方制度、社会利益和关系结构获得了重新建构。

时人曾评论，"中国的政治不能上轨道，主要原因是基层的组织不健全"。[39] 如何调整四川省地方行政机构的问题，是推行新县制的一个基点。"新县制，不仅配合抗战建国，而且是实现三民主义政治的一个最有力最有效的工具。"[40]

新县制所推动的县制改革，对县以下的两级发生了重大变化。从荣县的实践可知，第一，在整个县组织改革中，变革最大的当属区这一级。新县制前，区是县与联保中的一级，其性质与乡镇无异。新县制推行后，区成为县政府为督导乡镇所划定的范围，区不过是县政府的辅助机关，并且可以不设署，由县府派员指导区内的行政与自治，区愈发转变为公文层转的一级虚置层级。第二，联保消失，乡镇组织得到充实，地位提高，从制度上赋予乡镇法人地位，具有独立人格。过去的乡镇（联保）只是县或区的附属品，没有独立的人格。新县制推行后，乡镇的区域扩大了，乡镇长的地位提高了，组织也充实了。区划风波中乡镇对抗区划调整成功即可证明。加之抗战时期地方基层事务繁重，新县制推行下，人事与财政也面临困境，基层社会在面对困境时，还需自行完成经费筹措。

荣县作为新县制推行的模范县，四川省政府曾邀请美国电影公司前来

---

〔37〕［俄］K. A. 科卡廖夫：《论中国政治改革的演变》。转引自吕增奎主编：《民主的长征：海外学者论中国政治发展》，中央编译出版社 2011 年版，第 35 页。

〔38〕［俄］K. A. 科卡廖夫：《论中国政治改革的演变》。转引自吕增奎主编：《民主的长征：海外学者论中国政治发展》，中央编译出版社 2011 年版，第 37 页。

〔39〕王康：《常识：关于新县制的点滴》，载《基层建设》1942 年第 1 期。

〔40〕《编者编余》，载《新四川月刊》1939 年第 8 期。

拍摄新县制改革,为此还制定《关于实施新县制摄影计划的大纲》。[41] 但是,新县制推行后不到十年,国民政府政权即面临在大陆的溃败,县制改革的初设效果并未得到显现。荣县所展现出来的基层图景远未实现之前所设想的"国进民退"场景。从荣县档案中所反映的现实与想象之间的差距,究其原因在于自上而下的体制框架与制度设计,不能代替自下而上的基层实践与民众反馈。这一视角与结论的差异,有助于启发我们进一步思考地方法制史研究的意义。

对中国法制史的既往研究中,多着眼于中央法制史,而易于忽略地方法制史。中国法制史,似乎已经被"中央法制史"所替代。[42] 地方法制史是中国法制史的重要组成部分,也是国家法律与制度在全国推行过程中,地方贯彻执行落实,甚至变通中央法制的地方实践过程。"地方法制本是中央法制的地方化和具体化,它是对中央法制的最好补充和说明,其作用亦十分重要。"[43] 地方法制包括对中央法令及制度的有力解读、集中执行及有效变通。地方法制史的发展不仅能拓宽和丰富中国法制史的内涵,且从地方法制执行及建设过程中的实践又能为中央法制的进一步完善和推广提供地方经验与有效参考。"当前研究中国地方法制史很有意义,是值得进一步开拓的领域,可以作为中国法制史乃至中国法文化研究中一个突破方向,其天地很宽。"[44]

"无论是在古代,还是在近现代,地方作为国家的一级授权组织都有自己的地方立法权,都通过自己制定的地方法来管理本地的事务。可以这样说,地方法制史与一个地方的发展史紧密联系在一起,有地方的发展史也就有地方法制的发展史。"[45] 中国的地方法制建设同样历史悠久、成果不少,其中有些内容还可以为今天的法治建设所借鉴。在借鉴中,不断吸取地方以往的法制文明成果,古为今用,完善当今的地方法治。在今天的地方法治建设中,地方法制史有益经验的借鉴不容忽视,有其存在的价值。

---

〔41〕 荣县档案,001-03-104。

〔42〕 王立民教授在其文章《要重视地方法制史的研究》(载《政治与法律》1998年第4期)中写道:"提起中国法制发展的历史,人们不会不想起中国的中央法制史,它通常被称为'中国法制史'。然而,很少有人会想到地方法制史。"

〔43〕 王立民:《要重视地方法制史的研究》,载《政治与法律》1998年第4期。

〔44〕 王立民:《中国地方法制史研究的前世与今生》,载《中外法学》2013年第5期。

〔45〕 王立民:《要重视地方法制史的研究》,载《政治与法律》1998年第4期。

新时代的中国正在建设中国特色社会主义法治体系，既没有现存模式可以照搬，也没有现有制度可以照抄。地方法制史研究有效结合地方习惯与本土资源，有力回击了制度与法律移植过程中，西方制度与西方法律的徒具其型，及对本土化资源的忽视与不适。地方法制史是从地方的历史实践出发，以本土的历史材料与地方实践有效回应中国法律史不是“西方法在中国的历史”。[46] 大一统的中国历史，一直以单一制国家面相展现出来。集权的中央、统一的官僚体制结构、统一的法律与制度，甚至统一的主流文化，事实上并不能完全代表中国法制史的发展历程。地方法制史是对中国法制史本身所具有的多层次、多向度及模糊性特点的微观研究，有效弥补了既往研究中所存在的宏大叙事主题的研究线索，有效增补了对细节的描述和对具体问题的观察。

地方法制史的研究之所以可行和颇有意义，还在于民众的力量。传统中国的历史书写大多是成王败寇的英雄史观，很少会关注到普通人的历史。地方档案、日记、地方志、报纸、民事习惯、当事人口述等大量基层史料的发掘，为历史还原普通人的生活提供了佐证，也为地方法制史的研究提供了材料。当然，大部分历史都是符号的呈现，是历史学家按照他的逻辑，筛选，构造，编写出来的时间之间的因果，这和直接历史发生的一刹那鲜活的客观性不可能对等的，必然是有距离的。

地方法制史研究通过对地方史料的进一步挖掘和整理，印证了这样的现实：“国家”并不是简化了的“中央”，“地方”也是推动历史与制度向前发展的重要因素。中国作为一个大国，各地之间的文化、风俗、习惯，甚至制度的落实均体现出差异性。所谓的“变通性执行”实质就是对地方在针对与当地民众密切联系的习惯方面所采取的务实之态度。地方法制史研究的扩展和深入有助于进一步还原基层社会的真实面相与历史的复杂多样。

黄仁宇先生认为：将历史的基点推后三五百年才能摄入大历史的轮廓。对过去的有意识，让我们对未来的各种可能性产生觉知。个人生命太短，以短衡长，不足为大历史。微观史研究过程中，叙事不妨细致，但结论却要看远不顾近。因此，地方法制史在深入微观研究的同时，还需要适时结合宏观，避免研究碎片化的产生。“研究上要有从地方层面上升到国家层面的能

---

〔46〕 刘昕杰：《“中国法的历史”还是“西方法在中国的历史”——中国法律史研究的再思考》，载《社会科学研究》2009 年第 4 期。

力。做地方法制史研究,挖掘地方法制的独特性只是目的之一,还需要通过地方法制的研究填补国家法制史的一些空白,使中国的法律制度史内容上更加完整。如何做到这一点,关键就是要把地方法制史的独特性与国家法制的整体性的关系梳理清楚,否则既难以发现自己研究对象的独特性,还可能导致研究的碎片化。"〔47〕其犹如拼图,既需要组成拼图的每一小块,又需要通过不懈努力与各小块的整合,最终形成一幅完整的图像。这也许是适合地方法制史研究的意义与对中国法制史研究贡献的某种形象表述。

〔47〕 侯欣一:《地方法制史研究的立场与方法论》,载《北方法学》2018年第5期。

从个案授权到制度体系
——全国人大常委会立法授权改革试验的嬗变

刘锐一*

摘　要：在执政党"重大改革于法有据"原则的推动下，立法授权改革试验这一立法模式首先在行政审批改革试点中有所尝试，并迅速扩展至司法改革等领域。以《立法法》第13条为核心，立法授权改革试验形成了由法律、行政法规、地方性法规暂时调整或暂时停止实施为内容的多层级授权规范体系。随着立法授权改革试验的实践范围不断扩大，以国家监察体制改革授权为标志的新的授权实践给现行授权规范带来了新的挑战，立法授权改革试验的制度和规范设计亟须调整和完善。立法授权改革试验是以法治思维和法治方式推进改革、落实重大改革于法有据的重要手段和全面深化改革和全面依法治国新时期的重大立法创新，应不断挖掘其制度潜力，充分发挥其在改革法治化中的关键作用。

关键词：立法授权改革试验；全国人大常委会；暂时调整法律实施；暂时停止法律实施

孟子云："观水有术，必观其澜。"[1]观察一项制度的发展演变亦是如此，须从其大的转折处进行把握。全国人大常委会通过立法性决定的方式授权改革先行先试的实践迄今为止已六年有余，经历了行政审批改革、自贸试验区、土地管理改革、刑事案件速裁试点等17项重大改革事项和25个授权决定，授权范围从行政管理领域逐渐延伸至司法改革、国家机构改革等领域，授权法律层级从法律向下延伸至行政法规和地方法规，向上触及宪制改

---

* 刘锐一，四川大学灾后重建与管理学院2016级博士研究生。

〔1〕《孟子正义·卷二十七》，焦循撰，沈文倬点校，中华书局1987年版，第913页。

革。[2]与此同时,以2015年《立法法》增加第13条为起点,我国逐渐建立起了涵盖法律、行政法规、地方法规以及军事法规的暂时调整或暂时停止实施的规范体系。从宏观上看,全国人大常委会立法授权改革试验经历了从随机的个案授权到系统的制度设计的渐进式发展过程,正是在这个过程当中,全国人大常委会立法授权改革试验从一项并不引人注意的偶然实践,发展为我国的一项不可或缺的立法授权制度。

关于全国人大常委会立法授权改革试验的研究,学者多从授权个案、[3]授权合法性、[4]授权性质、[5]授权要素、[6]授权原则[7]等方面进行论述,对于全国人大常委会立法授权改革试验产生的时代背景及其自身发展演变的过程,则未有触及。但对一项立法制度而言,将其置于宏观历史背景

---

〔2〕 国家监察体制改革触及宪法上的"人大+一府两院"之结构,属于"宪制改革试验"。参见沈岿:《论宪制改革试验的授权主体——以监察体制改革试点为分析样本》,载《当代法学》2017年第4期。

〔3〕 学者对于个案的研究主要集中于(中国)上海自由贸易授权和国家监察体制改革授权。关于自贸区授权个案研究参见丁伟:《中国(上海)自由贸易试验区法制保障的探索与实践》,载《法学》2013年第11期;傅蔚冈、蒋红珍:《上海自贸区设立与变法模式思考——以"暂停法律实施"的授权合法性为焦点》,载《东方法学》2014年第1期;徐亚文、刘洪彬:《中国(上海)自由贸易试验区与立法和行政法治——以全国人大常委会"调整法律实施"为切入点》,载《江西社会科学》2014年第1期;刘松山:《论自贸区不具有独立的法治意义及几个相关问题》,载《政治与法律》2014年第2期;范进学:《授权与解释:中国(上海)自由贸易试验区变法模式之分析》,载《东方法学》2014年第2期;蔡金荣:《授权国务院暂时调整法律实施的法理问题——以设立中国(上海)自由贸易试验区为例》,载《法学》2014年第12期;杨登峰:《区域改革的法治之路——析上海自贸区先行先试的法治路径》,载《法治研究》2014年第12期;刘沛佩:《对自贸区法治创新的立法反思——以在自贸区内"暂时调整法律规定"为视角》,载《浙江工商大学学报》2015年第3期;关于国家监察体制改革授权个案研究参见童之伟:《将监察体制改革全程纳入法治轨道之方略》,载《法学》2016年第12期;秦前红:《全国人大常委会授权与全国人大授权之关系探讨》,载《中国法律评论》2017年第2期;焦洪昌、古龙元:《从全国人大常委会授权看监察体制改革》,载《行政法学研究》2017年第4期;沈岿:《论宪制改革试验的授权主体——以监察体制改革试点为分析样本》,载《当代法学》2017年第4期。

〔4〕 参见刘志刚:《暂时停止法律实施决定的正当性分析》,载《苏州大学学报》(法学版)2015年第4期。

〔5〕 参见钱宁峰:《立法后中止实施:授权立法模式的新常态》,载《政治与法律》2015年第7期;黄锐:《论权力机关授权新类型:授权修法——以中国(上海)自由贸易试验区的设立展开》,载《河北法学》2016年10月;彭浩:《授权地方改革试点决定的性质与功能探析》,载《法制与社会发展》2018年第1期。

〔6〕 参见郑磊、王逸然:《全国人大常委会"试点授权"要素论——基于〈立法法〉第13条的规范性思考》,载《浙江社会科学》2017年8月。

〔7〕 参见王建学:《授权地方改革试点决定应遵循比例原则》,载《法学》2017年第5期。

下进行考察,并深入分析其自身发展演变的过程,对于我们认识和理解其在我国改革法治化进程历史地位和其独特的立法价值,具有不可替代的价值。因此,本文将从历史分析的视角,对全国人大常委会立法授权改革试验的产生和发展演变的过程进行梳理,通过把握其历史发展的重要转折处,呈现其发展的脉络,并进一步揭示其深层次的历史价值和立法价值。

一、立法授权改革试验产生的背景

(一)我国改革法治化的进程及重大改革于法有据的提出

我国改革的法治化基于两个因素的推动:一是中国整体法治建设进程的驱动;二是改革法治化本身的内在需求。

就中国的法治建设进程而言,以十一届三中全会为起点,在中国法治建设的40年历程中,中国特色社会主义法治经历了法制创建新时期(1978~1997年)、依法治国新阶段(1997~2012年)、全面依法治国新时代(2012年~　)三大历史阶段。[8] 在中国法治建设历史进程中,依法治国方略的确立和发展尤为重要。1997年,江泽民同志在中共十五大上首次提出依法治国,并将其视作党领导人民治理国家的基本方略。1999年宪法修正案以国家根本法的形式确认“建设社会主义法治国家”的目标。2002年,中共十六大进一步把依法治国上升到政治文明的高度。2007年,中共十七大提出“全面落实依法治国基本方略,加快社会主义法治建设国家”。2012年,中共十八大进一步将依法治国上升至“全面推进依法治国”的新阶段。全面推进依法治国的提出,标志着我国进入了社会主义法治建设的新阶段。[9] 2017年党的十九大进一步把全面依法治国上升为新时代坚持和发展中国特色社会主义的基本方略。从国家治理局部性方略到坚持和发展中国特色社会主义的全局性方略,凸显了法治在“五位一体”总体布局和“四个全面”战略布局中的地位,提升了法治在推进国家治理现代化和建设社会主义现代化强国中的基础性、支撑性、引领性作用。[10] 除我国法治建设的内生性动力之外,中国越

---

〔8〕 参见张文显:《中国法治40年:历程、轨迹和经验》,载《吉林大学社会科学学报》2018年第5期。

〔9〕 参见张文显:《中国法治40年:历程、轨迹和经验》,载《吉林大学社会科学学报》2018年第5期。

〔10〕 参见张文显:《中国法治40年:历程、轨迹和经验》,载《吉林大学社会科学学报》2018年第5期。

来越深入地融入国际政治经济和外交体系,参与国际经济分工和全球治理,也客观上推动了国内法治建设的发展。例如,随着中国进一步融入世界经济体系,世界贸易组织的规定限制了经济特区自行制定试行法规的做法。[11]

在国家整体法治水平不断提高的同时,改革的法治化也在不断向前推进。作为一对"天然具有内在冲突",同时又"相辅相成、互为条件"的矛盾共同体,改革与法治经历了立法推动改革,立法服从和适应改革需要以及改革、发展、稳定协同推进三个不同时期。[12] 在改革开放早期,我国改革的法治化水平并不高,大部分改革都是在政策的主导下进行的。许多改革政策,如1987年以前深圳市的土地拍卖等,甚至是在违反当时宪法和法律规定的情况下推行的。这种所谓"违法式"改革一方面顺应了社会经济发展的需求,具有正当性,同时也因其非法性引起广泛的争议。就改革本身而言,其走向法治化,既有外在的环境因素,也有其内在的驱动力。外在环境因素包括前文所提及的国家法治整体水平的不断进步,对改革本身的法治化水平提出了新的要求;内在的因素则在于,实现改革的法治化,是规范改革行为,实现改革的有序稳定,保障和巩固改革成果的必然要求。党的十八大以来,以法治思维和法治方式推动改革,发挥法治对于改革的引领和推动作用,确保重大改革于法有据,成为改革的共识。以法治方式推进改革,不仅可以化解改革风险,也有利于巩固和发展改革成果。[13]

在重大改革于法有据原则的指导下,立法机关结合具体改革需求,强化法律的立改废释,实现改革决策相衔接。与此同时,针对改革的措施与现行法律产生冲突,但立法条件不成熟,不宜直接进行法律的立改废释的情况,全国人大常委会创造性地发展出一种新的立法方式——立法授权改革试验,较好地解决了法律的稳定性、改革试错、实施成本以及失误和纠偏成本等问题,较其他立法方式更具有可行性,[14] 因而成为我国解决改革或试点措施与现行法律规定冲突问题的主要手段。

---

〔11〕 参见吴小云:《创新:经济特区立法的灵魂》,载《海南人大》2004年第1期。

〔12〕 参见刘松山:《当代中国处理立法与改革关系的策略》,载《法学》2014年第1期。

〔13〕 参见张文显:《中国法治40年:历程、轨迹和经验》,载《吉林大学社会科学学报》2018年第5期。

〔14〕 参见秦前红:《中国政治体制改革"试点"模式需解决好四大问题》,载《中国法律评论》2017年第4期。

（二）改革范式与立法模式的互动

改革范式的变革以及由此促成的立法模式的改变是催生立法授权改革试验实践的另一个重要因素。时代背景的变化和改革范式的转型要求作为上层建筑的法律制度与之相适应。[15] 改革与法治的相互形塑，是改革开放四十年来我国立法与改革互动的典型特征。在我国四十年改革开放过程中，我国的改革先后经历了“摸着石头过河”式的探索型改革与以“顶层设计”为特征的目标型改革两种不同的类型。所谓探索型改革，是指改革缺乏既定的方案或法律依据，而往往只能在实践中摸索，探索可行的改革方案。所谓目标型改革，则是指改革领导者通过统筹策划，以战略思维和宏观设计对改革进行指引。与上述两种改革模式相应的则是不同的立法模式。与探索式改革相应的是回应式立法，即先通过改革取得相应的成果，再以法律的形式对改革成果进行事后确认。这种立法范式的优势在于其实践性。当代中国的改革作为一项“全新的事业，马克思没有讲过，我们的前人没有做过”的情况下，先做起来，再不断总结完善，既是没有办法的办法，也是在当时的情况下最好的办法。但这种方式的缺陷也是显而易见的。首先，“先改革，后立法”的回应式立法使法律变革的节奏慢于社会变革，造成违法式改革经常发生。其次，法律随着改革频繁变更，影响法律自身的稳定性和权威性。最后，由于立法基于多重因素的考虑，回应式立法往往导致立法权的分散和地方保护主义等问题。

与目标型改革相对应的是建构式立法。建构式立法强调法律的前瞻性，通过将全局性的改革方案法律化、制度化，对改革行为进行引导，使改革朝着预期的方向发展。[16] 显然，我国当前正处在探索型改革向目标式改革、回应式立法向建构式立法的转变过程之中。这一转变过程体现为“边改革，边立法”。即一方面重视改革的实践性，在改革中鼓励大胆尝试，强调突破条条框框的“先行先试”；另一方面，既强调法律对于改革的确认和回应作用，同时也注重顶层设计，越来越多地将改革纳入法治的轨道之中。随着社会主义建设进入全面深化改革和全面依法治国新时代，法治被置于优先地位，党和政府强调以“法治思维和法治方式”推进改革、“重大改革于法有据”，我国的改革也越来越多地采用以顶层设计为内核的目标型改革模式，

---

〔15〕 参见刘怡达：《改革范式的演进与立法模式》，载《学习时报》2014 年 8 月 11 日，第 5 版。

〔16〕 参见刘怡达：《改革范式的演进与立法模式》，载《学习时报》2014 年 8 月 11 日，第 5 版。

在立法上也相应地更多使用建构式的立法模式,以实现“改革决策和立法决策的统一”。

二、立法授权改革试验的产生和演变

(一)被忽视的起点——关于广东省行政审批先行先试的授权

全国人大常委会通过立法授权改革的始于广东省行政审批改革。2012年广东省全面启动加快转变政府职能深化行政审批制度改革,并分别于同年7月和9月公布了第一、二批调整审批事项目录,对383项审批事项作出调整,其中100项为行政法规、国务院及部门文件所规定的行政审批,25项为法律所规定的行政审批。2012年8月,应广东省政府提请,国务院批准广东省在“十二五”期间推行行政审批制度方面先行先试改革,暂时停止实施或调整100项由行政法规、国务院及部门文件所规定的行政审批。针对法律所规定的25项行政审批,则提请全国人大常委会依照法定程序授权暂时停止或暂时调整实施。[17]

在审议的过程中,全国人大常委会法律委员会对《草案》进行了修改,增加了3年内试行的规定,并且对草案部分内容进进了调整。[18] 2012年12月28日,全国人大常委会作出《关于授权国务院在广东省暂时调整部分法律规定的

[17] 2012年8月22日,国务院第214次常务会议决定批准广东省在“十二五”期间在行政审批制度改革方面先行先试,对法律规定的行政审批项目依照法定程序办理。根据国务院常务会议精神,监察部、法制办与全国人大常委会法工委反复研究、沟通,认定广东省要求改革试点的行政审批中共有25项是由法律规定的,这项改革也符合行政许可法确立的原则,建议由国务院提请全国人大常委会作出决定,授权国务院同意广东省人民政府在本行政区域内暂时停止实施和调整这些行政审批,并起草了《关于授权国务院在广东省暂时调整部分法律规定的行政审批的决定(草案)》。参见马馼:《对〈关于授权国务院在广东省暂时调整部分法律规定的行政审批的决定(草案)〉的说明》(2012年12月24日在第十一届全国人民代表大会常务委员会第三十次会议上),载全国人大网:http://www.npc.gov.cn/wxzl/gongbao/2013-04/16/content_1811033.htm,2020年1月4日最后访问。

[18] 全国人大常委会对授权草案的调整包括:一是明确授权的时间与要求,增加了“上述行政审批的调整,在三年内试行,对实践证明可行的,应当修改完善有关法律;对实践证明不宜调整的,恢复施行有关法律规定”。二是对草案名称进行了调整,将目录一和目录二进行合并,并对目录的栏目名称及内容作相应调整。参见《全国人民代表大会法律委员会关于〈国务院关于提请审议《关于授权国务院在广东省暂时调整部分法律规定的行政审批的决定(草案)》的议案〉审议结果的报告——2012年12月28日在第十一届全国人民代表大会常务委员会第三十次会议上》,载全国人大网:http://www.npc.gov.cn/wxzl/gongbao/2013-04/16/content_1811065.htm,2020年1月4日最后访问。

行政审批的决定》,授权国务院暂时停止实施法律规定的20项行政审批,调整实施法律规定的5项行政审批。[19] 这是全国人大常委会首次以立法决定的形式授权暂时调整或停止实施法律。在这项授权决定中,通过立法授权的方式在改革试点中暂时调整或暂时停止法律适用的方式已初具雏形,并且成为其后关于上海自贸区等授权的蓝本。但在当时,这一与以往的立法实践迥异的立法授权方式并未引起学界的注意[20],甚至也未被作为立法成果纳入2013年的全国人大常委会工作报告中。[21]

(二)第一次引起广泛关注的授权——关于上海自贸区的授权

全国人大常委会授权暂时调整和停止适用法律的实践第一次引起学界的广泛关注是授权国务院在中国(上海)自由贸易试验区暂时调整有关法律规定的行政审批的决定。

自由贸易区(Free Trade Zone),是由单个主权国家或具备单独关税区国际法地位的地区,在本关境内自行划定特定区域(依照国际惯例对于该区域一般需通过围网隔离进行特殊管理),对境外入区的各类货物在关税上进行免税或保税的区域。[22] 在我国,自贸区被视作新的改革开放的窗口,意在通过制度创新接轨国际社会、走向世界经济。由于着重推行制度创新,通常具有制度试验的意涵,因此也被称为自由贸易试验区,即国家经过特定审批程序就自由贸易及相关领域的法律、政策完善进行创新试验,以求获取能够推广到国家对外开展广义自由贸易区建设经验的特定区域。[23] 设立自由贸易试验区的目的在于实现区域经济一体化,接轨国际经济、贸易规则以及促进"一带一路建设"。自党的十七大把建设自由贸易区上升为国家战略以来,党和国家推进自

---

〔19〕 全国人民代表大会常务委员会《关于授权国务院在广东省暂时调整部分法律规定的行政审批的决定》,载全国人大网:http://www.npc.gov.cn/huiyi/cwh/1130/2012-12/29/content_1749753.htm,2020年1月4日最后访问。

〔20〕 全国人大常委会关于广东省行政审批改革的授权决定并未引起学界的注意,学界关于立法授权改革试验的讨论始于上海自贸区的暂时调整法律实施的决定。

〔21〕 2014年的全国人大常委会工作报告中第一次出现"通过相关决定"这样的表述。

〔22〕 参见李猛:《中国自贸区法律制度建立与完善研究》,人民出版社2017年版。

〔23〕 参见蒲杰:《中国自由贸易试验区法律保障制度研究》,电子科技大学出版社2017年版,第3页。

由贸易试验区的建设的力度不断加大,[24] 自由贸易试验区成为我国全面深化改革与扩大对外开放的重要组成部分。

制度创新与立法密不可分。按照党中央、国务院的要求,自贸区担负着深化以负面清单为核心的投资管理制度、以贸易便利化为重点的贸易监管制度、以资本项目可兑换和金融服务业开放为目标的金融创新制度、以政府职能转变为核心的事中事后监管制度等任务。[25] 针对上海自贸区建设问题,2013年9月18日,国务院下达了关于印发中国(上海)自由贸易试验区总体方案的通知。要求经过两至三年试验,建成具有国际水准的投资贸易便利、货币兑换自由、监管高效便捷、法制环境规范的自由贸易试验区,为我国扩大开放和深化改革探索新思路和新途径,更好地为全国服务。[26]

为推动上海自贸区各项措施的顺利开展,针对在上海自贸区内所实施的取消部分外商投资企业设立及变更等12项目开放措施与现行法律规定不一致的情况,国务院法制办起草了《关于授权国务院在中国(上海)自由贸易试验区等国务院决定的试验区内暂时停止实施有关法律规定的决定(草案)》(以下简称草案),[27] 关于2013年8月30日经第十二届全国人大

---

[24] 中国共产党的十七大把自由贸易区建设上升为国家战略,中国共产党的十八大提出要加快实施自由贸易区战略。中国共产党的十八届三中全会提出要以周边为基础加快实施自由贸易区战略,形成面向全球的高标准自由贸易区网络。赋予自由贸易试验区更大改革自主权,探索建设自由贸易港。参见胡锦涛在中国共产党第十七次全国代表大会上的报告,载人民网:http://cpc.people.com.cn/GB/104019/104099/6429414.html,2019年12月21日最后访问。《胡锦涛在中国共产党第十八次全国代表大会上的报告》,载人民网:http://cpc.people.com.cn/n/2012/1118/c64094-19612151.html,2019年12月21日最后访问。中共中央《关于全面深化改革若干重大问题的决定》,载人民网:http://www.npc.gov.cn/npc/xinzhuanti/xxgcsbjszqhjs/2013-11/27/content_1814720.htm,2019年12月21日最后访问。《习近平在中国共产党第十九次全国代表大会上的报告》,载人民网:http://cpc.people.com.cn/n1/2017/1028/c64094-29613660.html,2019年12月21日最后访问。

[25] 国务院《关于印发进一步深化中国(上海)自由贸易试验区改革开放方案的通知》,载上海政府网:http://www.shanghai.gov.cn/nw2/nw2314/nw39309/nw39342/nw39345/nw39364/u26aw45697.html,2019年12月20日最后访问。

[26] 国务院《关于印发中国(上海)自由贸易试验区总体方案的通知》(国发〔2013〕38号),载中华人民共和国中央人民政府网:http://www.gov.cn/zwgk/2013-09/27/content_2496147.htm,2019年12月22日最后访问。

[27] 《关于〈关于授权国务院在中国(上海)自由贸易试验区等国务院决定的试验区内暂时停止实施有关法律规定的决定(草案)〉的说明》(2013年8月26日在第十二届全国人民代表大会常务委员会第四次会议上),载全国人大网:http://www.npc.gov.cn/wxzl/gongbao/2013-11/25/content_1823284.htm,2020年1月4日最后访问。

常委会第四次会议审议通过。根据全国人大常委会关于授权国务院在上海自贸区暂时调整有关法律问题的决定,全国人大常委会授权暂时调整实施《外资企业法》等四部法律所规定的有 12 项行政审批,授权期限为 3 年。

全国人大常委会针对上海自贸区的改革先行先试的授权引发了学界广泛的讨论。研究者对关于上海自贸区暂时调整部分法律规定的行政审批的决定的讨论所关注的焦点集中在国家层面的法律授权的问题、授权暂停法律实施的性质及授权的宪法和法律依据问题等方面。就国家层面的法律授权而言,研究者普遍认为存在以下三个方面的难点:其一,全国人大常委会的“立法授权”并非通常意义上的授权制定、修改或废除法律的权力,而是授权在局部地区暂时停止或调整适用国家现行有效的法律的权力。其二,自贸区探索建立以负面清单为核心的新管理体制,需要取消相关部门的行政审批,而这些审批权已经相关法律固化。其三,2000 年《立法法》并没有就暂时调整或暂时停止法律实施作出规定,法律暂时调整实施或暂时停止实施既无先例,也缺乏相应的法律依据。[28] 这要求国家层面的立法授权需要处理好几个关系:一是法律的阶段性与改革开放前瞻性的关系。要求作为上层建筑的法律不断适应改革发展的新形势,解决新问题,引领新发展。二是法律的稳定性与改革开放的可变性的关系。在维护法律稳定性、权威性的前提下,通过立法授权的方式进行改革先行先试,既对改革起到了引领和推动作用,也将风险控制在可控的范围之内。三是法律的普适用性与改革开放需求特殊性的关系。在保持法律效力普遍适用的前提下,通过授权的方法为改革先行先试提供法律依据,使局部地区开展改革试验及制度创新成为可能。

就授权国务院在自贸区暂停法律实施的性质而言,研究者存在较大分歧。有研究者认为授权自贸区暂停法律实施属于授权立法的范畴,[29]有研究者认为授权暂停法律实施属于法律修改的范畴,[30]亦有研究者认为授权

---

〔28〕 参见丁伟:《中国(上海)自由贸易试验区法制保障的探索与实践》,载《法学》2013 年第 11 期。

〔29〕 参见丁伟:《中国(上海)自由贸易试验区法制保障的探索与实践》,载《法学》2013 年第 11 期;钱宁峰:《立法后中止实施:授权立法模式的新常态》,载《政治与法律》2015 年第 7 期。

〔30〕 参见刘松山:《论自贸区不具有独立的法治意义及几个相关法律问题》,载《政治与法律》2014 年第 2 期;蔡金荣:《授权国务院暂时调整法律实施的法理问题——以设立中国(上海)自由贸易试验区为例》,载《法学》2014 年第 2 期;范进学:《授权与解释:中国(上海)自由贸易试验区变法模式之分析》,载《东方法学》2014 年第 2 期。

暂停法律实施属于新的立法类型。[31]学界关于授权暂停法律实施性质的讨论对于认识自贸区立法授权这一新的立法现象具有一定积极的意义,有助于提高人们对于这一立法现象的关注和思考,但由于这一立法实践方兴未艾,可资分析的事实证据并不多,因此,很难说学界这样的定性分析真正把握住了自贸区授权在立法上的本质特征。

全国人大常委会授权暂时调整实施的宪法和法律依据问题是学界争议最大的问题。争论的核心是全国人大常委会是否拥有授权暂时调整现行法律实施的权力。围绕这一问题形成了两种针锋相对的观点。一种观点认为全国人大常委会自身没有相应的授权权限,现行《宪法》《全国人民代表大会组织法》《立法法》(2000年版,笔者注)均没有规定全国人大常委会具有授权国务院暂停法律实施的相关权限。[32] 另一种观点则认为全国人大常委会拥有授权暂停法律实施的权力。部分学者通过将授权暂停法律实施解释为法律修改的方式证成其观点,认为全国人大常委会有权对法律进行修改,意味着其可以全国范围内暂停实施相关法律条款,既然其有全国范围内停止实施法律规范的权力,自然便也可以在局部范围内停止实施。[33] 还有学者则认为尽管全国人大常委会的授权决定缺少明确的法律规范依据,但可以通过对《宪法》第67条全国人大常委会概括条款,即“全国人大授予的其他职权”,或者通过对《宪法》第89条,即“全国人大及其常委会授予的其他职权”进行解释证明全国人大常委会当然拥有授权暂停法律实施的权力。[34] 与之相应地,学者围绕全国人大常委会授权的法律依据也展开了争论。如前所述,有学者认为我国现行现行《宪法》《全国人民代表大会组织法》《立法法》(2000年版,笔者注)均没有规定全国人大常委会具有授权国务院暂停法律实施的相关权限,因此,全国人大常委会的授权并无法律依据。[35] 并且,全国人大常委会的授权暂停法律实施也不符合授权立法关于

〔31〕 参见刘志刚:《暂时停止法律实施决定的正当性分析》,载《苏州大学学报》(法学版)2015年第4期。

〔32〕 参见傅蔚冈、蒋红珍:《上海自贸区设立与变法模式思考——以“暂停法律实施”的授权合法性为焦点》,载《东方法学》2014年第1期。

〔33〕 参见刘松山:《当代中国处理立法与改革关系的策略》,载《法学》2014年第1期。

〔34〕 参见刘志刚:《暂时停止法律实施决定的正当性分析》,载《苏州大学学报》(法学版)2015年第4期。

〔35〕 参见傅蔚冈、蒋红珍:《上海自贸区设立与变法模式思考——以“暂停法律实施”的授权合法性为焦点》,载《东方法学》2014年第1期。

“立法保留”的规定。因为由于授权暂时停止法律实施的前提是法律已经存在，而授权立法有前提是“尚未制定法律”，并且一般保留事项的授权立法其立法的位阶应为行政法规，而国务院讨论通过的上海自贸区《总体方案》并不构成行政法规。[36] 也有学者认为《宪法》第67条，概括条款可视作全国人大常委会授权暂停法律实施的法律依据。[37] 关于自贸区授权的授权权限和法律依据问题的确是立法授权改革试验的核心问题之一。因为立法授权改革试验源自运用“法治思维和法治方法”推进改革的理念和“重大改革于法有据”的基本原则，其合法性问题的处置是否妥当，将关系着“重大改革于法有据”是否得到彻底的贯彻落实，对于立法授权改革试验的法治意义具有重大影响。

全国人大常委会授权国务院在上海自贸区暂时调整部分法律实施的决定，尽管并非此类立法实践的首例，却是首次引起广泛关注的实践案例。它为此后的一系列改革先行先试的立法授权树立了范例。此后全国人大常委会关于广东、天津、福建自贸区及上海自贸区扩展区的授权，关于土地改革的授权等，均参照了上海自贸区的授权模式。同时，围绕上海自贸区授权的一系列讨论也为立法授权改革试验的制度化提供了契机。2015年修改的《立法法》增加第13条，正是在关于上海自贸区授权合法性问题讨论的基础上促成的。

（三）授权领域、授权方式的扩展及授权思路的演变

1. 授权领域的扩展和授权类型的变化

尽管立法授权改革试验起始于行政管理领域，并且2015年修订后的《立法法》第13条将其限定于“行政管理等领域”，[38] 但立法授权改革试验的实践远远不限于行政管理领域。在司法领域，早在《立法法》修改之前，全国人大常委会已经授权最高人民法院、最高人民检察院在司法改革领域进

---

〔36〕 参见傅蔚冈、蒋红珍：《上海自贸区设立与变法模式思考——以“暂停法律实施”的授权合法性为焦点》，载《东方法学》2014年第1期。

〔37〕 参见刘志刚：《暂时停止法律实施决定的正当性分析》，载《苏州大学学报》（法学版）2015年第4期。

〔38〕 关于该规定中的“行政管理等领域”中的“等”应理解为“等内”还是“等外”，在学界存在争议，笔者认为，授权的范围应作等外理解，但应当受到宪法有关全国人大及其常委会立法权限及不得授权事项的限制。

行制度试点,一些研究者将之称作通过司法解释的试验性立法。[39]《立法法》修改之后,全国人大常委会的授权范围进一步扩展至行政管理改革及司法改革试验之外的军事制度改革乃至宪制改革试验领域(见表1)。而其适用范围也由单纯的试点事项扩展到试点事项与改革事项。

表1　授权事项内容及其授权事项类型、性质

授权事项	授权类型	授权事项的性质
广东省行政审批先行先试改革	授权暂时调整或暂时停止法律实施	行政管理
上海自贸区行政审批事项	授权暂时调整或暂时停止法律实施	行政管理
广东、天津、上海自贸区扩展区等区域行政审批事项	授权暂时调整或暂时停止法律实施	行政管理
药品上市许可持有人制度试点	授权制度试点	行政管理
股票注册制度试点	授权制度试点	行政管理
农村土地征收/集体经营性建设用地入市/宅基地管理制度试点	授权暂时调整或暂时停止法律实施	行政管理
集体所有的宅基地使用权抵押试点	授权暂时调整或暂时停止法律实施	行政管理
公务员职务与职级并行制度试点	授权暂时调整或暂时停止法律实施	行政管理
生育保险基金管理制度合并试点	授权暂时调整或暂时停止法律实施	行政管理
武警部队改革	授权暂时调整或暂时停止法律实施	行政管理
军官制度改革	授权暂时调整或暂时停止法律实施	行政管理
刑事案件速裁程序试点	授权制度试点	司法改革
人民陪审员制度试点	授权制度试点	司法改革

[39] See Yanying Bi, "Experimentalist approach of Chinese Legislation Model: From Passive Response to Institutional Design", *The Theory and Practice of Legislation* 3, 2015, p. 146; Madeleine Martinek, "Experimental Legislation in China between Efficiency and Legality: The Delegated Legislative Power of the Shenzhen Special Economic Zone", *Springer*, 2018, p. 105.

续表

授权事项	授权类型	授权事项的性质
公益诉讼制度试点	授权制度试点、授权暂时调整或暂时停止法律实施	司法改革
刑事案件认罪认罚从宽制度试点	授权制度试点	司法改革
国家监察体制改革	授权制度试点、授权暂时调整或暂时停止法律实施	宪制改革

与授权领域的扩展相对应，立法授权改革试验的授权类型也在发生变化。早在《立法法》修改之前的2014年，全国人大常委会已授权最高人民法院、最高人民检察院开展刑事案件速裁程序试点。这是不同于全国人大常委会“暂时调整法律规定”的决定的一种新的授权类型。前者旨在变更现行法律规定的实施，是法律效力的变更，而后者则是试验我国现行刑事诉讼法中并未规定的一种刑事诉讼简易程序，属于立法创制试验。在全国人大常委会的全部25项授权决定中，有7项目为“授权制度试点的决定”，即授权立法创制试验的决定。除作为立法创制试验的授权制度试点，在全国人大常委会的授权决定中还包括了针对授权期限变更的授权延期决定和针对宪制变革的宪制改革授权决定，即全国人大常委会关于国家监察体制改革试点的决定。

从全国人大常委会授权改革试验的领域和类型的变化上，我们可以看出这是在快速成长和变化中的一种新的立法尝试。这一尝试过程也并不是一帆风顺的。在全国人大常委会通过立法的方式确认了授权暂时调整或暂时停止法律实施的立法实践之后，全国人大常委会的授权决定中又迅速出现了新的类型。而在全国人大常委会的授权实践和《立法法》亦呈现一些不一致的状态。例如，发生在《立法法》修改之前的司法改革授权试验并未体现在立法当中，而涉及宪制改革的国家监察体制改革试点授权，则显然远远超越了《立法法》第13条的设计框架之外。这似乎造成了一个相当矛盾的情况。一方面，以法治思维和法治方式推进改革成为改革的共识，“重大改革于法有据”成为党和国家处理改革与法治关系的基本原则；另一方面，尽管以立法机关授权的方式为改革先行先试提供法律依据较之“先改革，后立法”的方法有所进步，但不断突破既有法律框架的做法值得商榷。

2. 授权思路的演变

立法授权改革试验在我国是一个新生事物，即使作为授权主体的全国人大常委会对其认识在实践过程中也发生了重大变化,而全国人大常委会这种认识的变化也促成了其授权思路的转变。

通过考察全国人大常委会立法工作计划和工作报告,我们可以看出全国人大常委会对于立法授权改革试验认识的变化(见表2)。

表2　全国人大常委会立法工作计划和工作报告中有关立法授权改革试验的表述

年份	全国人大常委会立法工作计划	全国人大常委会工作报告
2014	无	通过相关决定
2015	实践条件尚不成熟、需要先行先试的,依法定程序作出授权	依法对有关法律问题作出决定
2016	改革试点授权决定	授权决定
2017	改革试点授权决定	授权决定
2018	授权决定和改革决定	授权决定和改革决定

通过上表可以看出,全国人大常委会立法工作计划和工作报告中有关授权决定的表述最早出现于2014年全国人大常委会的工作报告中。由于全国人大常委会的工作报告通常都在3月"两会"期间作出,其内容往往是对上一年立法工作的总结。因此,2014年全国人大常委会的工作报告中有关立法授权的内容,是对2013年相关授权的总结。

2013年全国人大常委会共作出一项授权决定,即关于授权国务院在上海自贸区暂时调整法律规定的行政审批的决定,这也是全国人大常委会通过授权的方式进行改革先行先试所作的第二个授权。而全国人大常委会2014年的工作报告中将其表述为"通过相关决定"。这是一个十分模糊的表述方式,用于指代一项具体授权决定,其含义未免过于宽泛。

进入2015年,全国人大常委会立法工作计划和工作报告中有关授权的表述则变得具体化。2015年全国人大常委会立法工作计划中使用的是一种描述性的表述:"实践条件还不成熟、需要先行先试的,要按照法定程序作出授权。"这是十八届四中全会报告的原文,全国人大常委会将其原封不动地放在2015年的立法工作计划中,体现的是"不折不扣"地落实的态度。有关授权内容的另一个变化,是相关内容单独成段,以一个自然段的内容专门陈述与授权决定相关的立法计划工作,显示出全国人大常委会对授权工作更加重视。作为结果,2015年全国人大常委会共作出7项授权决定,为历年来全国人大常委会在一个年度内作出决定最多的一次。

2015 年、2016 年和 2017 年三年是全国人大常委会授权的高峰期,共作出 17 项授权,占全部 25 项授权决定的 68%。全国人大常委会对作为立法工作内容的授权决定更加重视,表现在全国人大常委会立法工作计划中有关授权决定的表述单独设节,成为与制定法律和修改法律等全国人大常规工作并列的内容。而这一时期全国人大常委会立法工作计划和工作报告中有关授权的表述则更加概念化。例如,2016 年和 2017 年全国人大常委会立法工作计划中将其表述为"改革试点授权决定",工作报告中则使用"授权决定"进行概括。2018 年的立法工作计划和工作报告中的相关内容则用"授权决定和改革决定"进行统一表述。

与描述性的表述方式相比,概念化的概括方式更具有清晰的指向性。全国人大常委会立法工作计划和工作报告中对有关授权的表述方式,以及表述的内容由不统一到统一,显示出全国人大常委会对授权本身有一个从模糊到清晰的认识过程。

但授权决定和改革决定的表述是否已经足够清晰且精准?笔者对此持保留态度。首先,授权决定和改革决定本身仍然是模糊的,尽管能够从逻辑上将相关授权决定涵摄其中,但失之于宽泛。其次,有关改革的决定中包含了授权的成分。如有关国家机构改革职权调整的决定,实际上包含了对于上级机构的临时性授权,泛泛地将之称作改革决定,容易使人误以为只是就有关法律问题做出决定,而并不包含授权的成分。最后,倘若将全国人大常委会的相关表述和《立法法》第 13 条所规定的授权方式进行对比,不难发现有诸多矛盾和冲突的地方。倘若《立法法》第 13 条是作为全国人大常委会进行立法性授权的法律依据而存在,其规范内涵过于狭窄,很难将所有授权都统摄在其意涵之内,这就导致一些改革或试点项目仍然面临缺乏法律依据的问题。

综上所述,作为立法试验授权主体的全国人大常委会自身对于立法授权改革试验的认识也有一个由模糊到清晰的过程。尽管当前全国人大常委会对于立法授权改革试验的概括仍然存在一些问题,但已经越来越清晰地指向了不同的授权类型。

随着对于立法授权改革试验认识的不断深入,全国人大常委会的授权思路亦不断发生变化。一是立法授权改革试验作为一种尝试性的办法逐渐被接受并越来越多地适用于改革及试点中的立法性授权。二是授权的范围不断扩展,在越来越多的领域进行尝试并取得了积极的效果。这一点在前文已经进行分析,此不赘述。三是授权及其立法配套的制度化程度不断提高。以《立法法》第13条为核心,已经形成了法律、行政法规、地方性法规暂时调整或暂时停止实施的多层级的立法授权改革试验法律规范体系。

(四)授权的制度化

授权的制度化过程是立法授权改革试验制度演变的重要内容。经过共5次授权实践,以及将近两年的讨论,全国人大常委会在总结实践经验的基础上,结合党的十八届四中全会所提出的"重大改革于法有据"的基本原则,起草了《中华人民共和国立法法修正案(草案)》。[40] 2015年3月15日,第十二届全国人大第三次会议表决通过的《立法法》修正案,[41]这是我国立法授权制度化的开端。

在《立法法》的带动下,截至2019年年底,共有35部地方性法规、地方立法条例、自由贸易试验区条例等地方性法规中规定了暂时调整或暂时停止实施的内容。[42] 2017年5月8日修改后的《军事立法工作条例》第9条规定:"中央军委可以根据需要,决定就某一特定事项授权在一定范围、一定期限内,暂时调整或者暂时停止适用军事法规的部分规定。"2017年12月22日,国务院发布《国务院关于修改〈行政法规制定程序条例〉的决定》(以下简称《修改决定》)对《行政法规制定程序》进行修改。根据该规定,国务院有权就行政管理等领域的特定事项在部分地区暂时调整或暂时停止适用行政法规的部分规定。至此,在相应立法实践的基础上,我国逐渐发展出一个以《立法法》第13条为核心的,以《行政法规制定程序条例》第35条、《军事立法工作条例》第9条和部分地方法规中有关暂时调整或暂时停止地方

[40] 《草案》第4条、第5条规定:"全国人大及其常委会可以根据改革发展的需要,决定就行政管理等领域的特定事项授权在部分地方暂停适用法律的部分规定。同时,针对现行授权立法规定比较原则化,以往有些授权范围过于笼统、缺乏时限要求等问题,修正案草案增加规定,授权决定不仅应当明确授权的目的、范围,还要明确授权的事项、期限和被授权机关实施授权决定应当遵循的原则等;被授权机关应当在授权期限届满的六个月以前,向授权机关报告授权决定实施的情况。"参见李建国:《关于〈中华人民共和国立法法修正案〉的说明》,载《人民日报》2015年3月9日,第4版。

[41] 《立法法修正案》第13条规定:"全国人民代表大会及其常务委员会可以根据改革发展的需要,决定就行政管理等领域的特定事项授权在一定期限内在部分地方暂时调整或者暂时停止适用法律的部分规定。"

[42] 其中包括12部省级地方性法规、22部设区的市地方性法规、1部经济特区法规。统计来源:北大法宝。

法规实施条款为支撑，并以全国人大常委会、国务院有关决定有关暂停法律实施的规则为补充的、多层级的暂停法律实施规范体系，我国的授权暂停法律实施的制度化、规范化程度不断提高。

（五）授权领域和授权层级的进一步扩展——宪制改革授权

前文已经述及立法授权改革试验从行政领域向司法改革领域的扩展，以及由试点向党中央着力推动的重大改革事项的扩展，倘若以狭义上的法律的变更实施或创制性试验为纬度，我们可以将其理解为一种横向的扩展，即授权范围在法律层面上向不同领域扩展。在前文笔者亦有述及授权在纵向上的扩展，即由法律层面向行政法规、地方法规层面扩展。这是向下的扩展。在2016年年底，全国人大常委会的立法授权改革试验出现了向上的扩展，即由法律层面的授权向上扩展至宪法层面的改革授权。

2016年12月25日，全国人大常委会通过了《关于在北京市、山西省、浙江省开展国家监察体制改革试点工作的决定》。授权决定规定了监察机构的设立及权限，同时决定了在试点地区暂时调整或暂时停止适用相关法律规定。从内容来看，这是一个复合型的决定，既包括了制度试点的授权，也包括了暂时调整或暂时停止法律实施的授权，但从其所涉及的法律变革来看，它不仅涉及法律层面的变更实施和制度试验，同时也触及了宪法所规定的人民代表大会制度的框架，改变了我国宪法所规定的"一府两院"结构，将其变为"一府两院一委的结构"，因此，被研究者称作"宪制改革试验"。〔43〕

所谓宪制改革试验，是指改革探索已经触及国家宪制结构的调整。〔44〕亦有研究者将之称作"授权宪法改革试点"，因为它已然突破宪法所设定的秩序框架，涉及宪法制度的调整或创设。〔45〕宪制改革试验授权的出现，是立法授权改革试验的范围不断扩大和授权层级不断提高的结果，其背后的隐含因素恰是改革的不断深化，已经触及更深层次的政治结构和社会利益，因此，监察体制改革作为一个宪制改革授权的先例，在改革法治化过程中，具有探索意义。但其对于我国宪制结构乃至全面依法治国根本原则的冲击

〔43〕沈岿：《论宪制改革试验的授权主体——以监察体制改革试点为分析样本》，载《当代法学》2017年第4期。

〔44〕沈岿：《论宪制改革试验的授权主体——以监察体制改革试点为分析样本》，载《当代法学》2017年第4期。

〔45〕参见谭清值：《寻找看不见的权力——全国人大概括职权条款研究》，浙江大学宪法学与行政法学专业2018年博士学位论文，第122页。

也不容忽视。“重大改革于法有据”是改革开放进入全面深化改革和全面依治国新阶段的重大共识,这一共识通过中共高层的宣告,结束了一个改革试验无法律规范可循的时代。若将监察体制改革之前的授权视作惯例,并进一步将之升级至宪制改革试验层面,既不符合现行宪法关于全国人大及其常委会的立法权限规定,也有悖于重大改革于法有据的基本原则。[46]

(六)立法授权改革试验的配套实践

与法律层面的授权相关的是立法授权改革试验的配套机制。在人大立法授权改革试验的实践不断拓展,授权制度逐渐建立的同时,与之相配套的行政法规及地方法规的立法制度和实践也得到了相应的发展。在行政法规层面,国务院出台了一系列关于暂时调整或暂时停止部分行政法规实施的决定。同时,《行政法规制定条例》的修改确立了国务院暂时调整或暂时停止实施行政法规的权力。在地方法规层面,作为改革试点的实施主体和立法授权改革试验的具体执行实体,不少地方陆续出台了暂时调整或暂时停止地方法规实施的立法条例,赋予地方人大及其常委会暂时调整或暂时停止实施地方法规的权力。

1. 国务院(授权)暂时调整或暂时停止行政法规实施

2017年12月22日,国务院发布《国务院关于修改〈行政法规制定程序条例〉的决定》(以下简称《修改决定》)对《行政法规制定程序》进行修改。[47] 根据该规定,国务院有权就行政管理等领域的特定事项在部分地区暂时调整或暂时停止适用行政法规的部分规定。从表述上来看,该条款在适用条件、适用领域、限定条件,甚至在措辞上均与《立法法》第13条十分相像。《立法法》第13条、修改后的《行政法规制定条例》第35条和地方立法条例中的似乎已经构成一个完整的暂时调整或暂时停止法律实施体系。从法律、行政法规、地方性法规的层级和关系看,行政法规、地方性法规的暂时调整或暂时停止实施是法律暂时调整或暂时停止决定实施的配套体系,因

---

〔46〕 例如,沈岿认为,若简单地认可全国人大常委会在监察体制改革试点决定之前的授权改革惯例,进而衍生出可以将其适用于宪制改革试验,将会是架空全国人大在重大改革于法有据上发挥作用的危险信号。参见沈岿:《论宪制改革试验的授权主体——以监察体制改革试点为分析样本》,载《当代法学》2017年第4期。

〔47〕 国务院《关于修改〈行政法规制定程度条例〉的决定》第18条规定:“增加一条,作为第三十五条:‘国务院可以根据全面深化改革、经济社会发展需要,就行政管理等领域的特定事项,决定在一定期限内在部分地方暂时调整或者暂时停止适用行政法规的部分规定。’”

为法律的决定必须依赖于行政法规和地方法规的落实。但似乎国务院对于行政法规、地方立法机关对于地方性法规暂时调整或暂时停止实施的自主决定权并不限于此。例如,全国人大常委会授权国务院暂时调整或暂时停止实施的法律规定的行政审批只有25项,但同时国务院废止或下放的由行政法规所规定的行政审批则多达100项,而2012年7月至9月广东省分两批公布的行政审批改革事项则达383项。[48] 这意味着多达258项行政审批是由广东省自行通过调整本地法规进行调整的。

事实上,早在国务院修改《行政法规制定条例》条例之前,国务院已经作出了20项目有关暂时调整或暂时停止实施有关行政法规规定的决定。[49] 因此,可以将国务院此次修改《行政法规制定条例》视作对既往决定的一次确认,同时也标志着行政法规体系上也有了暂时调整或暂时停止实施制度。

2. 地方人大授权暂时调整或暂时停止实施地方法规

地方人大通过立法决定方式授权改革先行先试远早于立法授权改革试验。早在2005年兴起的综合配套改革浪潮中,"先行先试"即成为其核心关键词。[50] 围绕"先行先试"所进行的立法性授权决定亦旨在为地方先行先试改革提供合法性的支持。例如,2007年4月26日,上海市人大常委会作出《关于促进和保障浦东新区综合配套改革试点工作的决定》,明确指出上海市人民政府和浦东新区人民政府在坚持国家法制统一原则和本市地方性法规基本原则前提下,可以就浦东新区综合配套改革制定相关文件在浦东新区先行先试。但上海市人大常委会所颁布的这一决定,是综合配套改革试验区所在的省或直辖市中唯一的一例,说明这一时期通过地方立法授权的方式进行改革先行先试法治化的尝试并不顺利。

地方人大授权暂时调整或暂时停止实施地方法规的实践最早始于上海市人大常委会于2013年9月26日颁布的《关于在中国(上海)自由贸易试验区暂时调整实施本市有关地方性法规规定的决定》。该决定规定的内容主要包括:第一,停止实施与全国人大常委会决定涉及有关法律相关的地方法规的内容;第二,调整实施地方法规中与上海自由贸易区总体方案不一致

〔48〕 参见周志坤:《国务院批准我省调整100项行政审批事项》,载《南方日报》2012年11月5日,第A1版。

〔49〕 资料来源:威科法律数据库。这些决定有18个针对自由贸易区的开放问题,但亦有2个决定涉及北京市服务业扩大开放综合试点。

〔50〕 参见王诚:《改革中的先行先试权研究》,法律出版社2009年版,第11页。

的规定。此后,但凡全国人大常委会决定相关法律涉及地方法规需要调整的,相关地方人大常委会均作出了相应暂时调整或暂时停止地方法规实施的决定。之所以会出现这样的情况,与我国法律的实施方式有关。我国的法律,尤其是涉及行政管理类的法律法规,需要借助地方法规、规章和实施细则进行落实。当法律、行政法规作出调整时,地方法规也有必要作相应的调整,两者属于联动关系。因此,笔者并不认同有的研究者否认地方人大授权暂时调整工暂时停止地方法规实施的看法,[51]认为地方人大授权暂时调整或暂时停止地方法规实施不仅是必要的,而且是可行的,它是全国人大及其常委会授权暂时调整或暂时停止法律实施及国务院暂时调整或暂时停止实施行政法规的必要配套机制。

需要注意的是,无论是国务院暂时调整或暂时停止行政法规实施的制度和实践,还是地方人大授权暂时调整或暂时停止实施地方法规,其功能并不限于作为立法授权改革试验的配套机制存在。由于相关改革或试点并非依据全国人大常委会的授权决定而展开,后者的作用在于解决试点或改革先行先试过程中的法律冲突问题,国务院暂时调整或暂时停止行政法规或地方暂时调整或暂时停止地方法规倘若作为授权决定的配套实施存在,那么它便是配套意义上的立法授权改革试验制度。同时,国务院和地方作为改革试点的主导和实施主体,在全国人大常委会的授权框架之外,改革先行先试也存在调整行政法规和地方法规的需求,这部分决定则是由国务院或地方依据自身的立法权限作出。在这个意义上,国务院暂时调整或暂时停止行政法规或地方暂时调整或暂时停止地方法并不是作为配套机制的意义存在。由于本文所讨论全国人大及其常委会的立法授权改革试验及其配套问题,在此对于第二种意义的行政法规和地方法规的授权试验问题不作展开。

三、立法授权改革试验在改革法治化中的历史定位

立法授权改革试验是党和国家在全面深化改革和全面依法治国新时代,在改革和法治实践中创造性地发展出的一种协调改革和立法关系的问题的新立法工具。明确立法授权改革试验的这一历史定位,有助于我们理解立法授权改革试验在当下独特的法治和实践意义。就立法授权改革试验

---

[51]　参见庞凌:《地方人大无权暂时停止、悬置地方性法规的适用》,载《法学》2017年第6期。

的历史定位而言,笔者认为可以归纳为以下三个方面:

第一,立法授权改革试验是我国改革法治化发展到历史新阶段的产物。在改革开放的不同阶段,在如何协调改革和法治关系的问题上,我国经历了不同的立法思路。在改革开放早期,改革与法治均处于“摸着石头过河”的草创阶段,许多改革措施远不成熟,过早推动立法往往适得其反。因此,这一时期主要采取先以政策指导改革试验,待时机成熟时再将改革成果以法律的形式固定下来。随着改革开放的不断深入和人民群众法治意识的不断增强,我国改革的法治化逐渐进入立法与改革协调推进的阶段。这一阶段的显著特征是根据改革实践将改革成果进行区分,即对于经过实践检验,比较成熟的,可以规定得相对具体一些;而对于实践条件尚未成熟,但又需要法律予以规范的,则规定得相对原则一些,这样既可以为实践提供法律支持和保障,也为后续的深化改革留下空间。[52] 党的十八届四中全会提出全面深化改革和全面依法治国,强调以法治思维和法治方式推进改革,这是对改革与法治关系更加深入、系统和全面的思考与探索。在此基础上,形成了“发挥立法的引领和推动作用”“实现立法决策与改革决策相统一”“重大改革于法有据”的新的处理改革与法治新思路。遵循这一思路,我国的立法工作通过打包修改法律、立法授权改革试验等多种方式促进我国社会主义法律体系的完善。因此,在这个意义上,立法授权改革试验是我国改革法治化发展到历史新阶段的产物。

第二,立法授权改革试验是以法治思维和法治方式推进改革、落实重大改革于法有据的重要手段。运用法治思维和法治方式推进改革、落实重大改革于法有据,是新时期协调改革与法治关系的核心原则。改革和法治如鸟之两翼、车之双轮。一方面,法治对于凝聚改革共识、引领改革方向、框定改革方式、规范改革程序、确保改革成果具有不可替代的作用;另一方面,实现立法和改革决策相衔接,重大改革于法有据、立法主动适应改革和经济社会发展需要,有利于实现改革与法治实现良性互动。将改革进行到底,必须更多运用法治思维和法治方式。所谓法治思维,是以法律的精神为导向,运用法律原则、法律规则思考和处理问题的观念和意识。法治方式则是运用法治思维从事法律活动及其他社会活动的途径和方法。人类政治文明表明,法律调整具有权威性、普遍性、平等性、公正性、稳定性、可预期性等优

---

〔52〕 参见胡健:《改革开放四十年立法工作的七个转变》,载《中国法律评论》2018 年第 5 期。

势,世界上大多数国家都将法律作为社会资源配置的中心环节和主要调整手段。因此,运用法治思维和法治方式深化改革,是新时代治国理政的基本要求。重大改革于法有据是法治思维和法治方式在改革开放新时期的具体体现,是“改革模式的一次重构”和“立法与改革关系的一次深刻变革”。[53]

立法授权改革试验是以法治思维和法治方式推进改革,实现重大改革于法有据的核心手段之一。立法授权改革试验所针对的是实践条件不成熟的情况下,改革先行先试的法律依据问题。党的十八届四中全会提出,要实现立法和改革决策相衔接,做到重大改革于法有据、立法主动适应改革和经济社会发展需要;实践证明行之有效的,要及时上升为法律;实践条件还不成熟、需要先行先试的,要按照法定程序作出授权;对不适应改革要求的法律法规,要及时修改和废止。从这一要求可以看出,法律的立、改、废、释、授是落实重大改革于法有据的主要措施。在这些立法措施中,作为“授”的内容的立法授权改革试验则发挥着独特的作用,是在实践条件不成熟的情况下改革先行先试的问题。一方面,立法机关的授权为改革先行先试提供了法律依据,使其在法律框架下运行;另一方面,一些现行法律规定,抑或应当立法而尚未立法的改革措施或制度,有待于通过实践进行检验,根据实践条件是否成熟,确定新法的制定、现行法律的修改及废除。因此,立法授权改革试点是实践条件不成熟的情况下,法律立、改、废的必要前提。在当前改革进入深水区,社会矛盾和利益错综复杂的情况下,既要防止改革裹步不前,又要保持改革的谨慎性,防止出现颠覆性错误,通过授权试验的方式进行改革和法律调整,是实现全面深化改革和全面依法治国的一种积极而稳妥的方式。基于当前改革不断深化的趋势,以及中国特色社会主义法律体系形成之后,立法的重心从制定新法向调整完善转移的现实,我们有理由相信,立法授权改革试验作为应对改革变动不居的复杂情况下法律立、改、废的前提,将会发挥越来越重要的作用。

第三,立法授权改革试验是全面深化改革和全面依法治国新时期的重大立法创新,有利于实现立法决策和改革决策相结合,为特定地方、领域先行先试提供法律依据和支撑,保障了改革或试点在法治框架内依法有序进行。与传统的立、改、废、释的立法手段相比,立法授权改革试验的特点有二:一是通过立法授权的方式实现改革于法有据。在立法层面上,全国人大

---

〔53〕 胡健:《改革开放四十年立法工作的七个转变》,载《中国法律评论》2018年第5期。

常委会的授权为改革提供了法律依据，使改革在法治的框架内运行，改变了以往以政策推动改革的方式，是我国改革法治化程度增强的表现。二是通过立法试验的方式解决了实践条件不成熟的情况下法律变革的难题。在实践条件不成熟的情况下，不经检验骤然改变现行法律制度或实行新的制度，既不符合科学立法的原则，也不符合我国改革和立法发展的实际。笔者在前文的论述中已经提及，通过对不同的改革方案进行试验，并在实践基础上选择成熟的方案进行推广，是我国改革的基本经验。立法授权改革试验则是将这个经验与法治思维的法治方式相结合，以法治方式推动改革试验，以法治方式保障改革试验，同时也是以法治的方式实现改革试验结果的推广。

四、结语

总结本文的讨论，我们可以看到，改革开放四十年来，我国从改革先行、立法跟进，到改革和立法并重，再到如今的“重大改革于法有据”，经历了改革法治化程度不断提升的过程。立法授权改革试验则正是全面深化改革与全面依法治国新阶段我国在自理改革与法治关系长期实践的结晶，也是改革与法治关系在新时期发展的必然结果。尽管只有短短六年时间，立法授权改革试验却经历了一个快速发展的过程，在改革创新和立法领域均展现出了旺盛的生命力。立法授权改革试验授权类型的丰富，授权领域及授权层级的扩展、授权制度化程度的不断提高，使这一制度迅速走向成熟，并成为我国立法制度的重要组成部分，在全面深化改革与全面依法治国新时期，发挥了不可替代的作用。尽管在实践过程中，立法授权改革试验也暴露出不少问题，在技术操作层面，仍有大量需要完善的细节，但其作为一项新的制度和实践，在调和改革和法治冲突的过程中发挥着不可替代的作用。

算法责任:规制误区与架构重建

黄　琪*

摘　要:算法日益深入人类生活并在社会话语体系中塑造了强大的算法权力。面对算法决策产生的伤害,现有的应对机制逐渐力不从心。为弥补不足,理论界提出一系列举措建议,包括要求算法的透明化或可解释性、成立算法监管机构等。然而,这些建议均存在不同程度的局限性,并不能成为一般标准。对算法之规制,不应简单地从欧盟的《通用数据保护条例》中移植相关的权利类型,而应着重从算法使用之行为及结果进行评价考量,以规范算法行为,实现算法可责性。

关键词:算法伤害;算法规制;可责性;通用数据保护条例

在当前算法广泛应用的大背景下,越来越多的人呼吁对算法进行监管,追究算法伤害责任。对算法进行严格的监管源于公众对技术的施向存有根深蒂固的怀疑,组织机构有强烈的动机以技术手段伤害个体,而现有法律不足以有效监督技术之使用。对算法可能侵犯隐私、加剧偏见(包括助长歧视和不平等)等忧虑,引发了对算法可责性的争论。然而,在当前所提倡的关于规制算法的措施中,有些会直接禁锢技术创新。例如,禁止使用不能解释其决策的算法,而另外一些在未能充分防止用户受到伤害的同时也抑制了创新,如强制企业披露算法的源代码,这并不能有效保护用户,反而对知识产权造成破坏,致使技术进步"裹足不前"。因此,如何有效规制算法伤害、实现算法的可责性为本文讨论之所在。

一、算法责任:一个正在形成的新类型侵权责任

随着智能技术的发展,算法可以执行越来越复杂的任务,且效率远高于

---

* 黄琪,安徽省明光市人民法院法官助理,法学硕士。

人类。算法决策正广泛而深入的应用于商业领域与公共治理领域,在当今的决策体系中,算法决策逐渐占据重要地位,大至关系我们切身利益如贷款、就业、司法裁判等的决策,小至新闻推送、商品推荐等日常选择,算法决策已渗入到社会生活的方方面面,并刺激人类使自己的生活服从算法的要求以避免不利决策,成为我们"失不得、离不开、逃不掉"的一部分,由此衍生出强大的"算法权力"。

然而,算法的使用亦导致一系列损害,包括侵害信息隐私、加剧现有的偏见(或歧视)与不平等、施加不适当的操控(侵犯自主性)等。由算法损害产生的算法责任在现代侵权法体系中处于一个尴尬境地——算法损害日益频繁和明显,而相应的法律机制与权益救济仍迟迟难以就位,此种困境与算法的"复杂性"及"扩展性"密切相关:(1)算法决策的"复杂性"。对算法决策最常见的批评为,它是一个涉及巨量数据和代码、极其复杂且持续更迭的决策模型"黑箱"。[1] 算法系统可以通过深度学习自我升级更新,在算法逐渐脱离"工具属性"的情况下,即便开发人员或操作人员在全面、精准解释算法如何决策的问题上也存在极大的挑战性。因此,算法被贴上了无法穿透且无视审查的"黑箱"标签。另外,算法的"复杂性"可以使公共部门或商业机构隐藏在算法背后以算法决策为幌子,故意歧视、操控或以其他方式做出不合法或不道德的行为。根据2017年的一项调查显示,Facebook的广告算法可以让广告商根据用户喜欢的主题自动生成针对反犹太用户的广告类别,从而锁定反犹太用户,然而,Facebook却试图通过算法来推卸责任,而不是承认缺乏平台监管。[2] (2)算法损害的"扩展性"。相较于人类决策,算法决策速度更快、能力更强、效率更高,也更容易大范围地扩展其损害结果。由于公私决策机构越来越依赖于刑事司法、消费、金融等高影响力领域的算法,一个有缺陷的算法很可能会以更高、更快的效率造成损害,且无法进行准确测量计算。以金融贷款为例,银行员工在评估贷款申请时尽管可能会出错,但以人工形式每天只能处理少量贷款申请,如果一个高效但有缺陷的算法每天对整个银行系统大量贷款申请进行错误评估,显然会造成更大范

---

[1] 参见张淑玲:《破解黑箱:智媒时代的算法权力规制与透明实现机制》,载《中国出版》2018年第7期。

[2] Julia Angwin, Madeleine Varner and Ariana Tobin, "Facebook Enabled Advertisers to Reach 'Jew Haters'", ProPublica, https://www.propublica.org/article/facebook-enabled-advertisers-to-reach-jew-haters, July 12, 2019.

围的损害。

起源于农业以及前工业社会的人类“现代”法律体系,能否应对算法时代的变局,是否可以继续维持秩序、守护创新?[3]我国现行侵权法体系中存在的产品责任、机动车交通事故责任、医疗损害责任、环境污染责任、高度危险责任、饲养动物损害责任、物件损害责任等侵权责任类型仍刻有显著的农业及前工业时代“烙印”。同这些存在具体行为与客体表象的侵权类型相比,在数字时代,线上的算法侵权虽然以虚拟的电子代码形式作出,但会对线下的个体乃至群体的人格或财产权益造成极大的影响,因此,需要对相关行为人课以责任,即算法责任。算法责任的主要机制在于让部署、使用算法的当事人对自己的行为承担法律责任,确保算法损害能够得到评估、控制和纠正。我国当前并无直接针对算法责任的法律规定,在算法早期发展阶段(算法尚未脱离“工具性”),对其所造成的不利法律后果,一般通过事后内容审查,根据损害结果进行责任分配,因而算法的设计者或操作者(网络平台)成为法律责任的承受对象,这隐含着设计者或操作者“全能性”假设——有完全控制算法运行过程及结果的能力和权限。然而,随着人工智能技术的进步,算法不再局限于按照所设计的预期目的运行,算法逐渐超越“工具性”,开始具有“自主性(本体性)”,设计者或操作者的“全能性”与算法的“工具性”均被打破。算法在商业机构以及公共部门广泛而深入的应用使其掌握了巨大的资源配置权力,对私人生活和公共治理产生极其深远的影响。对于新形态下的算法决策损害,传统的应对机制或过于粗糙以至无所适从,或过于僵化以至有损创新,面对这一变局,理论界与实务界新提出一系列规制举措,但均存在不同程度的局限性,下将分述之。

二、算法规制:“误入歧途”的几点表现

尽管规制算法、实现算法可问责的呼声日益强烈,但业界所提出的解决方案可能仅在特定的环境或区域内有其功效,若作为一般标准并不适当。

(一)“灵丹妙药”误区:算法的透明化或可解释性

当前对算法规制最常见的建议集中在算法透明化与可解释性上,认为这是应对算法伤害的“灵丹妙药”。透明化指的是算法代码或数据的公开,可解释性是指算法的运行机制或结果可向终端用户解释。基于算法的复杂

---

[3] 参见郑戈:《人工智能与法律的未来》,载《探索与争鸣》2017年第10期。

性与专业性可能遮蔽决策作出过程或有害行为的理念，公开算法“黑箱”的代码和数据，解释算法运行的逻辑与结果，将使公众和监管机构能够识别算法是否以及如何产生有害结果。然而，算法的透明化或可解释性并不能实现所谓的“终极功效”，分析如下：

1. 要求获得特定算法决策的有意义的信息无视已经存在的法律，而这些法律正在保障要求对某些具有重大影响的决策进行解释的权利。例如，在现有法律规范下，公司解雇员工通常须提供充分的理由，这是法定义务，不管其是否使用算法作出决策，故专门针对算法的新要求将显得冗余。如果某些决策需要解释或有意义的信息，那么是否使用算法将无关紧要。算法透明化或可解释性的支持者往往会指出，刑事司法系统中存在偏见和缺陷的算法有可能对个体造成重大损害，以辩护其立场。透明化或可解释性固然可能是确保市场力量较弱的领域（如刑事司法）能够合理使用算法的关键因素，然而，在限定（特定）领域的价值并不当然支持在大多数情况下透明化或可解释性是必要或有益之结论。对于大多数算法决策系统，操作者均有强烈的动机将缺陷和潜在危害最小化，但如果缺乏相应激励（或惩罚）机制，算法之使用与否将不是关键。

2. 要求算法透明化或可解释性可以称为“揭开面纱”，即将所有源代码或算法内部运算完全公开，让公众与监管机构检查算法可能存在的缺陷以及获得决策结果有意义的信息。然而，“揭开面纱”实质上是一种“透明陷阱”，期望监管机构、倡导性团体或有关公民能够可靠地从审查先进的算法自动化决策系统中收集有意义的信息并不现实。对于许多依靠深度学习、有多层网络神经且自我更新的高级算法系统来说，其本身可能不会让我们在检测不当行为方面走得太远，即便设计者或操作者也无法完全把控或精准解释算法内部运行的逻辑及结果，更何况并无专业技术知识的“圈外人”。简单的披露静态代码并不能保证它实际用于特定的决策，也不能保证它在无拘束情况下的行为符合设计者或操作者预期的目标。

3. 对算法透明化或可解释性的要求会降低专业软件的价值。要求公开披露有关算法内部工作原理的源代码或信息将降低商业机构开发、使用算法的动机，因为市场竞争对手可以轻易地进行复制。当一个国家的知识产权保护力度较弱时，技术剽窃的风险将大大增加。此外，透明化或可解释性还可能为不正当利用算法创造了条件。例如，Google 依靠一种名为“网页排名”的算法，根据网站的元标签和关键字等要素来确定搜索结果的显示顺序,然而,随着内部要素被公开,任何网站的所有者都可以操纵算法,从而提高其网站的搜索排名和浏览量,尽管这些内容与用户的查询无关。现在,Google使用包括机器学习系统在内的多种复杂算法的组合,根据内容质量及相关性对数百个因素的权重进行计算以排序搜索结果。[4] 如果Google或其他搜索引擎被要求公开、解释其搜索算法的内部工作原理与机制,那将重蹈覆辙,而用户也会为此付出相应代价。

4. 对算法可解释性的要求可能会严重限制算法的潜在益处,因为在算法系统的可解释性与其准确性之间存在不可避免的妥协与平衡。算法的准确性通常随着复杂程度的增加而增加,算法越复杂,解释起来就越困难。虽然随着算法可解释性技术的成熟,这种困境在未来可能会发生变化,但至少在短期内,对可解释性的要求只会在适当牺牲准确性的情况下才可能实现,对算法可解释性的要求,本质上是要求使用效率较低的人工智能系统——而这通常并不可取以至于极少出现。

综上所述,算法透明化和可解释性是实现防止算法伤害的一种手段,但只有在特定环境或区域内,它们才有可能达到预期的效果,而不能成为"放之算法而皆准"的通用机制标准。若将算法透明化或可解释性视为灵丹妙药或终极目标,可能并不明智。

(二)"大包大揽"误区:成立监管机构监管所有算法决策

在欧美学界,有研究机构或学者倡导成立"国家算法安全委员会"之类的算法监督机构,以独立审查、监督算法的使用,保证算法的部署应用不违反公共利益。[5] 在我国,也有学者主张设立算法安全委员会全面负责算法审查和解释工作。[6] 然而,对于成立"公法性"监管机构来监管公私领域之算法决策是否能真正达到预期目的,笔者并不乐观。

1. 此类建议没有认识到,要充分评估、管理算法决策,就需要了解算法所处理的与决策内容相关的特定环境知识。例如,因金融领域构成损害的

〔4〕 Danny Sullivan, *Google Uses RankBrain for Every Search, Impacts Rankings of 'Lots' of Them*, Search Engine Land, https://searchengineland.com/google - loves - rankbrain - uses - for - every - search - 252526, June 23, 2016.

〔5〕 牛津互联网研究所(Oxford Internet Institute)提议创建一个算法监督机构,有权审计算法并确定其是否为公共利益服务。美国马里兰大学计算机科学教授Ben Shneiderman倡导成立"国家算法安全委员会",以独立监督算法的使用。

〔6〕 参见孙建丽:《算法自动化决策风险的法律规制研究》,载《法治研究》2019年第4期。

标准与医疗领域构成损害的标准大相径庭,故政府需要成立不同的监管机构以应对。让一个机构监管所有的人类决策是不明智也是不现实的,那么让一个机构监管所有算法决策亦是同理。典型的例子为,在20世纪90年代互联网发展期间,美国没有像一些人所提议的那样建立一个联邦互联网机构监管所有的在线活动,而是分而治之,联邦通信委员会(FCC)监管网络技术的电信方面,联邦贸易委员会(FTC)监管电子商务,国家电信和信息管理局(NTIA)则监管频谱。[7]

2. 这类建议的言外之意为当前国际上存在的一些监管机构无法有效审查算法。对于监管机构而言,了解与他们职权范围内有关的技术非常重要,鉴于技术的新颖性与复杂性,现有的监管机构很可能并没有理解"算法如何决策"工作原理方面的技术专长,但它们时常处理与之相关的问题,并与其所在行业同步现代化。如果担心政府机构没有足够的技术水准,仅依靠建立一个专门负责监管算法的新机构并不能解决这个问题。如果仅针对一项技术,就对政府的整个监管体系进行重新设计,尽管引人注目,但最终很可能并没有太大效果。此外,建立一个监管机构来监督算法的部署与使用意味着所有算法的风险水平都是相同的,故有监管之必要。然而,算法根据其应用会带来不同层次的风险,其中,低风险决策不应仅仅因为使用算法就受到监管,若不注意区分,将耗费大量的人力与财力成本,得不偿失。

3. 对算法的监管通常将"公共利益"摆在重要位置,但"公共利益"的内容及标准并不明确且经常处于变动之中。以汽车为例,汽车的使用被认为是符合公共利益的,因为它可以提供流动性和获得经济机会的途径,但同时也产生诸如环境污染、交通拥堵、交通肇事伤亡等现象。政府没有让监管机构来决定车辆的使用是否符合公共利益,而是根据车辆的客观效益和危害来监管具体的活动(例如,车辆的燃油经济性、安全性和城市土地使用)。同样,政策制定者不应决定使用算法是否符合公共利益,而应监管算法的具体使用场域。另外,在算法时代,公域与私域的边界早已模糊,由商业机构开发和使用的算法往往也承载着重大的"公益属性"(例如,Google 的 google flu 算法可以预测疾病的爆发,具有极强的公共价值)。[8] 算法作为企业极

〔7〕 Matthew Adam Bruckner, *The Promise and Perils of Algorithmic Lenders' Use of Big Data*. Chicago - Kent Law Review 93,2018,p.42.

〔8〕 参见张凌寒:《算法规制的迭代与革新》,载《法学论坛》2019年第2期。

为核心的产品和服务手段,对商业开发及扩展的重要性不言而喻,打着公共利益的旗帜对算法进行监管,不仅有干预市场自由之嫌,也会在某种程度上直接或间接损害公共利益。

(三)"泛泛而谈"误区:抽象有余,精细不足

1."口号式"倡议。许多关于规制算法的措施或建议大部分只是"徒有其表"的口号或流行语,并没有太大的实践功效。诚然,其中一些建议可能在算法决策的某些领域具有价值(如作为人工智能开发指南或企业社会责任标准),但若作为具体的监管指导规则将不切实际。尽管要求采取行动以规范算法的呼声强烈,但基本上未能阐明一条有效的路径。例如,为欧盟委员会提供咨询的欧洲科学与新技术伦理团队在2018年3月的一份报告中呼吁为人工智能创建一个共享的伦理和监管框架,报告的主旨为"责任原则必须是人工智能研究和应用的基础,自动化系统的设计应使其效果与基本的人类价值和权利相一致"。[9] 虽然这听起来并没有什么可指责之处,但却是陈词滥调以至于没有实际意义。在制定监管政策方面,此类抽象(模糊)的建议让政策制定者几乎"无从下手"。虽然这些建议的目的是为今后的工作提供参考,但它们的内容要么过于模糊而无用,要么会限制算法的有益使用。在某些情况下,这些论述可以作为指导原则以帮助制定政策,而不能作为政策本身去发挥作用。

2."幻想型"套置。算法的设计或使用往往与特定的伦理、价值立场相关,其并非如想象的那般完全秉持"技术中立性"。[10] 为避免不正当的算法,有人试图"另辟蹊径",主张在算法设计伊始就将道德、伦理、法律等要素嵌入到其内部,这就是所谓的"设计责任"。[11] "设计责任"已经认识到算法系统会产生意想不到的结果,并鼓励设计者解决可能对算法系统造成危害的根本问题(如历史偏见问题)。虽然鼓励设计者对算法的创建和应用负责具有一定的价值,然而,仅仅让设计者考虑"设计责任"并不能应对算法带来

---

〔9〕 European Group on Ethics in Science and New Technologies, "Statement on Artificial Intelligence, Robotics and 'Autonomous' Systems" (Luxembourg: European Commission Directorate - General for Research and Innovation, 2018), http://ec.europa.eu/research/ege/pdf/ege_ai_statement_2018.pdf, Aug. 25, 2018.

〔10〕 参见丁晓东:《算法与歧视——从美国教育平权案看算法伦理与法律解释》,载《中外法学》2017年第6期。

〔11〕 参见郑戈:《人工智能与法律的未来》,载《探索与争鸣》2017年第10期。

的挑战,此路径所关注的仅为设计者,而不是操作者(或使用者)。即便设计者可以接受"设计责任",但是,如果他们所创造的算法最终未能在市场上流通或使用时,"设计责任"将毫无意义。此外,如何将道德、伦理、法律等要素嵌入算法内部是一个极具挑战性的技术难题,理论界的哲学家或法学家将想象的应然规则套置在未知场境中并不当然具有科学性,而且也无法把握未来的走向。

上述理念均失之过于理想化、宏大、宽泛,难免对算法规制的基本体系缺乏母体意义,不是缺乏具体操作性,就是有损创新。因此,我们应及时转变思路,从算法部署使用以及后果之视角寻找规制算法的新架构,以弥补现有机制与范式之不足。

三、新架构:以行为及结果为导向

在保护数据主体权利、规范自动化决策、惩罚侵权行为等方面,欧盟的《通用数据保护条例》(General Data Protection Regulation, GDPR)毋庸置疑是最全面(最严格)的。[12] GDPR 在对数据主体设置了知情权、更正权、擦除权、反对权等权利以及对数据控制者或操作者课以了严苛的义务外,还规定了详细的惩罚与救济路径。在 GDPR 已设置的严密体系网络下,本文无意于从流行的法律移植视角对规制算法伤害进行赘言,而是从算法使用之行为及结果出发,在 GDPR 体系下对规范算法行为、防范算法伤害之架构进行探索和补充。

(一)验证算法行为

实现算法可问责性的首要步骤便是确定算法是否按照操作者的意图运行。然而,当操作者意图造成伤害时,算法仅为一种工具,伤害之结果与算法本体不再具有关联性。而确定算法是否故意造成伤害的技术与程序机制主要包括:透明度、可解释性和程序规律性。在大多数情况下,操作者可能会使用其中几种机制的组合,以验证算法按照他们的意图运行与否。

1. 有限度的算法透明化与可解释性。如上所述,尽管对算法透明的要求在很多方面是无益甚至有害的,但是透明化在实现某些算法系统的可靠性方面可以发挥较大作用。如前文所述,许多依赖于机器学习的算法对于

---

〔12〕 数据是算法的核心资源,GDPR 的目标主要为规范数据的处理与使用,赋予数据主体反对自动化系统使用数据做出对其不利影响的决策。

人类(甚至对于这些系统的设计者或操作者)而言非常复杂,无法以有意义的方式进行解释。然而,透明度可以解释不那么复杂的算法并确保它们按照预期运行。例如,那些用来做量刑决定的风险评估算法在评估的过程中可能依赖许多不同的变量,但这些变量相对直接和静态,可以让操作者更容易的评估所涉及的变量并确定它们是否合适,观察某个变量如何影响风险评分并赋予该变量特定的权重。[13] 在这类情形中,透明度是操作者确保算法按照自己意愿运行的一种直接而简单的方法。

可解释性与透明化的目标基本一致,但只有在特定的环境或区域内才能发挥作用。理论上,清楚的解释算法决策结果如何被做出将是确保算法系统按照预期运行最有效和最直接的方法——只要解释是可被证实正确的。然而,复杂性是精准解释的一个限制因素,主要原因在于:(1)考虑到可解释性和准确性之间的权衡,很少希望以牺牲准确性为代价来优先考虑可解释性;(2)开发一个能够解释自身或证明其决策合理性的算法系统存在较大的困难,截至目前并没有突破技术桎梏。

2. 程序规律性。程序规律性是指以相同的方式始终如一的使用算法的过程。在无法解释算法为何做出特定决策的情况下,操作者可以通过持续使用该算法,并仔细检查其输出内容,以评估它是否达到了预期的结果。程序规律性对于算法的监督作用较大,就像密码学一样,密码学技术可以通过破译结果以验证其运行或操作规律。在司法领域,程序规律性适用所有的案件处理过程,无论案件或繁或简,也不管当事人情况如何,均遵循同样的正当程序规则作出裁判结果。程序规律性是进一步研究算法自动化决策系统行为的重要基础,而无须知道决策是通过何种方式作出。程序与结果在某种程度上具有本质联系,程序越有序,输出的结果就越稳定,就越可以检查验证本体系统的运行逻辑与规律,从而不断校对纠偏行为,规范算法的使用。

(二)识别和纠正算法结果

仅依靠验证算法是否按预期运行并不足以确保它不会产生有害结果,因此,一个可靠的算法系统同时也必须允许操作者可以识别和减少有害结果。此举措尽管不能预测或控制算法决策可能产生的所有有害结果,但可

---

〔13〕 参见姜野:《算法的规训与规训的算法:人工智能时代算法的法律规制》,载《河北法学》2018年第12期。

以督促各类组织机构负责任的部署使用算法。要达到识别和纠正算法结果的目标,可以从以下两个方面进行着手:影响评估与错误分析。值得注意的是,这并不是简单的事后控制——操作者可以而且应该在开发和部署算法的整个过程中应用这些手段。

1. 影响评估。正如政策制定者收集有关特定政策潜在的社会或经济影响的证据以评估可行性,公共部门或商业机构也可以对特定的算法决策进行影响评估。当使用新技术很可能对个体的权利与自由带来高风险时,在考虑了处理的性质、范围、背景和目的后,操作者应当在算法部署使用之前评估对个体权益保护的影响。在对与自然人相关的个人因素进行系统性与全面性评价且其决策对个体产生法律影响或类似重大影响时,影响评估就尤为必要。对此,可以借鉴 GDPR 第 35 条之规定:(1)对计划的处理操作和处理目的的系统性描述以及对操作者所追求的正当利益的描述;(2)对和目的相关的处理操作的必要性与相称性进行分析;(3)对给个体的权利与自由带来的风险进行评估;(4)在不影响保护商业或公共利益或处理操作安全性的前提下,算法操作者应咨询决策对象对于预期处理的观点。此外,影响评估与特定的环境高度关联,在一个领域适合并不意味着在另一个领域也为可取,因此,影响评估应当注意环境因素。与政策影响评估一样,算法的影响评估既可以是事前的,侧重于前瞻性分析,也可以是事后的,侧重于连续性和历史分析。例如,美国退役军人事务部(DVA)对一种心理健康诊断算法进行影响评估,以确定是否适合实施该算法,在使用一定时间后对该算法再次进行评估,以评估其有效性。[14] 特别是在敏感的刑事司法系统中使用算法时,更应保证持续或定期进行事前与事后影响评估。

2. 错误分析。算法决策可以产生许多种类的错误,包括粗心的错误(源于编码草率)、系统误差(源于算法内部缺陷)、随机误差(难以控制算法参数、数据、硬件而引起)等。[15] 错误是不可避免的,其存在不应成为排除算法使用之理由,因为通过识别和纠正错误从而对算法系统进行改进是技术升级的标准路径。错误分析的技术包括:手工评审、方差分析(分析实际结

---

〔14〕 Travis Korte, *Disparate Impact Analysis is Key to Ensuring Fairness in the Age of the Algorithm*, Center for Data Innovation, http://www.datainnovation.org/2015/01/disparate-impact-analysis-is-key-to-ensuring-fairness-in-the-age-of-the-algorithm/, Jan. 20, 2015.

〔15〕 Frank Wolfs, "Error Analysis", University of Rochester, Accessed May 9, 2018, http://teacher.nsrl.rochester.edu/phy_labs/AppendixB/AppendixB.html, May 9, 2018.

果和计划行为之间的差异)和偏见分析。以偏见分析为例,当前很多关于算法潜在危害的讨论主要集中在它们具有复制人类偏见的强大能力(包括种族、性别、金融、司法等方面的偏见),这主要由数据缺陷所致。对此,有学者主张对算法处理的数据或生产性资源进行管理,防止造成消极后果。[16] 通过这些技术手段,寻找出算法决策过程中可能存在的错误模式,从而进行针对性改进。

(三)惩罚机制的应用

没有惩罚或责任承担机制,则一切"纸面规定"将毫无意义。值得注意的是,惩罚标准具有开放性,随着时间的推移,市场力量、社会规范、新技术等因素将影响惩罚机制的介入以及力度。

当操作者使用算法违反现有法律法规时,监管机构首先应检查其能否有效证明他们拥有以确保算法按照预期运行的控制权。如果发生重大伤害而没有相应的控制措施或操作者在达到这一标准的方法上粗心大意,则其可能受到严厉的惩罚。如果这些控制措施较彻底并得到适当的实施,监管机构就有可能会认定操作者的行为并非出于疏忽或者是故意造成伤害。在这一点,监管机构可以对操作者是否以及如何有效地识别和纠正有害后果进行类似分析,如果操作者未能达到上述防范或注意标准,监管机构将很可能认定操作者在将算法的潜在危害最小化方面没有尽到应尽之责,并可以施加惩罚措施。对于操作者和监管机构而言,尽管算法会产生许多不良结果,但只有其中的某一类不良结果才有可能产生值得监管机构审查的重大危害。例如,即使社交媒体网站、电子商务网站等网络服务平台使用的算法存在严重缺陷,它们也不太可能对普通用户造成重大伤害,因为如果算法经常发送无聊的链接或推荐不需要的商品或信息,用户一般会主动停止或拒绝使用此类APP或服务。在某些方面,市场力量在督促算法良性运营、减轻算法伤害方面比监管机构更能发挥关键性作用。

在某些特定的区域,市场力量较弱且算法可能存在造成重大损害的风险(在刑事司法系统中尤为明显),监管机构就有必要严格其责任要求。透明是司法体系的根基与核心目标,业界均认为,强制要求所有影响司法决策的算法开放源代码是恰当的。尽管透明度可能无法让人们完全掌握算法系统的内部工作机制和原理,但会确保这些算法尽可能地受到高程度的审查,

---

〔16〕 参见胡凌:《人工智能的法律想象》,载《文化纵横》2017年第2期。

最大化实现算法“在阳光下运行”。另外,在市场力量较弱且监管并不适合介入的情况下,行业自律则可能为一种适当的管理手段。例如,虽然人工智能系统在医疗领域的应用通常需要获得监管部门的批准,但涉及医学研究的人工智能系统不一定需要这样做。如果这个系统有缺陷,医生在治疗病人时使用错误的研究结果可能会造成重大医疗事故,然而,这样一个系统的研究结果在投入临床应用前将会像传统医学研究那样受到同行评议(同业审查),从而预防这种危害。

监管机构基于上述框架对操作者的行为进行评价,以确定操作者在防止损害发生的过程中是否存在疏忽或故意,根据主观过错程度并区分具体算法情形,施予不同程度的惩罚措施。然而,即便操作者善意行事并尽一切合理努力,算法系统仍有可能对决策对象造成损害。在这种情况下,监管机构应根据算法所造成的危害与所带来的好处进行权衡,来决定是否对操作者实施惩罚。这种损益比较对于确保企业有能力、有动机以创新的方式开发和部署应用算法至关重要,如果不进行损益衡量或不区分具体情形,只要出现算法伤害就“不分青红皂白”予以惩治,那将对商业技术创新造成毁灭性打击。另外,为了应对此类情况(算法可能造成伤害,但操作者不一定违反法律),监管机构也可以借鉴飞机事故调查过程中惯常的做法:当飞机坠毁后,航空管理局会例行进行调查,即使没有发现任何违规操作行为,他们仍然会发布报告,详细介绍提高安全性和避免未来发生类似事故的建议。[17] 监管机构应认识到,问责算法的目标并不是为了实现完美的、没有缺陷(错误)的算法,而是将风险或伤害程度降到合理的最低限度——正如汽车安全标准并非要求汽车百分百安全,而是达到合理预期的安全程度。

综上所述,触发惩罚机制的点主要为算法使用的行为以及所产生的结果。在行为中,应注意区分操作者的主观意图与客观实施情景,对结果应进行损益比较以确定行为的可责性。行为与结果的组合可决定惩罚介入与否及力度大小。随着算法决策的普遍化以及深入化,为保护、促进技术创新,我们应谨慎使用这一武器力量,让损益衡量或价值平衡成为惩罚机制的调节器。

---

〔17〕 参见中国民航总局:《民用航空器飞行事故调查规定》,载 http://www.caac.gov.cn/XXGK/XXGK/MHGZ/201511/t20151102_8535.html,2019 年 9 月 20 日最后访问。

四、结语

自人类进入数字时代,算法具有越来越强大的能力塑造和变革我们的行为模式与政治法律结构,社会的权力与话语体系逐渐被算法掌控,面对算法造成的伤害,现有的法律体系并没有足够的应对机制,导致我们"无所适从,无能为力,无路可循"。为消解困境,弥补不足,理论界遂提出许多规制措施或建议,这些举措理念在特定的范围内具有一定的合理性和可操作性,但若作为通行标准则存在较大的局限性。

对于如何有效规训算法,实现算法的可责性,我国学界热衷于配置某个或某几个权利类型(例如,解释权、被遗忘权等),似乎在不需要体系支撑的情况下,凭借几个孤立的权利就能应对当前算法横行的社会生态环境。然而,即便在GDPR最严密的保护下,欧盟国家也很难全面应对算法自动化决策对数据主体的伤害,在我国缺乏类似土壤和语境的情况下,简单地依靠移植GDPR中的权利可能并不会达到想象的理想效果。因此,本文无意于从移植层面进行赘述,而是着重以行为及结果为导向,通过引入不同技术手段与程序机制规范算法行为,以达到防范算法伤害之目的。此外,对于算法损害结果的产生,应注意区分操作者主观态度以及算法具体情形,进行损益分析,从而科学合理的应用惩罚机制。总体而言,对算法的规制,本文只是简单地搭了一个"台架子",在很多细节方面并未展开深入讨论,这有赖于继续"添砖加瓦"。

占有归属与侵占罪构成要件

——从错误汇款的占有归属切入

陈　冲*

摘　要:分析刑法中的"使用错误汇款"问题应当坚持"占有归属——拒不退还"二元分析进路。在此基础上应将存款债权占有归属与存款现金占有归属分开讨论、将使用存款债权(转账汇款)与使用存款现金(取现使用)分开讨论。存款债权归账户名义人占有,现金归银行占有。遵循金钱"占有即所有"的法理,单纯地使用行为并无可罚性,在确认行为人存在"拒不退还"的行为事实之时,才应当认为构成侵占罪既遂。

关键词:错误汇款;占有;拒不退还

一、问题的提出

存款型财产犯罪在最近十几年来一直占据着刑法理论和实务的热点地位,诸如"许霆案""何鹏案"等此类疑难案件之所以能够持续地吸引理论和实务界的巨大关注,一个重要且可以说是核心的原因在于它们牵涉到财产犯罪问题域中极为复杂的存款占有问题。其中,错误汇款类案件可以说是汇聚了所有存款占有的重要议题的"议题池",理论和实务价值巨大。我国学者对于行为人使用错误汇款行为的定性有无罪说、侵占罪说、盗窃罪说三种观点。观点分歧的原因主要在于:第一,对存款的占有归属存在不同的意见,这里还附带着对于金钱是否"占有即所有"的争论。无罪说和侵占罪说都认为存款归账户名义人占有,而盗窃罪说则认为存款归银行占有。尽管尚有学者持不同意见,大多数学者还是认为错误汇款情况下与正常汇款情况下的存款占有归属问题本质上是同样的问题。因此,解决了一般的存款占有归属的问题,错误汇款情形下的存款占有归属自然水落石出。因此,本

* 陈冲,华东政法大学法律学院 2017 级法学硕士。

文所要研究的第一个问题就是存款的占有归属。第二，在进一步讨论是否成立侵占罪的问题时，对于侵占罪的“拒不退还、拒不交出”与“非法占为己有”之间的关系有不同观点。关于二者之间的关系，主要存在并列要素说与补充要素说两种观点，确定二者之间的关系之所以如此重要，就在于它涉及侵占罪的成立标准和成立时间。以往学者在讨论错误汇款问题时往往只是谈到了上述两个问题的其中之一，而忽视了另一个问题。具体表现为，遵循德日刑法理论对财产犯罪的分析进路，在讨论完存款占有归属问题后，便进入下定罪结论的阶段，忽视我国刑法对“拒不退还”的规定。[1] 或者只谈委托关系或者脱离占有物事实的存在和拒不退还的认定，不谈存款的占有归属问题。[2] 这两种典型的一元分析进路都存在一定缺陷，不讨论“拒不退还”问题是对本土法律文本（形式）的无视，不讨论占有问题则难以把握财产犯罪的实质。本文将通过对上述两个问题的讨论，尝试一种更加合理的探讨错误汇款问题的二元分析进路，并以此论证侵占罪的构成要件。

二、存款占有的一般理论

刑法上的占有脱胎于民法上的占有，因此，要弄清何为刑法上的占有，就必须澄清民法上占有的含义，但由于二者并非完全等同，故而尚需进一步对二者的区别与联系做出阐释。

民法上的占有，是指对于物有事实上之管领力。[3] 民法理论中存在占有到底是事实还是权利的争论。德国民法认为是事实，称为“占有”，日本民法认为是权利，称为“占有权”。[4] 发生争议的原因在于民法上“占有诉权”的存在，部分学者由此认为占有具备权利的性质。[5] 但是，站在刑法角度看，由于不讨论占有诉权，故而刑法上的占有只能是一种事实。和民法上的占有一样，刑法上的占有需具备占有意思与占有事实两个要素，但是关于占有意思和占有事实的具体内涵，刑法和民法却有不同的理解。多数民法学者认为，占有意思除了包含支配财物的意思之外，还必须是为自己利益占有，而刑法上占有意思则不要求必须为自己利益占有。关于占有事实，虽然

---

〔1〕 参见陈洪兵：《中国语境下存款占有及错误汇款的刑法分析》，载《当代法学》2013年第5期。

〔2〕 参见高国其：《论侵占罪中的占有与代为保管》，载《政治与法律》2014年第4期。

〔3〕 参见王泽鉴：《民法物权2：用益物权·占有》，中国政法大学出版社2001年版，第54页。

〔4〕 参见屈茂辉：《物权法·总则》，中国法制出版社2005年版，第449页。

〔5〕 参见张红昌：《财产罪中的占有研究》，中国人民公安大学出版社2013年版，第123页。

刑法和民法都认为认定占有事实不必局限于物理上的掌控,而有必要以社会一般观念来帮助认定占有事实,二者都存在"占有事实认定观念化"的现象,但是可以说,刑法上的占有比民法上的占有更加"现实",具体体现在刑法不承认民法理论中的代理占有和间接占有。当然,辅助占有在某些情况下可以成为刑法上的占有。〔6〕

对于错误汇款问题来说,占有问题变得更加复杂,因为这里不仅涉及汇款人、账户名义人、银行三个主体以及存款债权、存款债权所对应的现金两个对象,还涉及存款债权占有与存款现金占有之间的关系。而谈到现金占有,又不得不涉及现金"占有即所有"的话题。

对于包括债权在内的财产性利益能否成为占有的对象,主要存在肯定与否定两种观点。除此之外,还存在折中的观点,认为财产性利益只能成为一部分财产犯罪的占有对象。〔7〕 针对折中说,有学者指出,这种观点与刑法用语的确定性相悖,也即相同的用语,在大致相同的语境之下,含义应当是统一的。例如,在财产犯罪的场合,既然刑法统一将财产犯罪对象表述为"财物",那么财产性利益能否解释为"财物"就应该是个全有或全无的问题,不存在部分财产犯罪可以囊括财产性利益,部分犯罪不能囊括的情况。〔8〕 肯定说以张明楷教授为代表,他在分析诈骗罪与金融诈骗罪时指出诈骗罪的对象应当包括财产性利益,主要理由是这样解释具有"目的与现实的妥当性",〔9〕根据刑法用语的确定性,可以将这一论断扩大适用于全体财产犯罪对象。在张教授的最新一版《刑法学》(第5版)中,他进一步列出了以下理由:首先,《刑法》分则第五章标题为"侵犯财产罪",而显然财产性利益就属于财产;其次,在对人的需要的满足这一点上,财产性利益与狭义财物(有体物与无体物)没有本质区别;最后,司法实践事实上已经将财产性利益理解为财物。〔10〕 反对说认为,上述的解释属于类推解释,违背了罪刑法定原则。〔11〕 笔者赞同肯定说,认为应当将财产性利益解释为"财物"。首

〔6〕 参见车浩:《占有概念的二重性:事实与规范》,载《中外法学》2014年第5期。

〔7〕 参见刘明祥:《财产罪比较研究》,中国政法大学出版社2001年版,第28页。

〔8〕 参见高巍:《盗窃罪基本问题研究》,中国人民大学出版社2011年版,第42页。

〔9〕 参见张明楷:《诈骗罪与金融诈骗罪研究》,清华大学出版社2006年版,第20页。

〔10〕 参见张明楷:《刑法学》(下),法律出版社2016年版,第933页。

〔11〕 参见陈烨:《财产性利益与罪刑法定问题》,载《上海交通大学学报》(哲学社会科学版)2013年第5期。

先,《刑法》总则第91条和第92条对公私财产作了规定,其中明确包含财产性利益,而总则对于分则具有统合、指导作用;其次,《刑法》分则第五章的标题就是"侵犯财产罪","财产"是侵犯财产罪的法益。虽然该章具体将侵犯财产罪的对象规定为"财物",但法益对于犯罪对象的指导作用是不可否认的;最后,在保护的必要性上,不存在将财产性利益视为财物的障碍。

存款的占有有两重含义,一是对存款债权的占有,二是对存款现金的占有。讨论存款债权占有归属的目的是在此基础上进一步弄清账户名义人对存款债权进行处分,如进行转账、汇款的行为性质;而讨论存款现金占有归属问题,所指向的则是账户名义人进行取现操作,继而使用存款的行为性质(当然,取现行为也同时是处分存款债权的行为),如果肯定账户名义人占有存款现金,根据现金"占有即所有"的特性(尽管有学者对此提出质疑,但仍然不能形成有力的反对势力〔12〕),便意味着否定了账户名义人取现使用行为的犯罪性。笔者将在下文进一步讨论存款占有归属问题。

三、错误汇款占有归属

如前所述,存款的占有有两重含义,一是对存款债权的占有,二是对存款现金的占有。错误汇款到底归谁占有,理论和实务界均存在不同观点。

(一)存款债权的占有归属

在账户名义人与存款人同一的情况下,账户对应的债权自然归账户名义人占有。问题在于,二者不同一时存款债权归谁占有,错误汇款实际上就可以抽象为存款人(汇款人)和账户名义人不同一的情况,从这个角度讲,"错误汇款"与"借用他人身份证办理的银行卡"、"人头账户"〔13〕本质上十分类似,这也是错误汇款问题之所以被笔者称为"议题池"的重要原因。因此,在论述存款占有归属问题时,结合不同视角,对上述类似问题的讨论状况予以适当关注是十分有益的。

---

〔12〕 笔者在知网所检索到的对"现金占有即所有"原则的有效质疑只有3篇文章,分别为:周军:《论货币所有权的流转规则——从"占有即所有"原则出发》,载《贵州社会科学》2014年第7期;其木提:《货币所有权归属及其流转规则——对"占有即所有"原则的质疑》,载《法学》2009年第11期;李锡鹤:《作为种类物之货币"占有即所有"无例外吗——兼论信托与捐赠财产的法律性质》,载《法学》2014年第7期。

〔13〕 人头账户,是指盗用、冒用、借用了他人的身份开立的银行账户,这些账户实际上由盗用人、冒用人、借用人控制,名义上的开户人并未实际控制该账户。

1. 账户名义人占有说

这种观点是最为通常的观点，它的最主要依据是民法之中的合同（契约）理论以及刑法与民法之间法秩序的统一性原理。该观点认为，首先，账户名义人作为存款合同所形成的银行与其之间债权债务法律关系的主体，自然享有对存款债权的占有和所有权，这种权利受到以《民法》《合同法》《商业银行法》为代表的多部法律的承认和保护。在此合同下的账户所发生的所有资金进出流动，无论有多少笔，都只视为一个存款债权，即便在诸如“人头账户”这样的极端情形下也不会将某一笔资金的进出单独拎出来讨论其独立的法律效果，[14]因而只能据此认为，本文所讨论的错误汇款所产生的债权仍然是账户名义人所享有债权的一部分。其次，虽不能简单认为刑法是民法的补充法、二次位法，但是出于尊重法的可预测性以及罪刑法定原则的考虑，两大部门法对于占有的基本概念，即占有是人对物的事实上的支配控制，应当是统一的，当然，二者对于占有的认定标准宽严有别，也是必然的。[15] 综上所述，应当认为账户名义人占有存款债权。根据这一认识，账户名义人将错误汇款转账、汇款的，不构成犯罪，至多构成不当得利。

黑静洁博士认为，判断存款债权归谁占有应当坚持“排他性请求权”标准，[16]也即首先看谁有权利向银行要求兑现存款债权，通俗讲就是谁有权向银行要求转账、汇款、取现；多人都有权利要求的情况下，再判断谁的权利具有排他性，“排他性”主要看能否以自己的请求权利剥夺他人请求权利。这样判断的结果是，任何情况下，账户名义人都是存款债权占有人，这明显违背了“奥卡姆剃刀”原理。[17] 易言之，确立这样一个标准徒费脑力，还不如直接以既有的、成熟的合同理论论证“存款债权归账户名义人占有”来得

---

〔14〕 一般认为，账户名义人作为存款合同的当事人，自然享有对存款债权的占有权。在该账户名下的任何进出资金动向，都只视为一个存款债权，不会将之分割看待。即便他日账户名义人将该账户贩售给第三人（“人头账户”问题），出现了类似于本文讨论的存款人和账户名义人不同一的情况，也会因为贩售行为违背了存款合同的约定和《民法总则》第8条、《合同法》第7条之规定而归于无效，此时，该账户的存款债权不属于贩售后的账户占有人或存款人。参见李杰清：《没收犯罪所得程序法制与实务》，中国检察出版社2016年版，第113页。

〔15〕 参见张燕龙：《刑法上存款占有的归属》，载《法大研究生》2015年第2期。

〔16〕 参见黑静洁：《存款的占有新论》，载《中国刑事法杂志》2012年第1期。

〔17〕 奥卡姆剃刀原理（Ockham's Razor）是由14世纪的哲学家、圣方济各会修士奥卡姆的威廉（William of Occam，约1285年至1349年）提出的一个原理。这个原理告诫人们“切勿浪费较多东西去做用较少的东西同样可以做好的事情”。后来以一种更为广泛的形式为人们所知，即“如无必要，勿增实体”。

直接。

日本有判例将对存款债权的占有与正当取款权限分开讨论,也即“存款债权—取款权限”架构,认为前者归属账户名义人,后者归属错误汇款人,照这样说来,账户名义人处分债权(转账汇款)的行为就不构成犯罪,只有其将存款取出时才构成犯罪。针对上述的日本标准,陈洪兵教授指出,肯定存款债权,也就必然要肯定取款权限,不存在肯定前者而否定后者的可能,他提出“债权—取款权—正当处分权”分析架构,[18] 即肯定账户名义人对存款债权的占有和具备取款权限,但由此不必然得出其对债权有正当处分权限,只有同时具备对存款债权的占有与正当处分权限的情况下,对存款债权才构成完全的占有、所有,在错误汇款时,账户名义人具备对存款债权的占有,也具备取款权限,但是其无权将债权处分,也即针对该笔债权进行转账、汇款、抵押等。

2. 存款人(汇款人)占有说

有日本学者认为,不应该局限于合同法(契约法)视角,从物权法的观点出发,“应本于利益衡量之思考,视汇款人(存款人)为人头账户存款债权之所有人”。[19] 前文强调,刑法上的占有比民法上的占有更具有“现实性”,此外,出于罪刑法定的考虑,民法上的利益衡量原则在刑法中的适用受到严格限制,在牵涉到行为人人身自由的情况下,更应审慎确定存款债权的占有者。这就要求,刑法上在确定谁占有存款债权之时,不应过多地受被害人与行为人之间的民事关系问题影响,出于挽回存款人损失的感性考虑,利用利益衡量原则论证存款人占有存款债权不具有很强的说服力。

黎宏、杜文俊教授等认为行为人使用错误汇款构成侵占罪,他们认为错误汇款在性质上属于不当得利,行为人如果使用,就构成侵占罪,上述学者在讨论该问题时并不细分这种使用到底是转账(侵犯债权的占有)还是取现(同时侵犯债权和金钱的占有),因而可以认为,上述学者认为该笔错误汇款的债权归汇款人(存款人)合法占有。此种观点的理论实质是上述“物权性”的思维方式,利益衡量的观点在其中起着支配作用。

---

[18] 参见陈洪兵:《中国语境下存款占有及错误汇款的刑法分析》,载《当代法学》2013年第5期。

[19] 物权法重在考察人与物(本文指资金)的关系,这与合同法重在考察人与人之间的关系是明显不同的。参见[日]岩原绅作、[日]森下哲朗:《预金の归属をめぐる诸问题》,载《金融法务事情》(第1746号),第36页。转引自陈洪兵:《中国语境下存款占有及错误汇款的刑法分析》,载《当代法学》2013年第5期。

与上述日本判例的分离架构类似，张明楷教授在细分了对存款债权的占有和对存款现金的占有的基础上，认为存款人仍然占有该笔错误汇款的债权，即便行为人是收款账户的所有人，也由于缺乏享有该笔错误汇款债权的正当依据，不能认为其占有了这笔错误汇款的债权。[20] 如果账户名义人将该笔错误汇款予以转账，则构成盗窃。张教授的这种观点在继承了上述日本判例的分离架构这一分析思路的基础上，可以说比其观点更进一步，他认为账户名义人不仅仅没有对存款现金的合法占有，更没有对存款债权的合法占有。

3. 我国立法和司法实务观点

我国现行的立法和司法解释，并未对存款的占有归属作出明确的规定。因此，只能依据相关的法律规定进行法律解释。我国《刑法》第 196 条第 3 款规定："盗窃信用卡并使用的，以盗窃罪定罪处罚"，最高人民法院《关于办理盗窃案件具体应用法律若干问题的解释》第 5 条的规定则体现出对盗窃有价证券支付凭证、有价证券、有价票证的行为，按照是否记名、是否挂失等不同情况来处理的精神。上述刑法的规定说明立法者推定盗取信用卡这一债权凭证的行为人，已经实际取得了对信用卡所代表的财产性利益的占有权，[21] 易言之，从反面判定了存款人对债权凭证所代表的财产性利益（本文指存款债权）的合法占有被侵犯。而最高人民法院的司法解释则进一步确认，最高人民法院倾向于坚持存款人占有债权凭证所代表的财产性利益，否则，就无须进行这种区分，而一概认定为是银行占有即可。[22]

司法实务上，认为构成不当得利的判决是主流。[23] 这些不当得利判决的论证思路大体上遵循合同理论，认为账户名义人是存款合同的当事人，不能认为其使用其账户内存款的行为构成犯罪。另外，根据案件的判决理由，大量案件是由于定案证据不足，不被认为是犯罪。

笔者认为：第一，存款债权与对存款债权的处分权限实际上是一体两面的问题，肯定存款债权也就肯定了取款权限。很难说一个拥有存款债权的

---

〔20〕 参见张明楷：《刑法学》（下）（第 5 版），法律出版社 2016 年版，第 947 页。

〔21〕 这种观点是肯定刑法规定的肯定说，这也是我国通说。它的主要逻辑是：盗窃信用卡和使用信用卡是牵连或吸收关系，故应以盗窃行为定盗窃罪。

〔22〕 参见刘中发主编：《刑事案例诉辩审评：敲诈勒索罪》，中国检察出版社 2014 年版，第 50 页。

〔23〕 经北大法宝判例数据库检索，结果显示判决行为人构成不当得利的案件为 948 个，而判决行为人构成侵犯财产罪的案件仅为 10 个（经过多种方式检索的最高数字）。

人无权取款,因为取款权正是存款债权的一项基本权能。由此,上述日本判例坚持将存款债权与取款权限、张明楷教授将存款债权与二者分离予以说理的思路不具有操作性。第二,黑静洁博士的“排他性请求权”标准实际上与通常观点没有差异。相比之下,通常观点的说理更加完备,如前所述,合同理论和法秩序统一原理对账户名义人占有说给出了强有力的支持,笔者赞同通常观点。第三,无论是对于金钱债权还是现金,金钱占有即所有的原则都应当是适用的,将金钱(债权)的占有和所有问题予以割裂,是没有道理的。无论是日本判例和张明楷教授的分离进路,还是陈洪兵教授以论证没有“正当处分权”方式来证明行为人有罪的逻辑,都在本质上是对金钱占有及所有原则的突破。因为“占有债权的正当依据”(日本判例、张明楷)和“正当处分权限”(陈洪兵),实际上就是在讨论金钱(债权)的所有权问题,而前文提到,这种对所有权的关注是一种物权法上利益衡量原则的具体表现。当然,对于“正当权限”的讨论还涉及对“拒不退还”的认识问题,具体将在后文论述。

(二)存款现金的占有归属

对存款现金归谁占有,主要有银行占有说、账户名义人占有说两种观点,也有学者认为存款现金归银行和账户名义人共同占有,笔者认为,实际上“共同占有说”是账户名义人占有说的变体。

账户名义人占有说的立论基于两个理论预设:第一,“现金占有即所有”原则在这里不适用,现金的占有与所有应当分开讨论;[24]第二,账户名义人通过与银行形成的债权债务法律关系支配存款现金,显然,这里的占有不以实际控制为必要。具体展开来说,首先,既然占有指向的是“处分的可能性”,那么账户名义人显然基于所拥有的对账户内存款现金的自由处分权而占有等额的现金;其次,存款人拥有存款的所有权,[25]即便将现金存入银行,也不能改变存款归存款人所有的事实。在账户名义人与存款人同一的情况下,认可账户名义人对存款现金的处分行为,在二者不同一的情况下,

〔24〕　参见王华伟:《刑民一体化视野中的存款占有》,载《法律适用》2014年第1期。

〔25〕　这里,日本有判例将存款债权与取款权限割裂,认为即便享有存款债权,也不必然享有正当取款权限,从不具有正当取款权限(实际上就是所有权)角度判定错误汇款中账户名义人构成诈骗,但由于不认为“现金占有即所有”,故而依然未否人账户名义人对存款现金构成占有。参见日本最决平成15年3月12日刑集57卷3号第322页。转引自陈洪兵:《中国语境下存款占有及错误汇款的刑法分析》,载《当代法学》2013年第5期。

则认为账户名义人对存款现金的处分行为构成犯罪。

银行占有说对账户名义人占有说做出了批判。首先，银行占有说否认可以通过债权来占有相应存款现金。存款债权具有极高的兑现可能性只是对“银行信用”做出的评价，与认定存款现金占有归属没有关系，占有存款债权并不意味着占有存款现金，因为该债权所保障的账户名义人对现金的掌控力并不总是可靠的。例如，当银行破产时，债权价值会大大降低。[26] 其次，银行占有说认为，尽管占有的认定需要考虑一定的“规范要素”，但绝对不能认为类似债权债务关系这样的“规范要素”能够取代“事实性管领力”这类物理要素在认定占有归属当中的决定性作用，[27] 也就是说，即便存款债权与存款现金具有极其紧密的联系，也应当否认账户名义人占有存款现金，因为账户名义人显然对存款现金缺乏“事实性管领力”。而反观银行，无论从占有意思还是占有事实上分析，无疑占有存款现金。

如前所述，刑法上的占有与民法上的占有相比，要求更强的事实性。因此，以账户名义人占有存款债权为由推论出他对存款现金构成占有，并不符合占有的认定逻辑。首先，从物理角度看，银行对存款现金存在实实在在的掌控；其次，从银行职能的角度看，银行可以对存款现金进行完全地处分，如果否认银行对存款的占有，银行对于存款现金的再投资、贷出等行为就难以取得合法性，这不利于银行职能的实现。因此，笔者赞同银行占有说。

四、非法占为己有与拒不退还的关系

有学者在分析了错误汇款的占有归属问题之后，紧接着对使用错误汇款的两种行为，也即对债权的处分行为（转账、汇款）和取现行为进行了定性分析，得出了使用错误汇款构成或侵占、或盗窃、或无罪的结论。对于盗窃说和侵占说，都存在非法占有目的认定的问题。具体来说，盗窃说中非法占有目的的认定比较简单，只需要通过已经被高度定型化的盗窃罪构成要件要素来看是否存在利用意思和排除意思，而侵占说中非法占有目的的认定则存在争议，这就是侵占罪的非法占有目的与拒不退还之间的关系问题，在分析完占有归属问题后，理应继续对这一问题加以讨论，而不宜过早地给出定罪结论。而这一问题，实际上就是拒不退还在侵占罪构成要件当中的地

〔26〕 参见袁国何：《错误汇款的占有归属及其定性》，载《政法论坛》2016 年第 2 期。

〔27〕 参见车浩：《盗窃罪中的被害人同意》，载《法学研究》2012 年第 2 期。

位问题。

(一)“拒不退还”是否独立要素

关于“拒不退还”的地位,首先要讨论的是它是否侵占罪中独立于“非法占为己有”的要素。在这一点上,存在独立性说与非独立性说的争议。

独立性说是我国传统刑法理论的观点,这一观点认为,行为在满足非法将他人委托物非法占为己有的要件之后,还要另外满足“拒不退还”这一独立要件,才能构成侵占罪。〔28〕 简言之,侵占罪法律规定之中的“拒不退还”是具有独立的、实质性的意义的,而不是用来修饰“非法占为己有”的。

非独立性说是近年来提出的观点。这一观点认为,侵占罪法条规定的“拒不退还”实际上和“非法占为己有”表达的是同一含义,二者都是在说明侵占罪“变占有为所有”的行为特征。一方面,行为人将委托人的财物予以变卖、抵债等行为,即便没有明确表达拒不退还的意思,也已经足以表明其拒不退还;另一方面,当行为人真的拒不退还之时,也只是在说明行为人将委托人财物非法占为己有。〔29〕 简言之,“拒不退还”只是对“非法占为己有”的强调,而不是与“非法占为己有”相并列的独立要素。

有学者在考察了非独立性说的学说历史后发现,该说源于日本刑法理论中的“取得行为说”。〔30〕 取得行为说认为,侵占是指“将自己占有的他人财物不法据为己有的行为,是一切实现不法所有意思的行为”。〔31〕 不可否认,根据我国刑法规定,侵占罪的本质是“将自己占有的他人财物非法占为己有”,因此,站在我国刑法规定的角度,取得行为说更加可取。

这样看来,似乎“拒不退还”的规定变得没有太大意义,它的作用完全可以被“非法占为己有”取代。但笔者认为,独立性说关于“拒不退还”并非依附于“非法占为己有”的要素,而是一个独立要素的观点更加有力(这并不意味着笔者赞同“拒不退还”是一个侵占罪的构成要件要素)。理由是:从解释论上来看,不管是从历史上、体系上还是文理上进行解释,“拒不退还”都是独立于“非法占为己有”的要素。首先,在 1996 年 10 月 10 日版本的刑法草案之前,中华人民共和国各个年代的《刑法》关于侵占罪的规定中均没有涉及“拒不退还”的表述,1997 年《刑法》加入这一表述显然是有所考虑

〔28〕 参见高铭暄、马克昌主编:《刑法学》,北京大学出版社 2014 年版,第 515 页。

〔29〕 参见张明楷:《刑法学》(上)(第 5 版),法律出版社 2016 年版,第 968 ~ 969 页。

〔30〕 参见丁胜明:《刑法教义学研究的中国主体性》,载《法学研究》2015 年第 2 期。

〔31〕 参见[日]大谷实:《刑法讲义各论》,黎宏译,中国人民大学出版社 2008 年版,第 281 页。

的，具体的考虑因素是：侵占的行为人往往与被害人是熟人关系，拾得遗失物或侵占遗忘物与故意侵夺他人财物恶性也有别，故而在当事人双方可以协商解决，返还财物之时，不是一定要作为犯罪处理。[32] 显然，立法者是明显将“拒不退还”作为独立要素看待的。其次，如果“拒不退还”只是在强调“非法占为己有”，是附属于“非法占为己有”的要素，那么作为侵占罪特别法的职务侵占罪也应当有“拒不退还”的表述，但实际上职务侵占罪并没有这一表述，由此可见，“拒不退还”是独立于“非法占为己有”之外的要素。最后，从文义解释的角度分析，很难将“拒不退还”解释进“非法占为己有”的可能语义之内。如前所述，“非法占为己有”作为取得行为说对于侵占罪本质的定义，有自己独立的含义，它是指用非法方式侵夺他人所有权的行为。而这一含义显然很难解释为包括“拒不退还”的意思。举例来说，行为人携带着他人委托占有的财物隐匿踪迹，后来又“痛改前非”，将财物归还，完全足以据此认为行为人已经将他人财物“非法占为己有”，但是很难进一步认为行为人成立“拒不退还”。[33]

（二）“拒不退还”的体系性地位

在解决了拒不退还是否独立于“非法占为己有”的要素之后。进一步需要讨论的是，“拒不退还”到底是侵占罪中什么性质的要素，也就是“拒不退还”的体系性地位。

关于“拒不退还”体系性地位，存在“构成要件要素说”“罪量要素说”“情节说”“客观处罚条件说”这几种观点。构成要件要素说认为，“‘拒不退还’对构成侵占而言起质的作用而不是量的作用”，[34] 这也是前述独立性说的观点；罪量要素说认为，“拒不退还”并非侵占行为本身，它只是相当于“情节严重”的一个罪量要素；[35] 情节说实际上与罪量要素说没有区别；[36] 客观处罚条件说认为，“拒不退还”属于消极的客观处罚条件，如果不具备这一条件，则不需要处罚。[37]

---

〔32〕 参见全国人大常委会法制工作委员会刑法室编：《〈中华人民共和国刑法〉条文说明、立法理由及相关规定》，北京大学出版社2009年版，第565页。

〔33〕 参见丁胜明：《刑法教义学研究的中国主体性》，载《法学研究》2015年第2期。

〔34〕 于世忠：《侵占罪研究》，吉林人民出版社2002年版，第222页。

〔35〕 参见陈兴良：《口授刑法学》，中国人民大学出版社2007年版，第674页。

〔36〕 罪量主要包括数额和情节这两种形式。参见陈兴良：《本体刑法学》，中国人民大学出版社2011年版，第340页。

〔37〕 参见柏浪涛：《构成要件符合性与客观处罚条件的判断》，载《法学研究》2012年第6期。

侵占罪的法益是所有权,作为违法类型的侵占罪构成要件必然要包含、也只能包含对判断行为是否侵犯了所有权有意义的客观要素。据此,很难认为“拒不退还”属于侵占罪的构成要件要素,因为侵犯所有权的结果早已在行为人将委托物“非法占为己有”之时实现,“拒不退还”行为并不具备对侵占罪不法的说明意义。因此,构成要件要素说并不可取。至于“罪量要素说”和“情节说”,由于“罪量”和“情节”实际上是综合概念,他们内含的各种要素有的属于不法,有的属于罪责,还有的属于客观处罚条件,因此,这两种学说并没有进一步确切地回答“拒不退还”到底属于何种性质的要素,故而也不可取。再看客观处罚条件说。客观处罚条件(die objektiven Bedingungen der Strafbarkeit),译为“刑事可罚性条件”或者“应受处罚性条件”更为准确,[38]它是必须附加在有责任的不法行为中并且能够引发刑事可罚性的情况。[39] 至于它的体系性地位,本身就是一个有争议的问题。存在“刑罚阻却事由说”“犯罪成立要件还原说”“犯罪成立独立要件说”“区分说”四种观点。德国刑法理论中的“可罚性”概念相当于我国刑法理论中的“犯罪成立”概念。[40] 所以,客观处罚条件并非像有些学者认为的那样,是在犯罪成立之后决定刑罚启动的要素,[41]而是对犯罪成立有影响的实质性要素。故而认为客观处罚条件与犯罪成立无关的“刑罚阻却事由说”并不合理。“犯罪成立要件还原说”认为应当将客观处罚条件还原为不法构成要件要素,在违法要素这一意义上讨论客观处罚条件,理由是既然客观处罚条件一般会制造侵害法益的危险,那么就应当将之纳入违法要素,客观处罚条件与犯罪结果的区别仅仅在于前者是中间结果,后者是最终结果,[42]笔者认为,将客观处罚条件看作法益侵害结果所存在的缺陷在于无法论证客观处罚条件何以归责于构成要件行为,故而此说也有缺陷。“犯罪成立独立要件说”认为,

---

[38] 参见[德]克劳斯·罗克辛:《德国刑法学总论》(第1卷),王世洲译,法律出版社2005年版,第690页;[德]汉斯·海因里希·耶塞克等:《德国刑法教科书》(上),徐久生译,中国法制出版社2017年版,第743页。

[39] 参见[德]克劳斯·罗克辛:《德国刑法学总论》(第1卷),王世洲译,法律出版社2005年版,第690页。

[40] 参见王钰:《罪责原则和客观处罚条件》,载《浙江社会科学》2016年第11期。

[41] 参见陈兴良:《作为犯罪构成要件的罪量要素——立足于中国刑法的探讨》,载《环球法律评论》2003年第3期;柏浪涛:《构成要件符合性与客观处罚条件的判断》,载《法学研究》2012第6期。

[42] 参见[日]曾根威彦:《刑法学基础》,黎宏译,法律出版社2005年版,第89页。

应当在犯罪论体系内部解决客观处罚条件问题,具体说就是在构成要件该当性、违法性、有责性之后,另设第四个犯罪成立要件——客观处罚条件。笔者赞同此说。首先,这一观点符合刑事政策的目的,其次,它很好地处理了客观处罚条件与责任主义的关系问题。

综上所述,笔者认为,基于解释论的立场,不管是从历史解释、体系解释,还是文理解释的角度出发,侵占罪中的“拒不退还”是独立于“非法占为己有”的具有实质意义的要素,进一步来说,从合目的性和对责任主义的回应两个方面考察,“拒不退还”应当是客观处罚条件,它是居于侵占罪的构成要件、违法性与罪责之后的第四个侵占罪成立要件。

(三)“拒不退还”的认定

关于“拒不退还”的认定,需要弄清两个方面的问题:第一,“拒不退还”的表现形式;第二,法律上成立“拒不退还”的时间。

究竟什么行为方式才能说明行为人的行为属于“拒不退还”?理论上、实践上都有争议。争议焦点在于是否要求行为人明确表示其“拒不退还”的意思。[43] 倘若认为需要行为人明确表示“拒不退还”的意思才能认定属于“拒不退还”,那么对于实践中行为人携物潜逃的情况便无法有效予以评价,此时便有放纵犯罪之虞,因此,只要行为人客观上以其行为表明其拒不退还之时,便足以认定属于侵占罪上的“拒不退还”。

在行为人起先表示“拒不退还”,之后又将财物予以退还的情况下,是否构成侵占罪,换句话说,以什么时间为认定“拒不退还”的最终时点?这就是理论上对于行为人何时成立“拒不退还”争议焦点。针对这一问题,存在两派观点:第一派认为,作为结果犯的侵占罪,其全部构成要件实现的时间——既遂时间——就是“拒不退还”成立之时。一旦成立“拒不退还”就是侵占罪既遂,不存在转圜的可能,事后的退还行为可以作为量刑情节予以考虑。第二派观点认为,如果将行为人第一次表示“拒不退还”的时间视为侵占罪既遂时间,那么势必导致侵占罪急剧扩张,打击面过宽,立法者之所以要将“拒不退还”纳入侵占罪的成立要件,就是为了限制侵占罪的成立,将侵占罪既遂时间标准定得过早,有悖立法精神。这一派还进一步就认定“拒不退还”最终的时点进行了讨论,具体有立案之后至实体审理前、一审判决前、二审终审前这几种见解。

---

〔43〕 参见杜国强:《关于侵占罪若干问题的思考》,载《法学评论》2002 年第 6 期。

笔者赞同第一派的观点。“拒不退还”的成立标志着侵占罪所有构成要件的完成。在此之后的任何回转行为都对侵占罪的不法和罪责不具有任何影响,这是罪行法定和责任主义的双重要求。在行为人最初表示“拒不退还”,之后又将财物退还的情况下,应当认定行为人构成侵占罪既遂,其后的退还行为,可以作为量刑情节予以考虑。

五、占有归属与侵占罪构成要件的运用

如前文所述,错误汇款债权归账户名义人占有,现金归银行占有,相应地,使用错误汇款的行为包括转账汇款与取款两种行为,而“拒不退还”是居于侵占罪的构成要件、违法性与罪责之后的第四个侵占罪成立要件,故而认定使用错误汇款行为的性质应当分情况讨论,不能一概而论。

第一,单纯地对错误汇款进行转账的行为没有可罚性。如前所述,账户名义人占有存款债权。所以,从盗窃罪的角度考察,由于不存在转移占有的事实,故而转账行为便不构成盗窃罪。另外,从诈骗罪的角度来看,银行并未陷入错误认识,故而也不构成诈骗罪。最后,从侵占罪的角度看,由于尚难以就此判断出行为人有“拒不退还”的事实,故而难以认为行为人成立侵占罪。第二,单纯地取出错误汇款的行为也没有可罚性,其后的消费或者处分现金的行为,在认定存在“拒不退还”的事实的情况下,构成侵占罪。如前所述,银行占有存款现金,行为人具有对债权的占有和正当的取款权限,故而行为人取款的行为(取得现金占有的行为)具有正当性,而现金占有即所有,故而其后的取款和消费行为也具有正当性,但是,一旦经过前述认定“拒不退还”的程序认定行为人存在“拒不退还”的事实,那么行为人便成立侵占罪。总而言之,账户名义人针对错误汇款的单纯转账、取现的行为均不具有可罚性,将错误汇款取出后进行消费或者处分的行为也不具备可罚性。只有在认定其存在“拒不退还”的行为事实之后,行为人才构成侵占罪。

正确认识错误汇款的占有归属和侵占罪的构成要件在理论和审判实践层面均具有重要价值和意义。

(一)有助于正确理解规范逻辑

我国《刑法》第196条第3款规定:“盗窃信用卡并使用的,以盗窃罪定罪处罚”,2008年最高人民检察院《关于拾得他人信用卡并在自动柜员机(ATM)上使用的行为如何定性问题的批复》(以下简称“批复”)规定,拾得他人信用卡并在自动柜员机(ATM)上使用的行为属于《刑法》第196条规

定的“冒用他人信用卡”的情形，构成犯罪的，以信用卡诈骗罪追究刑事责任。《刑法》第 196 条的规定承袭自 1997 年最高人民法院《关于审理盗窃案件具体应用法律若干问题的解释》（以下简称《解释》）。自《解释》将盗窃信用卡的行为定性为盗窃罪以来，争议极大，以至于在刑法正式将《解释》的规定“扶正”以后，仍不能平息。争议焦点在于行为人盗窃信用卡并在 ATM 上使用时，该规定是注意规定还是法律拟制。注意规定说（通说）中有一派认为，机器不可能被骗，因而这种情况下即便没有 196 条第 3 款的规定也应当构成盗窃罪；法律拟制说认为，就信用卡本身价值而言，不足以构成盗窃，只有将第 3 款的规定理解为法律拟制才说得通。由此，学者们就 ATM 能否被骗的问题争论不休，[44] 甚至牵连至今，延烧至人工智能的刑法讨论。[45] 扩展开来，有学者着力通过对“批复”之中“冒用”这一词语的解释，来论证盗窃信用卡并在 ATM 上使用也是“冒用”，并以此证明法律拟制说的合理性。[46] 其实，完全没有必要将焦点集中于机器能否被骗以及在 ATM 上使用是否也是一种“冒用”的问题上。笔者认为，发生上述争论的原因在于对我国立法和司法解释对存款占有归属立场的忽视，因此，只要对存款占有归属问题作出正确的理解，刑法规定和《解释》、“批复”之间的龃龉自然可以化解。

遵循本文“存款债权——存款现金”分离的分析架构，在盗窃信用卡并使用的情形下，完全可以肯定行为人在取得信用卡时就同时非法占有了信用卡所代表的存款债权，由于此时存款债权的占有已经发生转移，因而可以肯定盗窃行为的成立，事后行为人的使用行为，完全只是一种被盗窃行为吸收了的从行为或者与盗窃发生牵连关系的诈骗行为，根据吸收犯或牵连犯的原理，理应认为行为人构成盗窃罪一罪，据此可以肯定上述注意规定说的合理性。进一步来看，这种解释也可以适用于“批复”，易言之，“批复”之中的使用行为的重点应该放在行为人侵犯的是存款债权的占有还是同时侵犯存款现金和存款债权的占有上面，而不是放在“冒用”的具体内涵上，据此，

〔44〕 赞成者有之，参见刘明祥：《用拾得的信用卡在 ATM 上取款行为之定性》，载《清华法学》2007 年第 4 期；李翔、周啸天：《信用卡诈骗罪中“冒用”的展开》，载《中国刑事法杂志》2008 年第 5 期。反对者有之，参见张明楷：《也论用拾得的信用卡在 ATM 上取款行为的性质——与刘明祥教授商榷》，载《清华法学》2008 年第 1 期。

〔45〕 参见刘宪权：《人工智能时代刑法中行为的内涵新解》，载《中国刑事法杂志》2019 年第 4 期。

〔46〕 参见刘宪权：《盗窃信用卡并使用行为定性的困境与破解》，载《法学评论》2018 年第 6 期。

可以通顺地理解上述刑法规定和“批复”的规范逻辑。

(二)有助于指导司法实践

试举两实例对笔者的观点进行总结性分析:

1. 何某案〔47〕

2001年3月2日,何某持农业银行储蓄卡去建设银行ATM上查询余额并准备取款,此前,此卡余额为10元。经查询,他发现自己的银行卡里的余额由10元变成了1000000元,他惊喜不已,随即尝试取款100元,ATM当即如数出款,在之后他又连续分六次取出现金4300元。3日上午,何鹏再次持卡到其他几家银行共七台ATM上,连续取款215次,共取现金425300元。两日共取现金429700元。法院认为,被告人何某以非法占有为目的,利用银行电子计算系统出现故障,自动柜员机丧失识别能力之机,使用仅有人民币10元的储蓄卡,从自动柜员机里窃取了人民币42.97万元,其行为已构成盗窃罪,且盗窃数额特别巨大,遂于2002年7月12日判处何某无期徒刑,剥夺政治权利终身,并处没收个人全部财产。2009年11月18日,何某的家人收到了云南省高院的再审决定书。一周之后,狱中的何某收到了云南高级人民法院的再审判决书。判决书认定的事实和罪名与之前的判决并无二致,但刑期由无期减成8年零6个月。

针对此案(或与此案行为类似的情况),主要有侵占罪、盗窃罪、诈骗罪三种观点。侵占罪说认为,银行将款项错误地打入何某的账户,此时何某合法占有这笔错误汇款,但是,其在明知无法返还的情况下仍然大量取款的行为则构成了侵占罪;〔48〕盗窃罪说认为,错误汇款仍然归银行占有,行为人取款行为侵犯了银行的占有,应构成盗窃;诈骗罪说则认为,行为人明知自己账户里有错误汇款,而该笔汇款应归银行占有,因此,账户名义人具有告知银行的义务,其不告知银行,仍然从ATM取款的行为构成诈骗罪。〔49〕笔者认为,何某构成侵占罪。首先,如前文的分析,错误汇款归账户名义人何某占有,他也具有取款权限,关键在于行为人是否具有“拒不退还”的意思和行

〔47〕何某案存在不同的版本,笔者在这里采用的是其中一个版本,至于这一版本是否真实,并不妨碍本文对其进行理论探讨。

〔48〕参见[日]曾根威彦:《刑法各论》(第3版补正版),弘文堂2003年版,第172页。转引自陈洪兵:《中国语境下存款占有及错误汇款的刑法分析》,载《当代法学》2013年第5期。

〔49〕日本最高法院2003年3月12日《刑事判例集》(第57卷第3号),第322页。转引自陈洪兵:《中国语境下存款占有及错误汇款的刑法分析》,载《当代法学》2013年第5期。

为，从本案案情可以看出，行为人在明知自身经济条件并不足以偿还的情况下，仍然决意取出大量现金的行为清晰表明了其不打算偿还的意思，因此，可以认定，行为人构成侵占罪。

2. 刘某某侵占案〔50〕

案情：纪某于2017年11月26日4时32分因手误，错把23500元汇到刘某某邮政储蓄6210××001161210卡内，汇完款后才发现汇款错误（纪某和刘某某没有任何债权债务关系），纪某便立即向刘某某打电话和发短信说明情况并催还该款，刘某某先是否认收到上述汇款，并于2017年11月27日将电话关机、将23500元汇款从其邮政储蓄尾号为1210卡内取走，余额为几十元钱。

如前文所述，错误汇款债权归账户名义人占有，现金归银行占有，相应地，使用错误汇款的行为包括转账汇款与取款两种行为，而“拒不退还”是居于侵占罪的构成要件、违法性与罪责之后的第四个侵占罪成立要件。基于此，结合案情，以及在案情基础上作一定的假设分析，可以得出如下结论：

首先，就实际案情来看，本案中，刘某某采取的是取现方式，根据笔者前文的分析，存款现金归银行占有，账户名义人享有对该笔现金的正当取款权限，故而其取出23500元现金的行为，如果孤立来看，并不具备可罚性，即便事后刘某某将这笔钱花费，如果事后证明其并不具有拒不退还的意思，也不能认为其构成犯罪，但是，本案中刘某某事后采取了否认、关机等明显表征其决意不退还该笔错误汇款的行为，因此，可以认定，刘某某的行为成立侵占罪。

其次，假设刘某某没有将钱取出，而是将资金转账进入自己的其他银行账户，根据笔者前文的分析，账户名义人占有存款债权，从盗窃罪的角度考察，由于不存在转移占有他人存款债权的事实，故而转账行为便不构成盗窃罪。另外，从诈骗罪的角度来看，银行并未陷入错误认识，故而也不构成诈骗罪。

最后，从侵占罪的角度看，由于刘某某采取的否认、关机等逃避退还的行为已经清晰表明其拒不退还的意思，故而应当认为刘某某的行为成立侵占罪。

总而言之，账户名义人针对错误汇款的单纯转账、取现的行为均不具有可罚性，将错误汇款取出后进行消费或者处分的行为也不具备可罚性。只有在认定其存在“拒不退还”的行为事实之后行为人才构成侵占罪。

〔50〕 该案案号为：魏都区人民法院（2017）豫1002刑初1137号。本案最终因证据问题，法院不予受理，但不妨碍对其进行理论探讨。

南京国民政府的空军优抚立法
——当代军队法制建设之镜鉴

张嘉颖*

摘　要：为抗战需要，南京国民政府时期的军人优抚立法得以发展。针对空军这一新建立的军种，南京国民政府构建了以《空军抚恤条例》《空军官佐退役俸给与规则》《空军勋奖条例》等法规为主体的空军优抚法律制度，并推动系列法规在空军中的实施，展现了近代中国法律制度同军队建设的互动。空军优抚主要由空军优待措施、空军抚恤措施、空军家属优抚措施组成，具有优抚力度大、优抚内容多、优抚范围广的特点。在实施过程中，由于保障实施制度缺位、政治体制腐败、社会经济衰退等原因，空军优抚的相关立法没有取得预期成效。但是，这些立法为保障空军权益、激励空军作战和取得抗战胜利发挥了重要作用。近代中国法律制度与军队建设互动的经验对当代中国"强军目标"的推进具有不容忽视借鉴价值及反思意义。

关键词：南京国民政府；法律制度；军队建设；空军；强军目标

引　言

民国时期，尤其是南京国民政府时期，国内阶级矛盾层出不穷，国际战争形势复杂多变，内忧外患的窘境，促使了中国近代法制进一步的调整和创新，在既有法律制度的基础上，南京国民政府借鉴了国外优秀法律成果，一系列新的法律制度被设计出来以应对时局变化。其中，以政府为主体，旨在帮助社会成员解决困难、满足社会成员物质及精神文化等方面需要的福利保障制度应运而生，福利法因此得到了快速的发展。[1]

作为福利立法组成部分的军人优抚立法，以优待措施和抚恤措施为主

---

* 张嘉颖，南京大学法学院2018级硕士研究生。

〔1〕 参见田毅鹏：《中国社会福利思想史》，中国人民大学出版社2016年版，第2页。

要内容,作为国家兵役政策之一部,对于保障军人权利、激励军人作战、推动抗战胜利具有不可替代的作用,因而在以抗战为主要背景的南京国民政府时期值得特别关注。[2] 纵观中华民族抗日战史,横向比较海陆空三军抗战成就,空军表现极为英勇壮烈,加之军种的特殊性,空军优抚立法与陆、海军优抚立法具有明显的差异,其制度设计特点鲜明。

通过对南京国民政府时期空军优抚立法的研究,将法律理论同空军史料结合,可以探知该时期空军优抚立法内容,继而知悉其影响及实施效果,再现历史视角下近代中国法律制度与军队建设的互动具象。此外,南京国民政府时期的空军优抚立法,是近代中国对军人优抚立法问题进行的积极探索,对近代中国军队建设具有深刻影响。通过研究,一方面,可发挥其深刻的启迪作用,使当代军人优抚立法不仅可以从中借鉴其优秀的立法成果和立法技术,还能从其实施过程中的失败教训中获取经验,防患于未然;另一方面,可发挥其有力的推动作用,促进当代军人优抚法律法规的进步与军队的现代化建设,以期从法制层面对强军目标的实现有所助益。

一、法律制度设计:优待与抚恤并行

(一)空军优抚立法概况

无空防即无国防,作为空防的重要力量,空军的战斗力受到南京国民政府的高度重视,为激励空军作战,南京国民政府制定了一系列有关空军优抚的法律法规,主要包括:1934 年《空军抚恤暂行条例》、1935 年《空军官佐退役俸给与规则》、1941 年《慰问空军烈士家属办法》、1943 年《空军抚恤条例》、1945 年《空军勋奖条例》、1949 年《空军勋奖条例》,这些法规集中性地规定了仅针对空军军种的优待及抚恤措施;此外,空军优抚措施还散见于 1929 年《陆海空军奖章给予法》、1935 年《陆海空军奖励条例》、1937 年《陆海空军奖励条例》等法律法规中,空军可根据相关规定享受针对陆、海、空三军的优抚待遇。由此观之,南京国民政府就空军优抚问题,采取了单一军种个别立法与陆海空三军合并立法共存的方式,兼顾了军种的特殊性与普遍性。

---

〔2〕 参见沈阳:《国民政府抗战时期军事优抚评析——以四川地区为中心的考察》,载《抗日战争研究》2008 年第 2 期。

(二)空军优待措施

1.独立的勋奖条例。为对著有功绩的海陆空军军人给予优待和奖励,南京国民政府相继颁布了1929年《陆海空军奖章给予法》、1935年《陆海空军奖励条例》、1937年《陆海空军奖励条例》。在这三个法律文件之外,南京国民政府为空军制定了独立的勋奖条例,分别是1945年《空军勋奖条例》[3]和1949年《空军勋奖条例》[4]。其内容主要有:(1)颁授勋章:以战功和成就为划分标准,由高到低分别是大同勋章、河图勋章、洛书勋章、干元勋章、复兴荣誉勋章;(2)颁给奖章:以飞行时数和作战任务次数为划分标准分,由高到低分别对应鹏举奖章、云龙奖章、飞虎奖章、翔豹奖章、雄鹫奖章、彤弓奖章;(3)享受特别优待及礼遇:领受空军奖章、勋章者可享受空军俱乐部或空军新生社优待,参加空军各种康乐活动,接受空军人员的适当礼节表示。这两个条例是针对空军军种的单独立法,故能够享受以上独立勋奖待遇的主体仅有空军军人,不包含陆、海两军。

2.特殊的庆祝活动。1937年8月14日,中国空军奋起迎击空袭杭州笕桥的日本海军轰炸机,以辉煌的成绩首战告捷,打破了日军"不可战胜"的神话,"八一四"笕桥空战的胜利使全国军民备受鼓舞,并以此激励斗志,奋勇杀敌。[5] 为纪念"八一四"空战胜利,国民政府于1939年10月27日颁布国民政府训令,拟定每年的8月14日为"中国空军节",并制定纪念办法六项,规定是日悬挂国旗举行纪念仪式、扩大空军建设宣传、发动慰问空军烈士家属及慰劳空军、鼓励青年投效空军、举办航空表演及展览运动、空军机关放假一日并举行游艺会运动及聚餐,[6]"空军节"据此有法可循,成为其时全民皆知的极具纪念意义的节日之一。

3.优待退役军人。为对空军军人退役后的生活给予相应的保障,1935年3月21日南京国民政府公布《空军官佐退役俸给与规则》,根据空军官佐在现役期内实职年资的长短以及退役或除役时官阶薪级的不同按月发给,最高为服役满20年的空军上将,退役俸金额为370元,[7]最低为服役不满

---

〔3〕《空军勋奖条例》(1945年),载《法令周报(重庆)》1945年第21期,第1~4页。

〔4〕《空军勋奖条例》(1949年),载《总统府公报》1949年第199期,第1~2页。

〔5〕参见陈应明、廖新华:《浴血长空——中国空军抗日战史》,航空工业出版社2006年版,第35页。

〔6〕参见《空军节的起源及其意义》,载《航空建设》1948年第2期。

〔7〕货币单位为法币,下同。

10年的空军三级准尉，退役俸金额为7元。[8] 因此，就空军军人优待措施实施的对象而言，不仅包含现役空军军人，亦囊括了退役人员。可见，立法给予了空军军人良好的优待待遇，俾使无论现役、退役，均能得到一定保障。

（三）空军抚恤措施

作为优抚措施的另一个方面，军人抚恤问题历来受到政府的重视，尤其在战争时期，有力的抚恤措施能起到保障军人权利、稳定军心、提升军队战斗力的作用。南京国民政府为此相继公布了1934年《空军抚恤暂行条例》和1943年《空军抚恤条例》。根据《空军抚恤条例》的规定，抚恤有战时和平时之分，伤亡分为五类，分别是：阵亡、因公殒命、积劳病故、阵伤、因公负伤，规定极为细致。

抚恤金分为一次恤金和年抚金两种：一次恤金按照死亡者阶级和恤金表数目给予死亡者遗族，年抚金按照伤亡者阶级和恤金表数目分别给予受伤者及死亡者遗族。抚恤金根据伤亡类型及伤亡者阶级的不同分为六表：最高为空军上将空中阵亡或因公殒命时的一次恤金，共计20000元；最低为空军一二等兵空中因公负伤或地面因公负伤时的第三号恤金，共计25元。虽然因军阶差异，抚恤金呈两极悬殊之势，但仅就条例的规定而言，伤亡各类型与伤亡者各阶级所享受的抚恤金标准划分细致明确，亦可谓面面俱到。

（四）空军家属优抚措施

空军优抚立法保障的对象除了现役、退役空军军人，亦包括了空军家属，立法考量周到，辐射范围广。例如，根据1934年《空军抚恤暂行条例》的规定，空军家属可以遗族身份取得恤金，[9] 除此之外，南京国民政府于1941年公布了《慰问空军烈士家属办法》，航空委员会官佐员因在职身故者，无论作战阵亡因公殒命或积劳病故均可以按照《慰问空军烈士家属办法》慰问其家属，发给抚慰金。空军家属的抚慰金的发给分为三类：作战阵亡、因公殒命、积劳病故。作战阵亡者，军官军佐军属每人600元，飞行学院航空士每人400元；因公殒命者，军官军佐军属每人400元，飞行学院航空士每人200元；积劳病故一类中，军官军佐军属每人200元，飞行学院航空士每人100元。[10] 这些规定是立法对空军家属优抚问题作出的特别安排。

---

〔8〕 参见《空军官佐退役俸给与规则》，载《法令周刊》1935年第248期。

〔9〕 参见《法规：空军抚恤暂行条例》，载《军事汇刊》1934年第13期。

〔10〕 参见《中央法规：慰问空军烈士家属办法》，载《云南省政府公报》1941年第58期。

二、具体制度解读:区别于陆、海两军的特别安排

(一)与陆、海军相比:优抚力度大

1.经济优待。南京国民政府通过空军优抚的相关立法,给予了空军高于陆、海军的待遇,在物质方面表现得尤为明显,可以从陆、海、空三军退役俸给标准及伤亡抚恤金两方面进行比较。

(1)在陆海空军的退役俸给方面,空军的标准是高于其他两个军种的,根据《空军官佐退役俸给与规则》[11]《陆军官佐退役俸及赡养金给与规则》[12]《海军官佐士兵赡养金规则》[13]的规定,取三军各官阶退役俸给最高标准对比如表1所示:

表1　陆海空军各官阶退役俸给最高标准

单位:法币

官阶	空军	陆军	海军
上将	370	200	210
中将	340	150	180
少将	305	100	150
上校	225	75	120
中校	205	60	100
少校	185	45	80
上尉	120	30	60
中尉	103	25	50
少尉	90	15	40
准尉(海军军士长)	43	15	40
海军副军士长			30
海军上士以下			照原饷五成

从表1中的数据中可以发现,陆海空军各官阶退役俸给标准最高的是空军,其次是海军,最后是陆军。陆军和海军的退役俸给标准差距不大,而空军的退役俸给标准远高于另外两个军种,其享受的优抚力度之大,可见一斑。

---

〔11〕 参见《空军官佐退役俸给与规则》,载《法令周刊》1935年第248期。

〔12〕 参见《陆军官佐退役俸及赡养金给与规则》,载《军事杂志(南京)》1935年第83期。

〔13〕 参见《海军官佐士兵赡养金规则》,载《海军公报》1932年第39期。

（2）在陆海空军的伤亡抚恤方面，差距更为明显，根据《空军抚恤条例》[14]《陆军抚恤条例》[15]《海军抚恤条例》[16]的规定，取阵亡时一次恤金的标准进行对比如表2所示：

表2　陆海空军阵亡一次恤金标准

单位：法币

官阶	空军	陆军	海军
上将	20000	3000	3000
中将	17000	2000	2000
少将	14000	1500	1500
上校	11000	1000	1000
中校	10000	900	900
少校	8000	800	800
上尉	6500	600	600
中尉	5000	500	500
少尉	4500	400	400
准尉	3000	300	300
上士	1600	150	150
中士	1400	130	130
下士	1200	120	120
上等兵	1000	100	100
一二等兵	800	80	80

从表2中可以看出，空军抚恤标准明显高出陆军和海军的标准，空军抚恤金数额是另外两个军种的10倍左右，空军与陆、海军在优抚立法方面享受的待遇差距悬殊，不言自明。

2. 政治关怀。南京国民政府于1939年10月27日颁布国民政府训令，拟定每年的8月14日为“中国空军节”，并制定了纪念办法六项，“每年的空军节，全国各大都市都在举行盛大的纪念和发动慰劳空军运动”。[17]“空军节”

〔14〕参见《法规：空军抚恤条例》，载《立法院公报》1943年第128期。
〔15〕参见《陆军抚恤条例》，载《行政院公报》1944年第5期。
〔16〕参见《海军抚恤条例》，载《行政院公报》1944年第5期。
〔17〕《每周时事：全国热烈纪念空军节》，载《全民抗战》1940年第134期。

变为了一个举国欢庆的纪念日,受到当局和民众的高度重视,空军军人及家属可通过六项措施享受相应的优抚。对比之下,陆军和海军在立法上和事实上都没有这样单独而盛大的庆祝活动,更不必说在庆祝活动中可以享受到的优抚待遇。南京国民政府对空军给予特别的政治关怀,反映了当时空军所享受的优待及抚恤,是不可与陆军、海军等量齐观的。

(二)精神与物质并举:优抚内容多

空军优抚的立法中,立法者不仅重视物质给予,也同样重视精神抚慰。在物质给予方面,《空军抚恤条例》《空军官佐退役俸给与规则》等法规发挥主要作用,立法者以相对较大的优抚力度对优抚措施进行了详尽的规定,通过恤金和退役俸给的发放,有力地保障了空军军人及其家属的生活条件,维护了空军军人及其家属的基本利益,这是优抚立法最为直接的立法目的。在精神抚慰方面,《空军勋奖条例》以战功和成就为标准,制定了勋章、奖章授予办法并规定了特别优待措施,对空军人员的表现给予认可和鼓励;空军节的设置和空军节六项纪念办法给予了空军官兵或空军家属以特别的精神抚慰。通过纪念活动和慰问活动表现出当局和民众对空军的重视,这些措施有利于提高空军军人的社会地位、树立空军军人的尊严、鼓舞空军军人的士气。对于保家卫国的军人而言,除了物质层面的优待,精神上的抚慰同样是必不可少的,尤其是在战争年代,军人优抚问题更加值得充分重视,立法者在妥善考量之后,采取精神与物质并举的方式,规定了多样的优抚内容,形成了南京国民政府时期空军优抚立法的又一大特色。

(三)因事制宜、严格划分:优抚规定细致

南京国民政府时期的空军优抚法律法规,“规定细致”是其特点之一。首先,在抚恤措施方面,通过对比《空军抚恤条例》《陆军抚恤条例》《海军抚恤条例》的规定可以发现,立法者虽将三军受抚恤的类型都进行了一定程度的划分,但其所列举的情形不尽相同,以“阵亡”情形为例,陆、海军的抚恤条例仅规定了两种情形,即“临阵殒命”和“遇非常事变被戕时殒命”,而空军的抚恤条例中划分了足有七种情形。其次,在优待措施方面,通过对比《空军官佐退役俸给与规则》《陆军官佐退役俸及赡养金给与规则》《海军官佐士兵赡养金规则》,可以发现,在退役俸给的规定方面,三军差异明显。以“甲等退役俸”的划分为例,陆、海军仅根据官阶简单划分,而空军不仅将部分官阶划分为三级,还增加了年资的标准,空军甲等退役俸给的发放共计有312种情形。抚恤措施方面选取陆海空军“阵亡”情形作比较,因《空军官佐退役俸给与规

则》情形过多,故优待措施划分方面选取陆海空军“中将”退役俸给作比较,对比如表3、表4所示:

表3 陆海空军抚恤法规中“阵亡”情形

军种	阵亡
空军	(1)空中与敌作战殒命者;(2)作战回防,因人机受伤而失事殒命者;(3)飞行遭遇袭击殒命,或人机受伤而失事殒命者;(4)降落部队在空中被击落殒命者;(5)地面与敌作战殒命者;(6)参加作战有关之工作,遇空袭未及疏散,被炸击殒命者;(7)遇非常事变被戕殒命者。
陆军	(1)临阵殒命;(2)遇非常事变被戕殒命。因临阵或遇非常事变受创伤,在六个月内殒命者,视为阵亡。
海军	(1)临阵殒命;(2)遇非常事变被戕殒命。因临阵或遇非常事变受创伤,在六个月内殒命者,视为阵亡。

表4 陆海空军优待法规中“中将退役俸给”情形

单位:法币

军种	中将退役俸给
空军	未满十年:一级175,二级165,三级150; 满十年:一级190,二级180,三级165; 满十一年:一级205,二级195,三级180; 满十二年:一级220,二级210,三级195; 满十三年:一级230,二级225,三级210; 满十四年:一级250,二级240,三级225; 满十五年:一级265,二级255,三级240; 满十六年:一级280,二级270,三级255; 满十七年:一级295,二级285,三级270; 满十八年:一级310,二级300,三级285; 满十九年:一级325,二级315,三级300; 满二十年:一级340,二级330,三级315。
陆军	150
海军	180

通过表3与表4的对比,可以发现立法者在空军优抚立法方面,因事制宜,根据不同事件严格划分各类情形,与陆、海军优抚法规相比,其制度安排更为科学合理,形成了空军优抚立法“规定细致”的特点。

三、制度形成缘由:基于军种差异、国际合作与当权者选择的影响

(一)军种特殊:新兴军种与高素质、高成本人才培养

空军成军较晚,是当时的新兴军种,空军抗战有和陆、海军不同的特点。作为空防的重要力量,空军以空中作战为主,面临的风险更大,伤亡更为惨烈,抗战期间近四分之一的飞行军官阵亡,阵亡者大多"面目全非,不忍卒睹"。[18] 除了作战的伤亡,南京国民政府时期,迫于国力限制,中国空军飞机机型参差不一,飞机性能较差,空军官兵的平时伤亡率也高于陆军、海军。所以南京国民政府在立法上对空军投入较大的优抚力度,是符合情理的,空军这一高度危险的新兴军种也需要大力的优抚措施来吸引广大青年的投效。

根据1933年中央航空学校招考新生的规定,报考飞行科需满足"高级中学以上毕业"[19]的条件,所以空军的学历普遍较高,甚至远远高出航校要求的标准,如航校三期的沈崇诲,毕业于清华大学土木系;在这个基础上,中央航校还采取低录取率和高淘汰率的制度,全力追求高素质人才。南京国民政府为此也投入了高成本,如发给飞行津贴、提高学生待遇,"不惜从各方面给予优待,特别是物质生活"。[20] 基于高素质人才储备和高成本投入,国家培养空军十分不易且代价巨大,在立法上必须对空军投入更大的优抚力度,因为"他们的牺牲或许使后来的中国少了一位优秀的工程师、一位杰出的物理学家,甚至一位杰出的将领"。[21] 空军的军种特殊性在各国普遍而客观地存在,具有稳定性,可以说,军种的特殊性是空军优抚制度形成的决定性因素。

(二)国际合作:从美国志愿援华航空队到第十四航空队

抗战期间,中国空军除了独立作战,还采取了国际合作的方法,以中美合作为例,从时间顺序上分别是:美国志愿援华航空队(飞虎队)、第二十三战斗机大队、第十四航空队。美国志愿援华航空队实际上是中国空军招募外籍飞行员参与作战,不是政府间的国际合作,在这样的雇佣关系中,为吸引具有优秀飞行技术的外籍飞行员,南京国民政府必然要提高相应的薪金及待遇。此外,国际合作的背景下,中国空军优抚措施的力度也受到影响,美国总顾问陈纳德建议:对空军官阶进行改革,所有官阶一律降两级,适当提高薪俸。[22] 国

---

〔18〕 龚业悌:《抗战飞行日记》,长江文艺出版社2011年版,第241页。

〔19〕 《中央航校招考新生》,载《飞报》1933年第209期。

〔20〕 文闻:《旧中国空军密档》,中国文史出版社2006年版,第202页。

〔21〕 朱力扬:《中国空军抗战记忆》,浙江大学出版社2015年版,第2页。

〔22〕 参见文闻:《旧中国空军密档》,中国文史出版社2006年版,第154页。

民政府采纳了他的建议，于 1933 年对空军官阶进行了改革，虽然降低了空军官阶，但提高了原有的薪俸，在薪俸上加大了对空军的优抚力度。应当指出，军队作为一种武装力量，和一国国家利益紧密相关，各项制度原则上不容他国置喙，故国际合作背景下对空军优抚制度产生的影响终究是有限的。

（三）当权者的选择：航校校长蒋介石与"空军之母"宋美龄

1932 年杭州笕桥中央航空学校创立之初，蒋介石亲任校长，视中央航校为"第二个黄埔军校"，不惜投入大量经费发展航校、培养空军，除了物质方面的给予，他还注重与航校学生的情感交流，曾亲临航校学生毕业典礼并花重金为航校学生举办毕业恳亲会；1935 年航空委员会成立之后，蒋介石自任航委会委员长，宋美龄出任秘书长，宋美龄对空军这一军种尤为钟爱，称空军为"我的空军"，她曾亲自采购飞机、聘请外国飞行员和专家、研究空军战术，一生最喜爱的胸针就是空军军徽，后来被飞虎队视为"荣誉队长"，也被誉为"中国空军之母"。[23]

蒋介石与宋美龄对空军所倾注的心力是明显超过其他两个军种的，从他们对空军的重视和付出可以发现，南京国民政府时期大力发展空军，对空军优抚投入较大的力度，除了政府充分认识到空防的重要性之外，也有当权者个人偏爱和选择的因素，但当权者的偏好具有偶然性和不确定性，并非空军优抚制度形成的决定性因素。

四、法制实效考察：社会影响与实施效果评价

（一）客观存在的社会积极影响

南京国民政府时期的空军优抚立法符合时代需要和现实需求，在新兴军种的建立、国防事业的发展、法律制度的进步等多重因素作用之下应运而生，不可否认地带来了诸多积极影响，具体可从以下四个方面进行观察：

1. 保障空军家属权益，消除军人后顾之忧。在南京国民政府时期空军优抚的法律制度中，空军家属也被纳入了优抚范围，可获得相应的优待及抚恤金，保障基本生活，加之空军优抚法律法规具有力度大的特点，空军家属的权益往往能得到更好的保障。以空军阵亡将士邓凤岗家属优抚为例：邓凤岗阵亡后，邓凤岗胞弟以生活困难向航空委员会请求予以优待，航空委员会遂于 1942 年向云南省政府致以公函，"请查照惠予转饬镇雄县政府依法保护以安

---

〔23〕 参见龚业悌：《抗战飞行日记》，长江文艺出版社 2011 年版，第 154 页。

遗族”。[24] 这样的制度安排,一定程度上消除了空军军人对于自己家属的后顾之忧,有利于前线军人安心作战。

2. 保障空军军人权益,激励空军作战。空军军人是空军优抚立法的主要对象,空军优待措施与抚恤措施,不仅给予空军军人物质优待与精神嘉奖,保障空军基本权益,更引发全社会对空军建设的关注和投入。如优抚立法中“空军节”的设置,引发了中国航空建设协会总会于1943年“八一四”空军节来临之际在全国范围内开展的“一县一机”捐机运动,[25] 截至1944年空军节前夕,仅新疆一省便献金2600万元用于采购飞机。[26] 空军节捐机运动对于中国空军飞机数量和机型的补充具有重大影响,一方面有利于空军战斗力的保证和提高,另一方面对于鼓舞空军士气,激励空军作战发挥了重要的作用,在抗战期间,中国空军展现出了“风云际会壮士飞,誓死报国不生还”的抵抗精神,涌现出了高志航、刘粹刚、乐以琴等大批可歌可泣的空军英雄。

3. 激发全社会抗战热情,推动抗战胜利。通过空军优抚立法,空军军人及家属的权益得到保障,空军地位不断提高,社会对空军给予了充分的重视;在激励了空军军人作战的同时,空军“八一四”“四二九”等空战胜利更反过来大大激发了全民抗战热情。抗战期间,不仅广大青年自发投效空军,更有诸多家庭摒弃传统的“好男不当兵”观念,鼓励亲人从军,如南开大学校长张伯苓、清华大学校长梅贻琦等都将子女送入空军服役;全社会自发举行慰问空军的活动、民众不顾安危转移和救治空军伤员等不胜枚举。[27] 全民抗战热情得以进一步激发,空军作战得到社会广泛支持,这些积极因素有力地推动了抗战胜利。

4. 填补空军优抚立法空白,为当代军人优抚立法提供经验。南京国民政府时期进行的一系列空军优抚立法,是中国近代法制史上针对军人优抚立法的积极探索,通过留存的相关法律文献,可以肯定其具有立法水平较高、立法内容丰富的优点。于当时而言,南京国民政府时期的空军优抚立法不仅从法制层面填补了空军这一军种在优抚问题上的空白,更在理论和实践上促进了中国军人优抚立法的进步,展现了法律制度与军队建设的一次互动;于当代而言,其立法成果为现代中国的军人优抚立法提供了宝贵的经验,有利于我

---

〔24〕《云南省政府训令:秘党字第三四五五号》,载《云南省政府公报》1943年第7期。
〔25〕参见《一县一机运动:空军节全国发动》,载《重庆大公报》1943年8月11日。
〔26〕参见《一县一机运动:空军节将宣布总成绩》,载《重庆中央日报》1944年7月19日。
〔27〕参见徐斯美:《四条命,救一个:抗战硝烟里的红十字》,载《航空知识》2018年第2期。

们改进相关立法、促进军人优抚工作的有序开展，建立法律制度设计与军队建设工作的有效互动。

（二）值得反思的法制实施效果

南京国民政府时期针对空军优抚问题进行的立法活动虽然取得了一些积极影响，但也应当指出，其系列法律法规的实施效果并不理想，具有明显的缺陷，可以从以下几个方面援引事例为证：

1. 优抚工作不到位。在空军优抚立法中，的确规定了对空军军人的优待措施，但实际上，优待措施因优抚工作不到位，效果常常大打折扣。仅以"八一四"笕桥空战后的后勤保障工作为例，战役后的飞行人员饮食住宿安排完全谈不上，高志航和飞行员们全胜归来后竟只能啃冷馒头、身着湿衣在笕桥机场自行寻找场地和衣而眠，第二天又要立即投入战斗。[28] 优抚工作不到位的情况在空军中时有发生，非为个例，对空军人员的权益保障造成了损害，一定程度上也对空军作战产生消极影响。

2. 实际待遇不公平。以空军飞行员击落敌机数量的确认为例，中国空军王牌飞行员柳哲生个人上报的战绩为 11.3 架，但官方只认定了 9 架，使柳哲生因此错失了部分荣誉，"根据诸多王牌飞行员的回忆，他们击落或可能击落、协同击落的敌机数目超过官方数据不少"；[29] 而美国志愿援华航空队在 1941 年 12 月 20 日同日军的作战中，多上报了击落敌机的数目，国民党空军司令部因此多发了 1500 美元的奖金。[30] 优抚立法虽规定细致，但在实施过程中却不严谨，不合理的战果确认制度，使应当得到优抚的人员没有得到、不应得到优抚的人员反而多得，实际待遇极不公平，有损空军军人的作战积极性。

3. 优抚措施流于形式。南京国民政府后期，货币贬值，民生日渐凋敝，原有的空军优抚措施在这样的大环境下，无法实现其保障空军军人及其家属的立法目的，成为一纸空文，优抚措施仅仅流于形式。据南京国民政府时期空军飞行员徐华江回忆，为应对薪水贬值带来的影响，空军官兵们甚至在空闲时刻到北京南苑机场住宿营区种菜、学习生产肥皂并出售，[31] 空军人员的生活面临困扰只能自力救济，说明优抚立法在这一时期没有发挥其应有的

---

〔28〕 参见刘毅夫：《空军史话》（上），黎明文化事业公司 1994 年版，第 50 页。

〔29〕 陈应明、廖新华：《浴血长空——中国空军抗日战史》，航空工业出版社 2006 年版，第 207 页。

〔30〕 参见周斌、邹新奇：《中国的天空》，凤凰出版社 2009 年版，第 168 页。

〔31〕 参见徐华江：《天马蹄痕：我的战斗日记》，高手专业出版社 2010 年版，第 288 页。

作用。

通过研究和分析,南京国民政府时期空军优抚立法之所以没有收获立法者所期待的成效,其原因可归结为三点。第一,保障实施的制度缺位。前文优抚工作不到位的例子反映出了优抚立法缺少一套完善的后勤保障制度,实际待遇不公平的例子反映出了优抚立法缺少一套合理的战果确认制度,二者作为保障空军优抚立法得以实施的配套制度,意义重大,一旦出现缺位,优抚立法难以得到实施,优抚措施更无法得到落实;南京国民政府时期空军优抚立法因为保障其实施的制度缺位,在实践过程中大打折扣,造成优抚工作不到位、实际待遇不公平等情况,损害了空军军人及其家属的权益,阻碍了空军优抚立法目的实现。第二,政治体制腐败。南京国民政府时期,贪污问题极为普遍,即使国民党空军治贪污相对较严,但也并不例外,部分空军人员利用职权和力量贪污盗窃、投机倒把的情况比比皆是,如郭贤牧等人"空军航空器材失窃案",[32]再如国民党空军副总司令毛邦初1949年就因贪污被撤职,[33]国民党空军中将衣复恩亦在其个人自传《我的回忆》中对空军贪污腐败问题感叹不已,在上至空军副司令,下至地勤都存在贪污的环境之下,空军的优抚资金受到波及,用于优抚的资金或物资被挪作他用,中饱私囊,造成应该得到优抚的人群没有得到或受到亏待,在腐败的政治体制之下,优抚措施自然难以有效落实。第三,社会经济衰退。抗战期间,国民政府受战争所累开始滥发法币,由此带来了通货膨胀的恶果,表现为物价暴涨、法币贬值;抗战结束后,国民政府又未能采取有效措施恢复经济,导致经济状况每况愈下,"1937年发行14亿元法币,到1945年发行5569亿元,增长360倍……到1948年物价较战前上涨3492万倍"。[34] 但与此同时,立法并没有因为货币贬值而对立法措施进行相应的调整,如增加抚恤金的数额,同样的一笔抚恤金在社会通货膨胀的情况下价值大大降低,抚恤仅仅流于形式,对于领受抚恤金的人群来说没有意义,优抚立法根本达不到优抚的目的。

五、当代价值:如何促进法律制度与军队建设的有效互动

在推动军队建设,实现强军目标的进程中,良好的法律制度能构成重要

---

〔32〕《空军大办贪污之二三例》,载《小广州人杂志》1949年第101期。

〔33〕参见文闻:《旧中国空军密档》,中国文史出版社2006年版,第285~287页。

〔34〕成圣树、金祖钧:《从民国时期的三次币制变革看当时的通货膨胀》,载《江西财经大学学报》2011年第4期。

助力。南京国民政府时期的空军优抚立法已为当代展现了法律制度和军队建设之间的互动,对其内容、特色、成因、实效等方面的还原、探析、评价,归根究底,是为了使当代法制从中得到裨益或警示,促进当代立法者思考如何从法制层面助力强军目标的实现。

(一)加强军人优抚的法制建设

1. 加强军人优抚立法工作。南京国民政府时期,进行了一系列有关空军优抚问题的立法工作,其立法内容充实、划分细致、可操作性强;就我国现行法律体系而言,《军人抚恤优待条例》作为当代军人优抚的重要法律依据,属于国务院制定的行政规章,具有法律效力相对不高的缺点,而《宪法》《现役军官法》等法律虽效力高,但其对于军人优抚问题的规定具有原则性、概括性的特点,不便于实施。[35] 所以,当代军人优抚立法工作的当务之急,是制定一部军人优抚的基本法,兼顾效力和实施力,使军人优抚问题真正有法可依,推动军人优抚工作的有序开展。

2. 明确军人优抚立法权限及内容。就当代军人优抚问题而言,地方也有立法权,虽然在一定程度上有利于各地具体问题具体分析,根据自身情况作出变通和适应,但却造成了立法权限不明的问题,容易引发法律适用上的冲突,在实践中造成阻碍;且相比于南京国民政府时期内容丰富具体的空军优抚立法,当代的军人优抚立法规定的措施有限,内容不够充分,不利于优抚工作的实施。所以,当前不仅需要完善立法工作,制定军人优抚的基本法,还应当明确军人优抚立法的权限和内容,保障军人优抚法律法规的畅通施行,确保优抚工作的有力实施。

3. 制度设计兼顾军种特殊性。业已述及,南京国民政府针对空军优抚问题,采取了单一军种个别立法与陆海空三军合并立法共存的方式,兼顾了军种的普遍性与特殊性。虽然空军的确因之获得了优于陆、海军的待遇,但通过上文对制度形成原由的探析可知,此举并非基于军种的优劣或是为了划分军种的优劣,而是基于军种本身客观存在的特殊性,这种特殊性不容忽视,要求立法者在立法时兼顾对军种进行区分,根据各军种的特点进行相应的安排。在法律制度设计时兼顾军种的特殊性,一方面是对各军种客观差异的认识和尊重,另一方面也因适应了各军种的不同特点而有利于优抚法律制度更为科学合理地设计,故在法律制度设计上作出区别于陆军、海军特殊的安排,

---

〔35〕 参见崔建新:《完善军人优抚制度,建设现代化军队》,载《当代教育论坛》2011 年第 10 期。

而非采取三军完全整齐划一的标准确有必要。

（二）建立保障军人优抚立法实施的制度

1. 建立保障优抚立法实施的配套制度。除了加强立法工作，在实践中还需要建立与立法配套的系列制度，并确保制度本身合理、完善，以保障立法的有效实施。如前文借南京国民政府时期空军飞行员柳哲生的例子提及的战果确认制度，其作为军人优抚立法的一类配套制度，发挥着衡量战绩多少，核定真实情况的作用，是施行勋奖的重要依据，有利于确保军人优抚立法中勋奖措施的正确实施；再如伤亡确认制度，其对于受伤、死亡的精确划分和检验结果是施行抚恤的重要依据，起到确保军人优抚立法中抚恤措施得到不偏不倚执行的作用。

2. 建立保障优抚立法实施的监督制度。有力的监督制度对于法律法规的实施是不言而喻的，它可以在一定程度上控制法律实施主体的恣意以及贪污问题在实施过程中的滋生，对错误的实施进行纠正或补救，确保实施的正确性及有效性。当代的军人优抚立法，应当注意到南京国民政府时期空军优抚立法缺少监督制度的弊病，避免因为缺少监督而导致的实施随意、缺乏标准、不及时补救、贪污等问题，要以有力的监督制度，确保军人优抚立法得到正确而有效的实施。

（三）保证政治制度和经济制度提供坚实依靠

1. 确保政治的稳定和清明。南京国民政府时期，内忧外患，战乱不断，缺乏稳定的政治环境，导致良好的立法难以得到有效的实施，当代中国虽没有受到实质的战争威胁，但国际社会霸权主义、恐怖主义甚嚣尘上，国际环境不容乐观，故应当防范于未然，确保政治稳定从而为法律法规的实施创造稳定的政治环境；回望近代中国的空军建设，由于国家实力差、起步晚，不得不寻求苏联、意大利、美国等国的助力，军队建设自主性不够，极具依赖性，前文亦指出，外籍人员在参与近代中国空军建设的过程中也影响了空军优抚立法的制定，这固然是时代所迫、国力所限之下无奈而必要的选择，但应该明确，立法工作与军队建设始终是一国的内政，原则上不容他国或他国人员参与，当代中国已经取得国家独立与民族解放，应牢牢把握军队建设与立法工作的自主权，为法律制度与军队建设的互动提供安全的政治保证。除此以外，确保政治清明亦是确保立法得到贯彻的重要因素，南京国民政府时期严重的贪污腐败问题造成空军优抚立法难以得到有效实施的教训值得当代警惕，所以中国共产党提出的从严治党、加强廉政建设等措施意义深刻，在清明的政治环境下,贪污腐败问题难以滋生,有利于军人优抚立法的有效贯彻。

2. 确保经济的稳定和发展。经济基础对上层建筑起决定性作用,法律法规的实施有赖于良好的经济基础。从南京国民政府时期严重的通货膨胀导致货币贬值,使优抚立法最终流于形式的失败教训中,当代军人优抚立法应当认识到经济基础的重要性,为法律法规的实施创造稳定的经济环境。此外,以和平与发展为主题的当今社会,仅仅是稳定的经济环境是远远不够的,还应当积极推动经济的发展,为法律法规的实施创造良好的经济基础,促进法律法规的完善与进步。变换的社会经济环境,推动或阻碍着法律的实施,上层建筑受制于经济基础的规律终难逃离,法律无法忽视社会的作用,一个稳定的、发展的社会环境、经济环境,是一部法律得以良好运行的基础和保障。

六、余论

通过对南京国民政府时期空军优抚立法的研究,可以肯定其在战时是具有积极意义的,针对空军这一新兴军种,空军优抚立法的规定细致、合理、全面,通过优待措施和抚恤措施保障空军权利、提高空军待遇、激励空军斗志,中国空军誓死报国的抵抗精神、以弱敌强的空战奇迹和以巨大牺牲赢得的抗战胜利离不开空军优抚立法的推动作用。同时,空军优抚立法促进了中国军人优抚立法的进步,为当代的军人优抚立法积累了宝贵的经验,此为法律制度对军队建设的良性促进作用。但是,应当注意,南京国民政府时期空军优抚立法的不足亦是极为明显的,诸如保障空军优抚立法实施的制度缺位、政治体制的腐败、社会经济的衰退等原因,使良好的立法并没有收获预期的效果,此为法律制度在实施过程中的弊病对军队建设的消极阻碍作用。

回顾历史的重要意义在于借鉴与反思,即旧法制的当代启示意义。优抚制度是支持国防和军队建设不可或缺的一项基础性制度安排,[36]南京国民政府时期空军优抚立法与空军建设的互动为当代提供生动一例,展现了法律制度同军队建设的联系,前人经验值得吸取以取长补短,前车之鉴值得警惕以避免重蹈覆辙,在推动强军目标不断实现的今天,这一民国时期的法律制度或许能为立法者提供思考。

---

〔36〕 参见江治强:《优抚制度改革顶层设计的若干思考》,载《行政管理改革》2017 年第 1 期。

虚伪意思表示的无效不得对抗善意第三人规则的适用基础

——以《民法总则》第 146 条第 1 款的法律续造为中心

任我行*

摘　要:《民法总则》第 146 条第 1 款未对通谋虚伪表示的对外效力进行规定,违反立法计划,形成了法律漏洞。本文在借鉴日本相关学说的基础上,试图通过解释我国实证法上的对抗规则有关条款为该条文的法律续造提供进路,即为《民法总则》第 146 条第 1 款设置但书"虚伪意思表示的无效不得对抗善意第三人",以便将虚伪意思表示无效不得对抗善意第三人的规则纳入实证法视野,发挥保护善意第三人的功能。该规则的必要性在于以具有强可归责性的通谋虚伪表示代替权利外观的要求,在不具有权利公示方式或者权利公示方式不具有公信力的场合可以避免因善意取得制度的构成要件过于严格所导致的价值判断落空问题。

关键词:通谋虚伪表示;法律漏洞;法律续造;对抗规则;善意取得

《中华人民共和国民法总则》(以下简称《民法总则》)第 146 条第 1 款规定:"行为人与相对人以虚假的意思表示实施的民事法律行为无效。"由通谋虚伪表示所作成的法律行为,其效力通常在两个层次上进行观察,即区分其对内效力与对外效力并分别设定不同的处理规则。在对内效力上,该条明确了以通谋虚伪表示实施的法律行为无效。通说认为,法律行为之所以无效是因为当事人欠缺与表示相符的真意,[1] 进而在无效的基础上根据法律行为的内容产生不当得利请求权或者原物返还请求权。然而,值得关注

---

* 任我行,华东政法大学法律学院 2018 级硕士研究生。

[1] 参见王泽鉴:《民法总则》,北京大学出版社 2009 年版,第 339 页。

的是,该条并未涉及该法律行为的对外效力。让人疑惑的是,《民法总则》的四次审议皆试图解决该问题,即规定"双方均不得以此(虚伪意思表示的无效)对抗善意第三人"。[2] 但《民法总则》的最终删除是否意味着通谋虚伪表示的无效不得对抗善意第三人规则(以下简称虚伪表示不得对抗规则)在我国不受认可?[3]

司法实践中,通谋虚伪意思表示的对外效力问题并未因立法的空白而销声匿迹。例如,在中厦建设集团有限公司、中国建设银行股份有限公司上海第二支行合同纠纷案中,[4]最高人民法院认为:"中厦公司与麟旺公司通谋作出虚伪表示,在其之间无效,但与第三人建行二支行之间,法律效果则以建行二支行是否知道或应当知道案涉虚伪表示而异;本案中并无证据证明建行二支行知晓该虚伪表示,即使中厦公司认为基础债权存在瑕疵,也不能以此为由对抗善意第三人。"由于缺乏明确的法律规定,法院在适用上述规则之时并无充分理由,要么如同上述案例一般笼统指出虚伪表示不得对抗规则的可适用性,要么依据"民法基本原理"适用上述规则。[5]

虚伪表示不得对抗规则以善意第三人保护作为出发点,该规则是否必要,核心的检验标准是善意第三人的保护在实证法上是否周延。只要在现有法律体系下,善意第三人的保护足够充分,实无必要新设规则使既有法律叠床架屋。实证法上,善意取得是保护善意第三人的核心法制度,即在权利表象与权利的真实归属相异的场合,一旦参与法律交易的第三人信赖这种具有公信力的权利外观,就可以终局地取得这些权利。[6] 然而,善意取得可以在任何法律交易中发挥对善意第三人的保护功能吗?

我们如何对《民法总则》第146条第1款遗留的"通谋虚伪表示的对外效力"这一问题进行解读,涉及第三人利益的保护与不同法律制度的衔接及调和。本文立足于我国混合继受法律体系下多种权利变动模式并存的特

〔2〕 参见《民法总则(草案)》第124条、《民法总则(草案)(二次审议稿)》第139条、《民法总则(草案)(三次审议稿)》第147条、《民法总则(草案)(四次审议稿)》第149条。

〔3〕 相关争议,参见陈甦主编:《民法总则评注》(下册),法律出版社2017年版,第1044~1045页。梁慧星:《民法总论》(第5版),法律出版社2017年版,第182页。

〔4〕 (2019)最高法民申1518号民事判决。

〔5〕 (2014)民二终字第271号民事判决、(2017)最高法民再164号民事判决、(2016)新民终257号民事判决。

〔6〕 参见[德]M.沃尔夫:《物权法》(第20版),吴越、李大雪译,法律出版社2004年版,第220、251页。

点，通过考察不同情形中虚伪表示不得对抗规则适用情况，并结合比较法学说，探讨通过对《民法总则》第146条第1款进行法律续造，即设置但书“虚伪意思表示的无效不得对抗善意第三人”以回应司法实践关切、实现法律正确适用的可行性。

一、虚伪表示不得对抗规则的适用范围

在司法实践中，善意取得制度是保护善意第三人的重要法制度。《中华人民共和国物权法》(以下简称《物权法》)第106条规定了善意取得的适用范围属于涉及不动产或者动产物权的权利变动场合。另外，最高人民法院《关于适用〈中华人民共和国公司法〉若干问题的规定(三)》[以下简称《公司法解释(三)》]第25条规定，股权亦可适用善意取得。如果说在上述权利变动领域已经有善意取得对善意第三人进行保护，那么在善意取得尚未涉足的领域，如何妥当实现实善意第三人的保护？德国法学家弗卢梅认为，只要以善意取得之方式取得权利者受到法律保护，善意自虚伪意思表示当事人处取得权利之人在法政策上无予区分保护之必要。〔7〕下文将以司法实践为主探讨在哪些领域虚伪表示不得对抗规则具有适用可能性。

(一)涉及债权转让的情形

【案例一】　珠海华润银行股份有限公司与江西省电力燃料有限公司合同纠纷案〔8〕:2013年甲银行与乙公司签订了保理合同。其后，乙公司向甲银行提交了其与丙公司在2012年签订的《煤炭买卖合同》一份。此外，乙公司还向甲银行提交了加盖丙公司公章的《应收账款转让确认书》和《应收账款转让通知确认书》。《应收账款转让确认书》确认乙公司对丙公司享有应收账款债权4600余万元，到期日为2014年3月22日。但事后法院查明乙公司擅自将丙公司已经支付的价款作为应收账款，变造了合同内容；而且丙对此知情，目的在于协助乙公司获取甲银行发放的贷款。甲银行分别于2014年4月25日、2014年6月24日向丙公司催收到期的应收账款债权，丙公司却以虚假合同为由拒绝付款。2014年4月9日，乙公司向丙公司出具了一份《情况说明》，表明乙公司在丙公司不知情的情况下，擅自对乙丙签订的煤炭买卖合同和付款发票进行更改，将已支付的煤款作为应收账款，以丙

〔7〕　参见[德]弗卢梅:《法律行为论》，迟颖译，法律出版社2013年版，第486页。

〔8〕　参见(2017)最高法民再164号民事判决。

公司名义对虚假的应收账款转让确认书盖章。丙公司完全不知情,对甲银行不需承担付款义务。

最高人民法院认为:(1)丙公司明知乙公司变造煤炭买卖合同的行为,并与乙公司共同实施欺诈行为,制造4600余万元应收账款债权存在的假象。上述合同属于乙公司和丙公司通谋而为的虚伪意思表示,不发生法律效力。(2)丙公司在甲银行善意的场合,不得以案涉债权系虚假对抗甲银行。(3)甲银行已经就基础债权的真实性等问题慎尽注意义务,自属善意应受保护。最高人民法院认为甲银行系善意第三人应受保护之结论应值赞同。本案涉及的问题是:善意的甲银行是否因为其主观善意和虚伪意思表示当事人的可归责性而在法律上受到特殊对待?我们需要回答的问题是:①对于善意的债权受让人甲银行,是否有必要进行保护?②如果有必要进行保护,通过什么样的制度进行保护?

我们不难回答第一个问题。正常的权利变动需要以取得人在权利人处继受权利而成立。然而,该原则并不否认在特殊情况下令善意的相对人自无权利人处取得权利。本案中,善意的甲银行对于乙公司、丙公司形成的以应收账款债权为内容的虚假意思表示产生信赖,并基于此信赖与乙公司形成了保理合同关系,在价值判断上应当优先保护。

在第二个问题上值得注意的是,甲银行并非基于善意取得最终获得债权,而是以虚伪表示不得对抗规则为基础获得保护。其原理在于普通债权的权利外观即使存在但也不具有公信力,亦无统一的公示方式;一方面无法满足善意取得对于权利外观的严格要求,另一方面原债权人作出虚假意思表示具有较强的可归责性。[9] 我们不难发现,在不具有权利公示方式与公信力的债权转让场合,虚伪表示不得对抗规则可以发挥保护善意第三人的作用。

(二)涉及物权转让的情形

【案例二】 诸葛某与秦某、文某玲确认合同无效纠纷案[10]:罗某自阳朔县农业局经济作物场获得案涉宅基地使用权,但该地性质特殊至今未进行地政登记,亦未获权属证书。罗某支付地价后获得补偿费发票。1995年12月25日,罗某转让宅基地使用权与秦某,同时交付了补偿费发票。秦某

---

〔9〕 参见[日]松冈久和:《物权法》,成文堂2017年版,第192页。

〔10〕 参见(2014)桂市民一终字第279号民事判决。

与其妻文某曾欲离婚,双方于财产分割协议中约定将该地划分给妻子文某,但是双方并未离婚。两年后,妻子文某诉请离婚,法院出具的调解书中载明:"除列明的家用电器和1万元现金归文某外,其余财产归秦某。"离婚后,文某办理2000年5月14日,文某将该地转让给善意第三人诸葛某,并提供了补偿费发票。

法院认为:(1)诸葛某先与秦某接洽购地事宜,在秦某拿不出相关材料后,转而与文某洽谈,在文某出示相关材料之后,诸葛某有理由相信文某已经取得案涉宅基地使用权,文某有独立的处分权;(2)诸葛某支付了合理的土地转让价;(3)该宅基地性质特殊,转让的程序无法适用一般情形下不动产的转让程序,虽然没有登记也可以善意取得。法院基于善意取得肯定第三人的对于宅基地的权利取得,其结论应值赞同,但论述过程存在若干问题。本案是否符合善意取得的适用条件,必须参照《物权法》第106条的构成要件:首先,文某虽在交易中向诸葛某出示了购地原始材料(补偿费发票)和离婚财产分割协议,但是案涉宅基地并未登记且由秦某实际占有,不满足善意取得中要求权利外观具有公信力的要求。其次,文某将所有物返还请求权让与诸葛某以代交付,但是文某并非相对于秦某的间接占有人,即使诸葛某取得所有物返还请求权,也并未达到善意取得判断下的占有状态。最后,因案涉宅基地使用权的特殊性质,其并未进行地政登记;宅基地使用权虽然有一定特殊性,其因审批而设立,但是我们仍然需要关注宅基地使用权转让中登记的法律意义。[11]上述理由使善意取得的论证路径在本案中非常牵强。哪怕涉及不动产物权的转让,某些特定原因(如本案中的历史原因及地政机关的不作为)也会导致善意取得在事实上无法适用,从而产生对于法律效果的要求无法通过构成要件的满足得以实现的窘境。

实际上在此处可以运用虚伪表示不得对抗规则来实现善意第三人保护:(1)文某通过提供原始购地材料、财产分割协议等文件形成了虚假权利外观;(2)秦某在虚假外观形成后并没有积极消除,反而予以放任,对于虚假外观的形成提供了原因力;[12](3)善意第三人诸葛某信任此权利外观。这种情形实际上属于日本法上对于《日本民法典》第94条第2款的类推适用,

---

〔11〕 参见高圣平:《宅基地制度改革与民法典物权编编纂——兼评〈民法典物权编(草案二次审议稿)〉》,载《法学评论》2019年第4期。

〔12〕 参见[日]近江幸治:『民法講義Ⅰ民法総則』,有斐阁2008年版,第203页。

即虚假外观的形成不违背真正权利人之本意，通过突出其意思参与赋予其可归责原因，明确其权利丧失的合法性。[13] 在物权转让领域，如果善意取得在因特定情况导致的某些特殊场合（特别是一些地政历史遗留问题）无法发挥善意第三人保护之作用，可以考虑以虚伪表示不得对抗规则作为一种实证法上的调整规范。

【案例三】 许某华与刘某明、张某珍案外人执行异议之诉[14]：祖父甲为使其孙获得案涉房产所在学区的入学资格与其子乙订立了虚假的房屋买卖合同，并办理移转登记。乙的妻子丙之债权人诉请乙丙还债，获得胜诉判决后申请对案涉房屋强制执行。甲宣称其与乙并无移转房屋所有权的真意，订立的房屋买卖合同系虚伪意思表示，并以对案涉房屋享有足以排除强制执行的民事权益为由诉请停止执行。

一审法院认为：(1)甲乙因家庭原因虚构了房屋交易，并无变更房屋所有权的本意；(2)从亲情观念上来看，甲为孙女上学便利假借买卖之名将房屋过户至乙，“符合人之常情，更符合社会大众的判断”；(3)甲因此享有足以排除强制执行的民事权益。我们似乎可以认为，一审法院在该案中考虑到了虚伪意思表示的对外效力。但之所以得出甲能够排除执行的结论，恐怕是基于否认了“第三人善意”这一要件，即第三人可以凭借甲乙之间的家庭关系得出这种“符合人之常情，更符合社会大众的判断”的交易的虚伪性。然而，该观点忽略案件具体情节，以“家庭关系”省略法院在“第三人知悉”这一事实上的论证责任，不具妥当性。

二审法院认为：(1)依据《物权法》第 14 条，不动产登记簿的记载具有公示公信力；(2)即使存在通谋虚伪表示，也仅在表意人和相对人之间无效，不得对抗善意第三人；(3)若认可一审结论，无异于变相鼓励虚假登记，悖于物权登记和公示原则。我们不难发现，一审二审法院都意欲在权利变动具有公示方式并具有公信力的场合以虚伪表示不得对抗规则实现善意第三人的保护。

仔细观察不难发现各种疑问：(1)第三人信赖的内容并不是甲乙之间订立的虚假买卖合同，而是所有权登记本身。应该对第三人的信赖予以保护

---

〔13〕 参见[日]山本敬三：『民法講義 1 総則』，有斐閣 2011 年版，第 153 页。

〔14〕 参见(2019)苏 06 民终 1515 号民事判决。类似判决参见(2016)苏 11 民终 2468 号民事判决。

的,并不是虚伪表示不得对抗规则,而是物权登记的公信力。(2)二审法院一方面认可了《物权法》第14条确立的不动产登记的公示公信力,另一方面似乎又认为虚伪表示不得对抗规则同样可以代替发挥公示公信的作用。在权利变动具有公示方式并具有公信力的场合,公示方式本身就足以使第三人的信赖获得保护,毋宁说,正是第三人对于公示方式产生的信赖才使后续交易得以开展,而这正是善意取得的适用逻辑。[15] 在这些公示方式有形化并被赋予公信力的场合,不必考虑虚伪表示不得对抗规则的适用问题。

在涉及物权转让的场合,通谋虚伪表示的对外效力通过以下制度得以明确:表意人之一与善意第三人实施的合同行为不会因为通谋虚伪表示所作成的法律行为无效而受到影响。在买卖所涉标的物的归属问题上,善意第三人可以通过适用《物权法》第106条规定的善意取得制度进行保护。

二、虚伪表示不得对抗规则的理论构成

由上述案例可知,虚伪表示不得对抗规则在善意取得制度得以适用的场合并不具有意义,因为善意取得已经能够涵盖该领域能够涉及的有关第三人保护问题。毋宁说,在这些场合加入虚伪意思表示的对外效力规则之思考元素,反而会令已经明晰的法律关系陷入混乱。例如,在案例三中,若乙的妻子擅自将案涉房屋处分给善意第三人丁,丁取得房屋与否取决于是否满足善意取得的构成要件(四项要件);如果此时认为甲乙之间的虚伪意思表示的无效不得对抗善意第三人丁,那么丁是否就能以其善意(一项要件)直接取得房屋所有权?为避免此类无谓的争论,将虚伪表示不得对抗规则限定在善意取得制度无法适用的场合是必要且正当的。

如果说在《民法总则》最终将虚伪表示不得对抗规则删除的背景下,尚难表明我国已经接受了该种理论,在比较法上,虚伪表示不得对抗规则在体系上如何安置,如何发挥保护善意第三人的功能似乎对我们更好理解这一制度有一定益处。

---

〔15〕参见[德]鲍尔、[德]施蒂尔纳:《德国物权法》,申卫星、王洪亮译,法律出版社2006年版,第387页。

(一)比较法上的考察

1. 日本法

日本法上,涉及虚伪意思表示规则的《日本民法典》第 94 条第 2 款的调整范围并不局限于债权(其他财产性权利),更广泛囊括了动产与不动产,这与其特殊的物权变动模式有关。值得注意的是,日本的不动产登记制度无论从其成立或是构造,都不能算完善的公示制度,因此日本不承认不动产善意取得。[16] 但是不能否认的是,在特定情况下善意的不动产受让人具有保护的必要——在这种情形下,日本的判例及学说通过类推适用《日本民法典》第 94 条第 2 款保护不动产的善意受让人。[17] 作为这种法律适用的效果,不动产登记具有了部分的公信效果。

2. 中国台湾地区"民法"

中国台湾地区"民法"第 87 条但书仿《日本民法典》第 94 条第 2 款,规定了不能对抗规则。其通说认为,该但书在有善意取得规定的情形无价值,但可适用于无善意取得规定的权利移转。[18]

3. 德国法

与上述两种立法例不同,德国并未采纳一般的虚伪表示不得对抗规则,而在债编中对出示文书的债权让与设置了特别规定。《德国民法典》第 405 条规定在债务人就债权转让出具文书时,不得对第三人主张债权债务关系为虚伪而不生效力。债务人的法律地位原则上不因债权让与而发生变化,债务人可向新债权人主张对原债权人的可为之抗辩(《德国民法典》第 404 条)。但是,《德国民法典》第 405 条订有两种例外情形,其中之一规定,如果系争债权仅为外观而成立,且新债权人善意,则债务人不得向新债权人主张基础债权无效。[19] 对这种附证书债权的受让人进行保护并不是令该受让人可以"善意取得"系争债权,而是在两个冲突的价值中进行动态平衡:一方面,债权欠缺权利的公示方式无法如同有体物一般在善意第三人转得权利的场合适用善意取得制度进行保护;另一方面,具有权利表征的债权具有特殊性,新债权人善意信赖债权的外观值得特殊保护。因此,法律特别规定,

---

〔16〕 参见[日]近江幸治:『民法講義(2)物權法』,成文堂 2006 年版,第 106 页。

〔17〕 参见[日]山本敬三:『民法講義 1 総則』,有斐阁 2011 年版,第 223 页。

〔18〕 参见陈聪富:《民法总则》,台北,元照出版有限公司 2016 年版,第 261 页。

〔19〕 参见[德]迪尔克·罗歇尔德斯:《德国债法总论》,沈小军、张金海译,中国人民大学出版社 2014 年版,第 399 页。

在这种场合,债务人不能向善意的新债权人主张系争债权无效——通过否认债务人主张债权不存在的效力,反射地令债权人取得债权。

(二)理论构成

虚伪表示不得对抗规则涉及的核心问题是为什么信赖通谋虚伪表示的善意第三人值得保护。一方面,第三人信任该通谋虚伪表示的外观,这种信任与其说是"某一人的信任",不如说"交易社会中对该外观如何进行理解进而产生的信任"——这种权利外观被赋予了特别确认的必要性,因为它事关交易安全;另一方面,表意人故意作出了虚伪外观,由他自己来承受行为的后果并无不当。〔20〕在利益衡量的天平上让善意第三人来承担不利后果是不符合公平原则的。善意第三人若对于虚假外观背后的意思表示产生信赖并以此为基础与表意人进行法律交易,自应受到保护。在虚伪表示不得对抗规则中,我们要探讨两个问题:什么样的第三人值得保护,以及不能对抗的含义。

1.什么样的第三人值得保护

一方面,在信赖原理下,当事人应为善意,即其在与虚伪表意人为法律行为时,非因重大过失不知道通谋虚伪表示的实际情况。〔21〕另一方面,值得保护的第三人被限定为作出通谋虚伪表示的当事人及其概括继承人之外的第三人,并且该第三人还要有与虚伪表示相关的法律上的利害关系。〔22〕所谓法律上的利害关系,系权利取得人与权利所有人就特定的财产权利产生竞争关系的场合。〔23〕

2.不能对抗的含义

所谓的"对抗"是指真正权利人因为通谋虚伪表示这个事实的存在不能主张自己与善意第三人形成竞争关系的权利。〔24〕因为这个可归责于真正权利人的事由存在,其权利行使被否定,作为一种反射效果,善意第三人可以取得权利。〔25〕通说认为,第三人若主张表意人与相对人为通谋虚伪表示,该第三人应负举证责任。一旦第三人完成了证明责任,当事人不能以法

〔20〕 参见[日]山本敬三:『民法講義1総則』,有斐阁2011年版,第151页。

〔21〕 参见杨与龄:《民法概要》,中国政法大学出版社2002年版,第16页。

〔22〕 参见陈聪富:《民法总则》,台湾,元照出版有限公司2016年版,第261页。

〔23〕 参见[日]佐久间毅:『民法の基礎1総則』,有斐阁2012年版,第122页。

〔24〕 参见[日]近江幸治:『民法講義I民法総則』,有斐阁2008年版,第202页。

〔25〕 参见[日]近江幸治:『民法講義I民法総則』,有斐阁2008年版,第203页。

律行为无效对抗第三人。[26]

有学者认为,虚伪表示不得对抗规则继受之必要性在于为善意取得制度力所不及的意思主义权利变动模式领域发挥对第三人的保护功能。[27] 该观点背后的原理是:在意思主义权利变动模式下,权利竞争关系的产生时点是合同被赋予效力之时;在形式主义权利变动模式下,权利竞争关系的产生时点却是特定财产被占有或者登记,即完成公示之时。[28] 上述理由具有一定合理性,但是虚伪表示不得对抗规则并不一定与特定的权利变动模式相关。以案例一涉及的虚假债权转让为例,无论对于债权转让采纳哪一种权利变动模式,都不会影响上述规则的适用[29]:(1)在对债权转让采纳意思主义权利变动模式的场合,善意第三人自债权转让协议订立后,债权随即移转,虚伪表意人不得以债权系虚假为由对抗善意第三人;(2)在对债权转让采纳形式主义权利变动模式的场合,债权让与协议有效不存在疑问,但债权让与之效力因为虚伪表意人不具有处分权而效力存疑,此时虚伪表示不得对抗规则与善意取得制度发挥了同样的功能:都是一项特殊的处分行为,补足了虚伪表意人处分权欠缺的问题。[30] 另外,《物权法》规定部分用益物权、担保物权并不适用形式主义权利变动模式,此时登记只是对抗要件而非生效要件;《物权法》第106条不区分权利变动模式而将上述物权一并纳入了善意取得制度的调整范围,并没有适用虚伪表示不得对抗规则的必要性。实际上,善意取得制度的适用以具有公信力的权利公示方式为前提,在不具有权利公示方式或者权利公示方式不具有公信力的场合则可以适用虚伪表示不得对抗规则。吊诡的是,股权变更登记并不具有公信力而仅有有限的权利推定效力,按照上述逻辑,理应适用虚伪表示不得对抗规则,但是《公司法解释(三)》第25条规定股权转让适用善意取得,不得不谓在解释论上存在矛盾。[31]

---

〔26〕 参见陈聪富:《民法总则》,台北,元照出版有限公司2016年版,第261页。

〔27〕 参见武腾:《无效、可撤销民事法律行为与善意第三人保护》,载《清华法学》2018年第1期。

〔28〕 参见[日]四宫和夫、能见善久:《民法总则》,弘文堂2010年版,第205页。

〔29〕 关于债权转让的权利变动模式的详细论述,参见庄加园:《〈合同法〉第79条(债权让与)评注》,载《法学家》2017年第3期。

〔30〕 参见[德]鲍尔、[德]施蒂尔纳:《德国物权法》,申卫星、王洪亮译,法律出版社2006年版,第404页。

〔31〕 参见张双根:《股权善意取得之质疑——基于解释论的分析》,载《法学家》2016年第1期。

三、虚伪表示不得对抗规则与法律漏洞填补

(一)民法典的制定思路与相关规则的安置

上文以司法实践中对于虚伪表示不得对抗规则的适用情况为基础,结合比较法的观察着重论述了上述规则的适用必要性及其与相关制度的不同功能。但是,虚伪表示不得对抗规则在我国法律体系中究竟应当如何安置?在《民法总则》数个草案的审议过程中,有关是否在通谋虚伪表示的对外效力上,加入“不得对抗善意第三人”这一项规定,有一种意见认为:“民事法律行为无效或者被撤销后对第三人产生的法律后果,情况比较复杂,不宜一概规定不得对抗善意第三人,宜区分情形由民法典的物权编、合同编等分编作具体规定。”这种意见最终获得了立法机关的认可。[32]

法律行为无效的后果,会受到多种因素的左右,一概规定不得对抗善意第三人确实有碍法律的准确适用。将通谋虚伪表示的对外效力分别在民法典的各分编进行规定,似乎可以较好解决这项问题:

1. 物权法。善意取得制度能够发挥妥善确定通谋虚伪表示所涉及的第三人财产权利保护问题,未来进入物权编发挥相应功能不存在疑问。

2. 婚姻法。《中华人民共和国婚姻法》(以下简称《婚姻法》)所涉及的身份关系一样会涉及通谋虚伪表示的问题。例如,甲乙夫妻二人为逃避债务协议假离婚,但乙嗣后与丙结婚,如何确定乙丙婚姻的效力?若丙知悉甲乙假离婚之事实而与乙结婚,则乙构成重婚应无疑议,乙丙的婚姻违反《婚姻法》第10条第1项,应属无效;但若丙为善意,甲乙是否能够主张假离婚无效而对抗善意的丙?法律就此并无规定,法律适用存在疑议。

3. 合同法。《中华人民共和国合同法》(以下简称《合同法》)中涉及的债权债务的转让、免除、清偿等问题,亦会产生通谋虚伪表示的对外效力问题。在案例一中,乙公司与丙公司伪造债权债务关系,乙公司将伪造债权让与善意的甲银行,甲银行是否因其善意而取得让与债权?《合同法》及其他法律、司法解释并未就此作出规定。我们是否可以从相关的现行有效法律的文字表述中窥探问题的结论呢?司法实践中有当事人欲以《合同法》第

---

〔32〕 参见《第十二届全国人民代表大会法律委员会关于〈中华人民共和国民法总则(草案)〉审议结果的报告》,载中国人大网:http://www.npc.gov.cn/npc/xinwen/2017-03/15/content_2018917.htm.,2019年10月21日最后访问。

82条论证通谋虚伪表示的对外效力规则，但法院认为该条仅为保护债务人之利益而设（其法律地位不因债权让与而恶化），但其文义并未涵盖第三人可为之抗辩问题。〔33〕为了法律适用的正确明晰，民法典合同编必须对此予以回应。吊诡的是，在2019年公布的《民法典合同编（草案二次审议稿）》（以下简称《合同编二审稿》）中仍然难觅相关规范的踪影，其第六章“合同的变更和转让”似乎仍然是对《合同法》第五章“合同的变更和转让”的相关规范的复制粘贴。《民法典合同编（草案一次审议稿）》（以下简称《合同编一审稿》）曾于第336条规定了在债权多次让与的场合如何确定终局的债权受让人。但在改编二审稿中，第336条被删除，另外于第十六章保理合同处新增第552条之六规定了应收账款债权的多次让予规则。这些规范已经部分涉及了债权重复让与中第三人保护的问题，但是在应收账款债权让与以外的场合，尤其是虚假债权让与的场合，第三人如何获得保护仍然存疑。

（二）违反立法计划的不圆满性与法律续造

《民法总则》第146条第1款未对通谋虚伪表示的对外效力进行明确，一方面妨碍了法律的正确适用，另一方面也为规则的不明晰性埋下伏笔。至少在善意第三人与假离婚当事人一方结婚的效力（典型的身份关系）与通谋虚伪表示的善意债权受让人是否取得系争债权（典型的财产行为中的债法关系）的问题中，规则本身没有提供答案。即使相关规则的制定被推迟到了民法典各分编制定之时，一方面，在民法典各分编实施之前的法律适用中也必须要回答以上问题；另一方面，民法典分编草案中也没有对上述问题提供答案。

在法学方法论上，文法的运用在其适用范围的区分基础上被划分为如下三个阶段：(1)法律条文的文义得以涵盖的范围——法律解释；(2)法律条文的文义不能涵盖，但是可以通过立法计划获知的调整范围——司法者通过填平法律文义与立法计划的落差，贯彻立法计划之宗旨，即“法律续造”；(3)法律文义与立法计划皆未涵盖的范围——涉及立法机关权限的问题，原则上不应由不具有立法权限的司法机关代为之。〔34〕

上述问题，无法通过探究法律条文的文义得知答案，但是却可以通过所谓“立法计划”获知其仍然是希望被法律所调整的范畴，这就要求司法者贯

〔33〕参见(2017)最高法民再164号民事判决。

〔34〕参见［德］卡尔·拉伦茨：《法学方法论》，陈爱娥译，商务印书馆2004年版，第249~278页。

彻立法计划的宗旨,通过法律续造的手段对问题进行回应,不可谓法无明文而拒绝进行漏洞填补。

(三)功能定位

在《第十二届全国人民代表大会法律委员会关于〈中华人民共和国民法总则(草案)〉审议结果的报告》出炉后,我国预设的立法计划应该更接近于德国——在民法典各分编中分别设定相关规则来调整通谋虚伪表示的对外效力。既然我国同德国一样对于动产与不动产采纳权利公示公信制度,可以善意取得制度保护善意第三人,那么重点应为如何在不具有权利公示方式或者权利公示方式不具有公信力的场合保护善意第三人。在上文的分析中,我们不难发现符合这种保护要求的集中在债法领域,一是转让虚假债权的情形(案例一),二是虚假转让真实债权的情形。一方面,债权是一种无体的财产权利,本身不具有可感知的物理形态,其识别方法需要明确;另一方面,对抗法理中亦需要一定的权利外观作为保护善意第三人的基础,这种权利外观如何寻找,亦需要明确。《德国民法典》第405条对附证书债权受让人的保护进行特别规定,将对债权人保护的基础定位于债权的"外观"——债权证书。与其说该证书是债权,不如说该证书仅仅是债权的权利凭证,因为债权本身并不具有某种形态。

我国实证法语境下,债权的权利凭证被视为债权存在的一种证据。[35]债权凭证不存在不影响债权成立,权利凭证灭失也不导致债权丧失,债权的权利变动也不要求权利凭证的交付。但是,一旦债权的权利凭证被做出,并且交易相对人对此权利凭证所表彰的权利产生了信赖,就值得受到保护。在此意义上,对于具有权利凭证的债权进行特殊保护,既是表见法理的要求,也是司法实践中的实际需要。同时,需要注意的是,虚假外观仅仅是通谋虚伪表示作出的外部表现,第三人信赖的其实是虚假外观背后的意思表示。虚伪表意人对于外观作出的强可归责性已经降低了对于虚假外观的要求。[36] 原则上,只要以书面形式做出的虚假表示就满足虚伪表示不得对抗规则的适用条件。

---

〔35〕 参见最高人民法院《关于依法妥善审理涉及夫妻债务案件有关问题的通知》第三点,最高人民法院《关于审理民间借贷案件适用法律若干问题规定》第2条、第19条等,最高人民法院《关于当前民事审判工作中的若干具体问题》"十、关于民间借贷司法解释实施中需要注意的问题"第一点。

〔36〕 参见武腾:《无效、可撤销民事法律行为与善意第三人保护》,载《清华法学》2018年第1期。

尽管我们为虚伪表示不得对抗规则设计了美妙的适用路径,但险阻艰难的是这种理应存在的法律规则在我国实证法中欠缺明文规定。有学者认为,由于在实行形式主义的法律体系中,上述规则的适用范围基本局限于债权领域,因此,不应在总则中进行规定,而适合在民法债编中专门规定。[37]这种观点具有一定说服力,但是否在我国实证法语境中具有适用性仍然存疑。一方面,上文已经提及,虚伪表示不得对抗规则并不与特定的权利变动模式有关,只是在不具有权利公示方式或者权利公示方式不具有公信力的场合发挥保护第三人的功能,而这样的场合集中在债法领域。另一方面,上述规则不仅在债法领域发挥功能,还可能在我国司法实践中由于各种现实理由导致善意取得制度无法适用的情形(案例二)以及部分身份法领域发挥潜在的保护第三人功能,在提取公因式的立法技术下将上述规则纳入民法总则,反而可以发挥提纲挈领的作用。如果在民法合同编设置相关规则的确可以解决该规则适用的大部分问题,但是在其他领域似乎只能通过类推适用达到调整目的,实为以锥飡壶。通过上文分析,我们可以通过法律续造的方式为《民法总则》第 146 条第 1 款添加但书"但不得以之对抗善意第三人",将虚伪表示不得对抗规则纳入实证法之中,并进一步在司法实践中明确该规则在不具有权利公示方式或者权利公示方式不具有公信力的场合,尤其是债法领域发挥善意第三人保护的重要功能。

四、实证法上虚伪表示不得对抗规则的理论基础

(一)对抗法理的实证梳理

本部分将要考察我国实证法中是否存在虚伪表示不得对抗规则的理论基础,以便于适用既有法律规则与法律原则进行法律续造。

"不得对抗善意第三人"的表述出现在多部法律、司法解释、部门规章中。[38] 这种规则典型的表达模型是:(1)构成要件:"未经备案、未经登记、没有公示、(某项涉及内部关系的)限制""第三人主观心理状态为善意";(2)法律效果:"不得对抗善意第三人"。

---

〔37〕 参见郑冠宇:《意思表示瑕疵与善意受让》,载《东吴大学法律学报》2004 年第 1 期。

〔38〕 典型者如《民法总则》第 170 条,《物权法》第 24 条、第 129 条、第 158 条、第 188 条、第 189 条,《商标法》第 43 条,《农村土地承包法》第 38 条,《合伙企业法》第 37 条,《个人独资企业法》第 19 条,最高人民法院《关于人民法院民事执行中查封、扣押、冻结财产的规定》第 26 条,《渔业船舶登记办法》第 14 条等。

通过对这些法律条文的梳理,我们能够发现他们在构成要件上具有某种共性:一旦交易相对人对某种与真实情况不符合的权利外观产生了善意信赖,这种信赖便具有无视真实情况,以虚伪的权利外观为基础建构交易的效力。这种外观在交易社会具有极大价值,一旦当事人通过自己行为作成了某种外观,他便不能仅以外观不真实而否认后续交易的有效性——此时当事人必须恪守诚实信用原则,遵从交易中最低限度的道德要求。

我们不难发现通谋虚伪表示的对外效力问题与对抗法理具有高度重合性:一方面,善意第三人信赖表意人做出的虚伪表示;另一方面,该外观的作出及其法律后果应当由表意人负责。

在梳理的法律条文中有不少涉及善意取得的适用范围,这也在一定程度上说明了两个规则的相似性——它们都是财产法领域对第三人进行保护的具体规则。但是,二者具有不同的历史渊源,善意取得是日耳曼法上"以手护手"原则(Hand wahre Hand)的发展,即因信赖他人而将动产占有交付之人只能向受领占有的相对人主张返还请求权。[39] 可见,在善意取得制度设计之初,其适用范围已被限定为有体物,理由在于社会观念乃至于法律将公信力赋予了其独有的公示方式。《物权法》第106条亦沿袭了该传统,将善意取得制度的适用范围限定在动产、不动产物权,对无体权利进行保护的对抗规则如何依据上述规则进行演进,值得思考。

(二)"虚伪意思表示的无效不得对抗善意第三人"在实证法上的法律构成

1. 诚实信用原则

《民法总则》第7条规定的诚实信用原则将交易中最低限度的道德要求上升为法律,表现为通过要求当事人积极作为来实现法律对交往秩序的保护。[40] 通谋虚伪表示的当事人不能以其行为无效而对抗善意第三人,意在使其不能否定被善意第三人信赖的虚伪表示的效力,实现各个主体之间的利益平衡。作为一般条款的诚实信用原则,是为了补充制定法的局限而制定的。[41] 如上所述,《民法总则》第146条未对通谋虚伪表示的对外效力进行规定,在无法适用善意取得的场合构成了一项法律漏洞,亟待填补。我们

---

〔39〕 参见[德]鲍尔、[德]施蒂尔纳:《德国物权法》,申卫星、王洪亮译,法律出版社2006年版,第397页。

〔40〕 参见王轶:《民法原理与民法学方法》,法律出版社2009年版,第53页。

〔41〕 参见[日]山本敬三:『民法講義1総則』,有斐阁2011年版,第562页。

需要在这种情形下通过一般条款为媒介实现法律续造的目的。

首先,《合同法》第42条第2项、第3项将故意隐瞒缔约有关的重要事实及提供虚假情况视为违背诚实信用的行为。在合同订立过程中,当事人通过提供虚假的订约情况使相对人蒙受损失,相对人可以请求赔偿。相似的情况下,若在通谋虚伪表示的对外效力上,放任第三人受到虚伪表示无效的影响,不符合诚实信用原则。其次,禁止权利滥用原则(《民法总则》第132条)要求仅具有约束当事人效力的法律行为不能成为损害第三人的工具,[42]这就是通谋虚伪表示的无效不能对第三人主张的理论模型。

2. 表见法理

《民法总则》第85条规定,即使营利法人所做出的决议具有效力瑕疵,其与善意相对人形成的法律关系"不受影响"。营利法人做出决议需要经过内部程序,但是此一程序通常并不为外人所知,但其所做决议却具有外观的适法性。此外,营利法人做出的决议,即便因程序或者实体内容违反禁令,法律上应受谴责者仍不为与其为交易之善意相对人。这项规则可以被视为:法律不允许当事人在法律交往中作出虚假外观,否则由其承受不利后果——学说上将之成为表见法理,它建立在信赖原理与归责原理之上。[43]在通谋虚伪表示的对外效力上,这种不利后果的承担表现为"不得对抗善意第三人"——这与"营利法人依据该决议与善意相对人形成的民事法律关系不受影响"的规范意旨趋同。

3. 授权责任原理

《民法总则》第61条第2款与《民法总则》第170条第2款都是对法人或者非法人组织的工作人员权限之对外效力的规定,即权限的限制,"不得对抗善意相对人"。"不得对抗"的含义,即法人或非法人组织,不能以其内部(决议或章程等)对于工作人员职权的限制,主张对与之为交易的善意相对人发生拘束力;即使工作人员与善意相对人就权限之外的事项从事法律行为,这种不利后果也要由法人或者非法人组织承担。这种原理被称为授权责任原理——对于正当相信权限行使,并与被授权者为法律行为的第三人,授权人要承担与第三人的信赖相等的责任。[44]

---

〔42〕 参见朱庆育:《民法总则》,北京大学出版社2016年版,第112页。

〔43〕 参见[日]佐久间毅:『民法の基礎1 総則』,有斐阁2012年版,第119页。

〔44〕 参见[日]平野裕之:『民法総則』,日本评论社2017年版,第140页。

授权责任原理可以进行两个方面的解读：首先，通过授权所形成的授权外观，在善意信赖的基础上，可以获得保护。其次，即使授权人并非作出外观者，但若存在对外观作出的与因，亦应负担由此带来的不利后果。例如，甲由于商业交往的需要，将其空白合同书、印章交给商业伙伴乙，乙伪造对甲债权，并将该债权让与善意第三人丙。尽管债权外观的作出并非由甲乙共同完成，但是甲对该外观的作出提供了原因，存在类推适用通谋虚伪表示的基础。[45] 在此基础上，甲不得谓该债权不存在而对善意之丙为抗辩。可见，授权责任原理进一步拓宽了通谋虚伪表示的适用空间，为更加明确地在类似案件类型中类推适用《民法总则》第146条提供了基础。关于授权责任原理，弗卢梅教授提出了颇具启示性的观点：取得人之所以可以自己名义处分该权利，是因为虚假的债权让与中存在一项授权行为；即使该授权并非让与人真意，仍然属于《德国民法典》第116条规定的真意保留，原则上有效。[46]

五、结语

一方面，虚伪表示不得对抗规则在我国实证法上的缺位导致其长期只能以"民法基本原理"的形态出现，其虽有适用的空间但并未获得足够重视；另一方面，对该规则的批判则不绝于耳，其适用基础的研究及类型化作业迟迟没有开展，导致了法律适用作业的紊乱。

本文认为"虚伪意思表示的无效不得对抗善意第三人"的规则不仅能够在实证法上找到价值依托与法理遵循，在司法实践中，亦需要运用该规则对相关案件类型作出准确裁判。该规则对于保护善意第三人而言具有实用价值，只要明晰其适用空间就不会引发规则之间的冲突，更不会引发财产权体系的深层次冲突。虚伪表示不得对抗规则与善意取得制度一道，构成了财产法不同领域对善意第三人的保护的制度基础。而且，无论是善意取得制度还是虚伪表示不得对抗规则都与特定的权利变动模式无关，善意取得的适用以具有公信力的权利公示方式为前提，在不具有权利公示方式或者权利公示方式不具有公信力的场合则可以适用虚伪表示不得对抗规则。本文认为在借鉴比较法经验的基础上，通过总结实证法中既有法律规则与原理，我们能够通过法律续造的方式，为《民法总则》第146条第1款在添加一项但书，"但不得以之(虚伪

---

[45] 参见[日]佐久间毅：『民法の基礎1 総則』，有斐阁2012年版，第131页。

[46] 参见[德]弗卢梅：《法律行为论》，迟颖译，法律出版社2013年版，第486~490页。

意思表示的无效)对抗善意第三人"将虚伪表示不得对抗规则纳入实证法视野。

最后,基于相同要件事实与价值衡量,在意思表示因重大误解以及受欺诈而撤销的场合,同样应当在债法领域涉及第三人保护的问题上,考虑加入"法律行为的撤销不得对抗善意第三人"的规则。因相关论述具有相似性,故不再赘述。[47]

---

〔47〕 参见[日]佐久间毅:『民法の基礎1 総則』,有斐阁2012年版,第168页。

译　文

特拉华州法律下的控股股东关联交易

——一个基础和实践层面的指南*

[美]乔纳森·罗森伯格　[美]亚历桑德拉·路易斯－雷森**著

王歆燕***译

摘　要：根据传统的特拉华公司法，当公司的控股股东与公司进行交易，该交易需要满足整体公平的要求，以减少利益冲突带来的道德风险和对少数股东的侵害。然而，有鉴于整体公平审核的繁复，近来特拉华法院对此要求有所变通，即针对控股股东并购，交易可以通过履行独立董事和少数股东双重通过程序而豁免于整体公平审核。本文通过回顾相关案例，分析司法审核中关注的程序性要点，厘清新司法趋势下公司的战略性治理选择，同时展望了未来双重通过程序扩展到并购以外的控股股东交易的可能。

关键词：控股股东；关联交易；并购

前言和简介

根据特拉华州法律，控股股东对其控制下的公司及其小股东负有与董事和高管类似的信义义务。因此，一直以来控股股东与公司之间的交易需接受严格的"整体公平"审查，而非适用尊重交易的"商业判断原则"审查标准。近来，特拉华法院认识到"整体公平"审查造成了层出不穷的"敲竹杠诉讼"(hold-up lawsuits)，在并购交易中尤其如此。因此，特拉华州最高法院在MFW股东诉讼一案中作出了重大例外：只要并购经独立董事商讨并通过，并

---

* 本文原文"Controlling－Shareholder Related－Party Transactions under Delaware Law－a Primer and Practical Guide"由美国美迈斯律师事务所(O' Melveny & Myers LLP)网络发表于哈佛大学法学院公司治理论坛。美国美迈斯律师事务所授权本文译者翻译本文，所有翻译错漏由译者负责。本文中表达的观点不构成法律意见。

** 乔纳森·罗森伯格(Jonathan Rosenberg)先生为美国美迈斯律师事务所合伙人及证券诉讼部主席；亚历桑德拉·路易斯－雷森(Alexandra Lewis－Reisen)女士为纽约法律援助小组高级常任律师，曾任职于美国美迈斯律师事务所。

*** 王歆燕，西南财经大学经贸外语学院讲师，西南财经大学法学院2013级博士研究生。

由与控股股东无关联的多数股东通过,那么控股股东并购也适用尊重交易的“商业判断原则”审查标准。法院认为“双重通过”的要求能够抵消控股股东的影响,使并购基本等同一个第三方交易,从而不再需要细致入微的司法审查。

对面临控股股东并购的公司而言,特拉华州的法律框架具有值得关注的挑战性和独一无二的复杂性,也逐渐开始为公司提供战略性的治理选择。从特拉华州的案例法中可以提炼出如下五个实践层面的关注点:

1. 持有公司50%以上投票权的股东一般被认定为事实上的控股股东。这些股东应该预设其与公司之间的交易将适用整体公平审查标准。

2. 持有显著但低于50%投票权的股东应该考量其是否对董事会有足够影响力,如果答案是肯定的,那么这些股东仍会被认定是事实上的控股股东,其与公司之间的交易同样将适用整体公平审查标准。

3. 就任何与公司之间的关联交易而言,控股股东应该要求公司取得独立董事委员会通过,以此作为交易的前置条件。尽管该程序不能代替整体公平审查,但只要独立董事委员会充分独立、充分了解交易内容,且其通过交易的过程并无瑕疵,那么该程序在诉讼中会极大增加控股股东胜诉的可能性。

4. 控股股东及公司董事应该确保审查交易并与控股股东进行谈判的独立董事委员会满足以下条件:(1)在自有的法律及财务顾问建议之下行事,且这些顾问与控股股东之间无联系且无业务往来,或已就上述联系和关系向委员会进行披露;(2)能够接触到所有的财务资料和预期;(3)有充分权限就交易进行调查和协商(包括在适宜的情况下进行市场测试),并且具有基于自身判断而拒绝交易的权限;(4)一切相关商讨均在私下进行,控股股东及可能被认为受其影响的公司人员不得干涉或参与委员会的商讨;(5)所有会议和商谈均记录在案且可向公众披露。

5. 在一定情形下,控股股东应该考虑采用独立董事和独立股东双重通过的程序作为交易的前置条件。在并购的语境下(此时争夺股东委托书本来就是一种沉没成本),双重通过程序提供了重要的保障措施;在非并购的重大关联交易语境下,也应权衡双重通过程序的成本与效益。

下面,我们就来探讨一些支持进行这种权衡的特拉华州重大案例。第一部分介绍整体公平审查的历史沿革和特拉华法院的传统审查标准。第二部分探讨特拉华州最高法院在MFW并购案的判决中如何基于双重通过程序而弃用整体公平审查,以及该判决的后续影响。第三部分探讨是否可能把双重通过程序扩展到并购以外的控股股东关联交易。

一、对控股股东关联交易进行整体公平审查的历史

控股股东——“持有公司大部分权益或对公司业务进行控制的股东”——是公司的信义受托人[1]这是因为控股股东与高管和董事一样，对他人资产做出类似“托管”的行为。[2]法院可能认定以下三类股东处于“控制”地位：(1)直接拥有公司多数(大于50%)投票权的股东；[3](2)持有投票权低于50%，但事实上处于统治地位并控制公司的股东；[4](3) 如果股

〔1〕 Ivanhoe Partners v. Newmont Mining Corp. ,535 A. 2d 1334,1344 (Del. 1987). 该案中法院指出控股股东是公司的信义受托人。

〔2〕 Guthv. Loft,5 A. 2d 503,510 (Del. 1939).

〔3〕 参见 Weinstein Enters. ,Inc. v. Orloff,870 A. 2d 499,507 (Del. 2005) 。该案中法院指出“当股东直接或间接拥有公司一半以上的投票权，控制便存在了，这一点在特拉华公司法中得到了完善的确立”。另见 ACP Master,Ltd. ,et al. v. Clearwire Corp. ,C. A. No. 9042 - VCL,2017 WL 3421142,at *16 (Del. Ch. Aug. 8,2017)。该案中，由于未发现违背信义义务的行为，法院拒绝采纳控股股东提出的“权益持有人协议中的条款使控股股东无法有效实施控制，因而控股股东不是控股信义义务人”的说法。

〔4〕 参见 Western Nat'l Corp. S'holders Litig. ,C. A. No. 15927 - CC,2000 WL 710192,at *20 (Del. Ch. May 22,2000)。该案中，法院认为“如果显著持股人平时对投资人的业务和经营以及投资人的董事会不构成实际控制，但在某个特定交易中对董事会实施了实际控制，那么该显著持股人就该特定交易而言可以被认定负有信义义务”。可与 Kahn v. Lynch Commc'ns Sys. ,Inc. ,638 A. 2d 1110,1114 - 15 (Del. 1994)对比。该案中持股43.3%的股东被认定为控股股东，因为该股东曾提醒独立董事自己持股比例显著，暗示自己具有报复独立董事和小股东的能力，从而尝试逼迫独立董事接受其提案；在 Zhongpin Inc. S'holders Litig. ,C. A. No . 7393 - VCN,2014 WL 6735457,at *7 - *9(Del. Ch. Nov. 26,2014)中，持股17.3%的股东在状书阶段(pleading stage)被认定为控股股东，因为其被指认为公司最大的股东、公司的建立者、主席和CEO，并且对董事选举、并购交易和内部章程修订实施了显著影响。该案后来因为其他方面的原因而被改判，见 Cornerstone Therapeutics Inc. S'holders Litig. ,115 A. 3d 1173 (Del. 2015)；在 Sanchez Energy Derivative Litig. ,C. A. No. 9132 - VCG,2014 WL 6673895,at *7 - *10 (Del. Ch. Nov. 25,2014)中，持股21.5%的股东团体被认定为不具有控制地位，尽管该股东团体包括了公司董事会主席和他担任CEO的儿子，因为他们对公司的控制并没有超过普通CEO的范围，且无人指控该团体控制下的董事会与受到质疑的交易有关，该案后来因为其他方面的原因被改判，见 Delaware County Employees Ret. Fund v. Sanchez,124 A. 3d 1017 (Del. 2015)；在 KKR Fin. Holdings LLC S'holders Litig. ,101 A. 3d 980,993 - 94 (Del. Ch. 2014)中，持股1%的股东被认定不具有控制地位，尽管该股东的下属公司控制了公司的日常经营。因为该股东无权任命董事、未就具体决策向董事会发号施令，且董事会关于受到质疑的交易的决定也没有受到该股东干涉。该案后来被易名维持原判(aff'd sub nom)，见 Corwin v. KKR Fin. Holdings LLC,125 A. 3d 304 (Del. 2015)；在 Morton's Rest. Group,Inc. S'holders Litig. ,74 A. 3d 656,664 - 65 (Del. Ch. 2013)中，持股27.7%的股东被认为不具有控制地位，尽管公司董事会中有两名成员是该股东的雇员；在 Superior Vision Services,Inc. v. ReliaStar Life Ins. Co. ,C. A. No. 1668 - N,2006 WL 2521426 at *4 - *5 (Del. Ch. August 25,2006)中，持股44%的股东被认定对公司分红事项不具有控制地位，尽管该股东根据有效合同条款有权对分红进行一票否决。

东通过合同、委托表决或其他协议形成团体从而获得控制性的投票权,则这些股东可能被认定为控股股东的受托人,哪怕这些股东在其他场合并无关联。[5]

如果控股股东与公司进行利益冲突交易,则该"关联"交易可能被适用整体公平审查标准。[6]整体公平审查的目的正如其名称所言,乃是为了保证交易对公司和所有股东而言确属公平。尽管控股股东交易是否"整体公平"很难一言以蔽之,以下指导原则或许能够帮助各方做出判断:

1. 受控的董事会应该成立由独立董事组成的特别委员会,并由该委员会与控股股东就该关联交易进行商谈;[7]

2. 独立董事应该自聘独立的法务和财务顾问;[8]

3. 以上顾问与控股股东如存在任何联系,则应该对董事会进行披露;[9]

---

[5] Dubroff v. Wren Holdings, C. A. Nos. 3940 – VCN, 6017 – VCN, 2011 WL 5137175, at ∗7 (Del. Ch. Oct. 28, 2011). 该案中几名股东被指控"形成团体行事",且"该团体"策划并促使公司进行有益于该团体、有损于少数股东的交易。法院认为这构成了认定控股股东团体的充分基础;在 eBay Domestic Holdings, Inc. v. Newmark, 16 A. 3d 1, 25 – 27 (Del. Ch. 2010)中,两名在投票委托书上签字的股东被认定为控股信义人,因为这两名股东的投票权加起来足够选举董事;在 Williamson v. Cox, C. A. No. 1663 – VCN, 2006 WL 1586375, at ∗3 – ∗6 (Del. Ch. June 5, 2006)中,三家在其他场合并无联系的电缆公司持有某 IT 公司的大量股份。这三家公司被指控投票时仅考虑自己的利益而无视 IT 子公司的利益。这在动议驳回阶段(motion – to – dismiss stage)被认定为足够支撑控股股东团体的指控。

[6] Martha Stewart Living Omnimedia, Inc. S' holder Litig., C. A. No. 11202 – VCS, 2017 WL 3568089, at ∗11 (Del. Ch. Aug. 18, 2017). 该案阐明以下两种控股股东相关的典型利益冲突交易将激活整体公平审查:(1)控制人同时处于交易的两方,例如母公司收购子公司;(2)控制人尽管没有同时处于交易的两方,但却利用自己在卖方的有利地位来获取不同的对价或其他区别于普通股东的利益。

[7] Sealy Mattress Co. v. Sealy, Inc., 532 A. 2d 1324, 1337 (Del. Ch. 1987). 该案中,母子公司的合并被认定为不公平,部分原因是受控的董事会让非独立董事进行相关谈判。

[8] Compare Rosenblatt v. Getty Oil Co., 493 A. 2d 929, 937 (Del. 1985). 该案中,合并的双方都有独立且有经验的顾问在场,这被认为是交易公平的有力证据;在 Gesoff v. IIC Industries, Inc., 902 A. 2d 1130, 1150 – 51 (Del. Ch. 2006)中,法院判决母子公司的合并"并非整体公平",因为特别委员会的各种努力因为不独立的法务和财务建议而"残缺"(crippled);另参见 Western Nat'l Corp., 2000 WL 710192, at ∗21 – ∗22。该案中的顾问被认定为独立,尽管其在过去的交易中曾为控股股东提供少量服务。

[9] 参见 RBC Cap. Markets v. Jervis, 129 A. 3d 816, 862 – 63, 865 (Del. 2015)。该案维持了初审判决,即认定金融顾问是目标董事会违背勤勉义务的同谋,因为该顾问"利用了自己的利益冲突",为了从潜在买方获得业务并锁定买方的金融业务,压低了公平估值;在 Inergy L. P. Unitholder Litig., C. A. No. 5816 – VCP, 2010 WL 4273197, at ∗14 – ∗15 (Del. Ch. Oct. 29, 2010)中,特别委员会被允许在顾问的潜在利益冲突和委员会所确信其提供的"高质量"工作之间进行权衡。

4. 独立董事及其顾问应该能够接触所有当期财务记录和财务预期;[10]

5. 独立董事应该具有履行职责所必要的权力——包括获得更优交易条款的谈判权力——以及对控股股东“说不”的“批判性”权力,[11]而非仅仅是对控股股东提出的交易进行评估的权力[12];

6. 独立董事应该保持其独立性,包括不向控股股东透露商谈内容,不许控股股东参与谈判或商谈;[13]

7. 公司应该充分披露谈判过程——这不仅是为了履行披露义务,也是为撤销诉讼的动议提供重要的记录支持。[14]

特拉华法院也承认商业现实,即再“公平”的控股股东交易也只能大体接近而无法完全等同于非关联交易。二者之间一个重大差异就是,控股股

[10] Compare Kahn v. M&F Worldwide Corp. ,88 A. 3d 635,651 (Del. 2014) (hereinafter, Kahn v. MFW). 该案中认定特别委员会履行了勤勉义务,部分依据即是该委员会向管理层索取了最新的财务预期;另参见 Emerging Commc' ns, Inc. S' holders Litig. ,C. A. No. 16415,2004 WL 1305745, at *7, *12 - *13, *35 (Del. Ch. June 4,2004)。该案中控股股东的私有化交易(going - private transaction)被认定为不公平,很大程度上是因为独立董事无法获得公司的最新预期,而控股股东则掌握该信息;但另参见 ACP Master. v. Clearwire, 2017 WL 3421142, at *16, *23。该案中认定控股股东无义务披露内部财务预期以及其他关于估值公司和最终价格意愿的私有信息。

[11] Kahn v. Lynch, 638 A. 2d at 1110,1119 (Del. 1994). 该案中法院认为,“说‘不’是一项非常重要的权力。独立委员会的责任是只通过符合公众股东最佳利益的交易,而对公众股东不公的交易、并非最佳选择的交易则需要说不。对独立委员会来说,交易价格等同于信义受托人愿意付出的最佳价格还不够,该价格还必须是一个公平的价格”。[引自 First Boston, Inc. S' holders Litig. ,C. A. No. 10338,1990 WL 78836, at *7 (Del. Ch. June 7,1990)。]

[12] Ams. Mining Corp. v. Theriault, 51 A. 3d 1213,1245 - 47 (Del. 2012).

[13] 参见 Black v. Hollinger Int'l, 872 A. 2d 559,562 (Del. 2005)。该案中,法院批评控股股东“为自身目的而不经许可使用公司的保密、非公开信息”,并且维持了针对控股股东的禁令和损害赔偿义务;在 Emerald Partners v. Berlin, 726 A. 2d 1215,1220 - 21 & n. 5 (Del. 1999) 中,法院斥责独立董事未将有利益冲突的董事排除在保密会议和保密商谈之外。

[14] 参见 Tyson Foods, Inc. ,919 A. 2d 563,594 - 96 (Del. Ch. 2007)。该案中,原告诉请审查关联方交易,法院则通过了撤销诉讼的动议。撤销诉讼的部分依据就是披露且公开备案的独立董事通过交易的文件;另参见 Martha Stewart Living Omnimedia, Inc. S' holder Litig. ,2017 WL 3568089, at *3。该案中,法院的观点是:“在诉状和股东委托书之间存在矛盾之处。本院采信股东委托书,哪怕本案还处于动议撤销诉讼(motion to dismiss)的程序阶段,因为股东委托书是原告诉求中不可分割的一部分。”

东不可能被迫将其股权出售给其他出价人[15],因此,评估控股股东收购要约的独立董事大可不必"徒劳"地找寻其他买家[16]。

控股股东对交易整体公平负有举证责任。[17]但控股股东可以证明该利益冲突交易由"运行良好的独立董事委员会通过",[18]且"该委员会未面临压力必须达成一致",[19]并依此将举证责任转移给原告,由原告最终证明交易是否公平。独立董事通过的不涉及控股股东的关联交易适用商业判断原则,而对独立董事通过的涉及控股股东的关联交易,整体公平标准仍然适用。[20]

---

〔15〕 John Q. Hammons Hotels Inc. S' holder Litig. ,C. A. No. 758 - CC,2009 WL 3165613,at ＊14 (Del. Ch. Oct. 2,2009). 该案中,法院认为"没有法律要求控股股东要出售自己的股份。如果控股股东决定出售,也没有法律要求他以哪种对价、向哪个买家出售"。在 Thorpe by Castleman v. CERBCO,Inc. ,676 A. 2d 436,444 (Del. 1996) 中,法院认为控股股东有法定权利阻止公司向第三方出售"全部或绝大部分资产",并且不就此对少数股东承担责任。

〔16〕 参见 McMullin v. Beran,765 A. 2d 910,920 (Del. 2000)。该案中,法院认为董事会"无法有效地找到控股股东收购提案的替代方案",因此"不负有进行上述徒劳尝试的信义义务"。

〔17〕 参见 Ryan v. Tad' s Enterprises, Inc. ,709 A. 2d 682,689 (Del. Ch. 1996), aff' d,693 A. 2d 1082 (Del. 1997)。该案中,法院认为"不得不承认控股股东在并购交易中同时处于交易的两方,因而被告有责任证明并购是整体公平的。"

〔18〕 Kahn v. Tremont Corp. ,694 A. 2d 422,428 (Del. 1997).

〔19〕 Kahn v. Lynch,638 A. 2d at 1121; 参见 Emerald Partners v. Berlin,726 A. 2d 1215,1222 - 23 (Del. 1999)。该案中法院认为被告要想获得举证责任转移的好处,特别委员会必须行使"真实的议价权"。

〔20〕 可对比 Resorts Int' l S' holders Litig. Appeals,570 A. 2d 259,266 - 67 (Del. 1990) 。该案中,法院认为商业判断原则适用于由管理层领导的、"由独立且不存在利益冲突的特别委员会通过的"且不存在控股股东的公司收购行为;另参见 Corwin v. KKR Fin. Holdings LLC,125 A. 3d 304,307 - 08 (Del. 2015) 。该案维持了衡平法院的判决,即私募基金投资经理不具有控制权力,因而并购不适用整体公平审查;在 Kahn v. Lynch,638 A. 2d at 1116 中,法院认为"不管举证责任仍在控股股东身上还是已经转移,整体公平审查仍然是审查利益冲突并购时司法分析的正当焦点,因为交易背后存在'利益冲突'这一点没有改变,因此也就需要小心细致的审查"。在 Cysive, Inc. S' holders Litig. ,836 A. 2d 531,548 (Del. Ch. 2003) 中,法院认为"整体审查规则的合理性在于,控股股东具有极大的、可以损害独立董事和非控制股东利益的潜在权力,因而哪怕法律禁止报复行为、禁止不公平的自我交易,这也不足以使独立董事和独立股东的通过成为交易公平的可靠保障"。另参见特拉华州法典第八卷第144条(a)段 [8 Del. Code § 144(a)],该条规定,涉及利益冲突董事或高管(ii) 交易由知情且独立的股东通过,或者(iii) 交易整体公平。

特拉华法院曾经将举证责任转移的好处描述为“不显著”[21]且只有“轻微”实际效果[22]，而这种效果不经过完整的庭审也很难获得，因为交易在程序和实体上的整体公平性需要在庭审中予以确认。[23] 但如果控股股东能够展示委员会程序足够独立和“可靠”从而转移举证责任，这与法院最终批准交易的结果是正相关的。[24]

二、对双重通过的控股股东并购实行差异化审查

控股股东要获得公司余下的股份主要有两种方式：(1)采用传统的长式合并(long - form merger)，即先与受控董事会谈判，由受控董事会向股东推荐该并购，然后股东就并购进行投票；(2)直接向少数股东发出购买要约，然后在控股股东持有公司90%以上股份之后，针对余下的股东采取法定短式

---

〔21〕 Ams. Mining Corp. v. Theriault, 51 A. 3d at 1242. 该案中，法院认为“为鼓励使用促进公平定价的程序性工具，如特别委员会，本院向交易发起人提供一个优势，该优势被描述为‘不显著的程序性好处’，即如果交易发起人能以充足的事实证据来证明该程序性工具得到了正当使用，那么证明交易整体公平的最终责任将转移给原告”。[引自 Cox Commc' ns, Inc. S' holders Litig. , 879 A. 2d 604, 617 (Del. Ch. 2005)]

〔22〕 Cysive, Inc. S' holders Litig. , 836 A. 2d at 548. 该案中，法院认为“Lynch 学说中举证责任转移的实际效果是轻微的。其中一个原因就是，如果像我一样假定胜负取决于证据微妙平衡的案件是极少数，那么在优势证据标准下转移举证责任并不是一个重大举措”。

〔23〕 S. Peru Copper Corp. S' holder Deriv. Litig. , 52 A. 3d 761, 791, 793 (Del. Ch. 2011) (Strine, C.). 该案中 Tremont 法官暗示如果不考量特别委员会做出的实体决定，就无法决定被告是否有权享受举证责任转移。而考量特别委员会实体决定是一个繁复的事实审查过程，且这个过程与整体公平审查是部分重合的。法官言道：“把特别委员会是否与控股股东进行了实质有效的谈判这个涉及繁复事实的问题纳入是否转移举证责任的考量，这会意味着转移举证责任的决定非常难以基于审前记录而做出，除非在个别独特情形下。”在 Cysive, Inc. S' holders Litig. , 836 A. 2d at 549 中，法院指出在审判前试图实现举证责任转移是不效率的行为；另参见 ACP Master et al. v. Clearwire, 2017 WL 3421142, at * 17。该案中，由于相关记录不支持审前做出举证责任转移的裁决，控股股东在整个审判过程中都承担了证明交易整体公平的责任。

〔24〕 参见 Kahn v. Lynch Commc' ns Sys. , Inc. , 669 A. 2d 79, 85 - 88 (Del. 1995) 。该案中，法院依据用于举证责任转移的事实——有力且独立的董事会和公平的价格，最终认定交易公平；在 Gesoff v. IIC Industries, Inc. , 902 A. 2d 1130, 1145 (Del. Ch. 2006)中，法院认为“能够转移举证责任的事实也能够证明交易公平”。

合并(short - form merger)使其变现退出。[25]在2014年MFW一案之前,特拉华法院对第一类(并购)实行整体公平审查,[26]而对第二类(购买要约)适用尊重交易的商业判断标准。[27]

在MFW一案中,控股股东并购经由公司独立董事和少数股东的大多数双重通过,于是特拉华州最高法院针对该类并购采用了新的审查标准,即商业判断原则,而非整体公平审查。[28]在采用购买要约方式的并购方面则没有新的案例出现,法院审查标准目前仍然保持不变。[29]新的审查标准是基于以下四个原因:第一,当控股股东不可撤销地将交易置于公司独立董事和大多数少数股东的审核之下,从而放弃了控制,那么严格的整体公平审查就不再有必要。第二,实行商业判断原则审查从而鼓励双重通过程序能够"最优地保护控制股东收购中少数股东的权益"。第三,尊重知情独立的商业决定乃是特拉华州居"中心地位"的传统,而对双重通过的并购实行商业判断原则审查标准与这一传统是一致的。第四,不管是整体公平审查标准还是并购中的双重结构性保障,其目的都是一致的,即帮助少数股东实现公平售

---

〔25〕 特拉华州法典第八卷第253条(8 Del. Code § 253)允许持有公司90%以上股份的股东不经董事会或其他股东同意而实施并购。控股股东指定支付数额,少数股东可以选择接受该数额或者寻求行使异议股东股份回购权(appraisal rights)。根据特拉华州法典第八卷第262条(8 Del. Code § 262)的规定,在Glassman v. Unocal Exploration Corporation中法院确认了第253条中的并购不适用整体公平审查,因为"公平"过程的要求会破坏特拉华立法机关对持股90%以上股东授权的短期并购,参见777 A. 2d 242,247 - 48 (Del. 2001)。

〔26〕 Siliconix Inc. S' holders Litig. , C. A. No. 18700, 2001 WL 716787, at *8 (Del. Ch. June 21, 2001).

〔27〕 Solomon v. Pathe Commc' ns Corp. ,672 A. 2d 35,39 - 40 (Del. 1996); Cox Radio, Inc. S' holders S' holders Litig. ,808 A. 2d 421,433,438 n. 26 (Del. Ch. 2002); 另参见Siliconix, 2001 WL 716787, at *6。该案中法院认为"除非表明存在胁迫和违反披露要求的行为,被告无义务证明购买要约交易整体公平"。

〔28〕 Kahn v. MFW, 88 A. 3d at 644. 就在去年,纽约上诉法院针对控股股东并购采用了MFW中确立的标准;参见Kenneth Cole Prods. , Inc. , S'holder Litig. ,27 N. Y. 3d 268,274 - 78 (N. Y. 2016)。

〔29〕 参见Siliconix, 2001 WL 716787, at *6。该案中,法院认为"除非表明存在胁迫和违反披露要求的行为,被告无义务证明购买要约交易整体公平"。在2010年,特拉华最高法院受理了一起控股股东购买要约并购案,并在口头论辩(oral argument)中承认审查适用标准可能处于悬而未决的状态。音频在7:12 - 7:40,参见Cox Radio, Inc. S' holders Litig. , No. 331, 2010 (Del. Nov. 17, 2010),可在如下链接下载: http://courts. delaware. gov/supreme/OralArgs/2010 - 11 - 17_338, _2010_Dixon_et_al_v_ Leon. wav. MP3。特拉华最高法院的判决并未决定适用标准,参见Cox Radio, Inc. S' holders Litig. ,9 A. 3d 475 (Table), No. 331, 2010, 2010 WL 4721568, at *1 (Del. Nov. 22, 2010)。

出价格[30]。

在 MFW 一案中,法院列出了六个前提条件,需要完全满足这些条件,双重通过的控股股东并购才能适用商业判断原则审查标准。

1. 控股股东将特别委员会通过和少数股东的大多数通过作为进行交易的前置条件;

2. 特别委员会具有独立地位;

3. 特别委员会有权自主选任顾问,有权决定性地拒绝通过交易;

4. 特别委员会在谈判合理交易价格的过程中履行了勤勉义务;

5. 少数股东的投票建立在知情的基础上;

6. 对少数股东不存在胁迫行为。[31]

Swomley v. Schlecht 是 MFW 一案之后第一起在控股股东并购中成功运用双重通过标准的案例。[32]该案中,特拉华州衡平法院通过了申请不受理原告诉状的动议(motion to dismiss)。该诉状的焦点主要在于声称交易价格过低(于是涉及 MFW 一案确定的第四个交易前提条件)。原告股东认为 MFW 一案确立了全新或者单独的公平价格要求,而法院不认同这一看法。根据法院的解释,要想法院驳回申请不受理的动议,价格谈判中的失误必须达到"严重疏忽"和"轻率"的程度,这个标准其实就是 MFW 一案之前的勤勉标准。[33]法院接下来探讨了 Swomley 一案中特别委员会在资产评估的哪些方面本可以做出不同的选择,或者采取更强硬的谈判态度。但这些价格选择都达不到"严重疏忽"的程度。[34]最终特拉华最高法院全体法官以"衡平法院 2014 年 8 月 27 日判决中陈述的理由"为依据,维持了衡平法院的判决。[35]

Swomley 一案后不到一年,在 BAMM 一案中,原告指控控股股东在公司私有化交易(going private transaction)中收购剩余股份时违背信义义务,

---

〔30〕 Kahn v. MFW, 88 A. 3d at 644 – 45.

〔31〕 Idib. , at 645.

〔32〕 口头论辩文本和法院判决见 65 – 68, Swomley v. Schlecht, C. A. No. 9355 – VCL (Del. Ch. Aug. 27, 2014), aff'd, Swomley v. Schlecht, 128 A. 3d 992 (Table), No. 180, 2015, 2015 WL 7302260, at *1 (Del. Nov. 19, 2015)。

〔33〕 文本见 72 – 74, Swomley, C. A. No. 9355 – VCL (Del. Ch. Aug. 27, 2014)。

〔34〕 Idib. , at 73 – 74.

〔35〕 Swomley v. Schlecht, 128 A. 3d 992 (Table), No. 180, 2015, 2015 WL 7302260, at *1 (Del. Nov. 19, 2015).

而特拉华州衡平法院则再一次依据MFW案确立的标准,对该指控作出了不受理的裁决。[36]据原告诉称,该交易中特别委员会并非独立,因为委员会同意以3.25美元的价格成交(该价格比前90个交易日的平均成交价多出95%),而另一个竞价方给出了4.21美元的价格(尽管控股股东拒绝出售),[37]因而该委员会系以恶意行事(acted in bad faith)。法院对此予以关注,并解释道,"理论上,证明主观恶意是攻击MFW框架的一个可行路径,尽管这种路径存在困难",但法院认为原告并未针对"恶意"进行充分举证,因为该委员会,(1)寻求了第三方出价来检验控股股东在有出售机会的情况下是否仍然坚持"只买不卖"的立场(事实证明确实如此);(2)用第三方出价作为标准来评估控股股东3.25美元的出价是不是低到应该直接拒绝(事实证明并非如此)。[38] 于是,法院的结论是:"根据委员会的行为应该对其进行善意推定,而非恶意推定。"[39]特拉华最高法院最近维持了该判决,且未做出评论。[40]

三、未来双重通过程序扩展到其他控股股东交易的可能

目前,特拉华最高法院还没有相关案例将MFW一案确立的双重通过框架及其赋予控股股东的保护扩展到控股股东并购以外的其他交易。[41]实际上也不太可能出现众多案例来提供扩展适用MFW框架的司法机会。这是因为在并购交易(现行法律已有针对该类交易的股东披露和相关投票要求)以外,公司通常会避免股东投票程序,因为该程序花费巨大,耗时长久,且具有不确定性。[42]

但是,将双重通过程序和商业判断原则审查扩展到并购之外的控股股

〔36〕 Books - A - Million, Inc. S' holders Litig., C. A. No. 11343 - VCL, 2016 WL 5874974, at *1 (Del. Ch. Oct. 10, 2016), aff' d, No. 515, 2016, 2017 WL 2290066 (Del. May 22, 2017).

〔37〕 Books - A - Million, Inc. S' holders Litig., 2016 WL 5874974 at *6, *25 - *26, *34 - *36.

〔38〕 Idib., at *23, *32.

〔39〕 Idib., at *32.

〔40〕 Books - A - Million, Inc. S' holders Litig., No. 515, 2016, 2017 WL 2290066 (Del. May 22, 2017).

〔41〕 但见Martha Stewart Living Omnimedia, Inc. S' holder Litig., 2017 WL 3568089, at *11 - *12, *23 (Slights, V. C.)。该案中控股股东被指控在第三方收购交易中不公平地获得了雇佣机会和商标权的私下交易。该收购交易中,收购方、被收购公司和控股股东遵循了MFW一案确定的交易条件。最终法院没有受理针对控股股东的指控。

〔42〕 参见Del. C. § 251(c); SEC Schedule 14A。

东交易，与特拉华州公司治理法律发展的方向是一致的。20 世纪 90 年代至 21 世纪初，特拉华法院将 Kahn v. Lynch 一案确立的整体公平标准从并购扩展到了其他控股股东交易。法官指出，“并无合理的正当理由来区别对待并购交易和其他公司交易”。[43] 自此，整体公平标准被应用于控股股东管理服务合同、[44] 贷款合同、[45] 竞业禁止补偿[46] 和第三方“经纪”费用。[47] 因此，有理由认为，特拉华法院对扩展适用 MFW 标准到非并购控股股东交易，以此来避免整体公平审查，是持接受态度的。

---

〔43〕 Kahn v. Tremont, C. A. No. 12339, 1996 WL 145452, at *7 (Del. Ch. March 21, 1996). 该案中法院对控股股东的股票出售交易适用了整体公平标准。该案后来因其他方面的原因被改判，见 694 A. 2d 422 (Del. 1997)。

〔44〕 T. Rowe Price Recovery Fund, L. P. v. Rubin, 770 A. 2d 536, 552 – 55 (Del. Ch. 2000). 该案中，法院适用了整体公平标准，并且发现交易及其通过过程中存在大量问题，如受控公司的特别委员会不够独立也不够充分知情，最终法院禁止了相关管理服务合同。

〔45〕 Marciano v. Nakash, 535 A. 2d 400, 403 – 05 (Del. 1987).

〔46〕 Ryan v. Tad's Enterprises, 709 A. 2d at 689 – 90.

〔47〕 Bomarko, Inc. v. Int'l Telecharge, Inc. , 794 A. 2d 1161, 1177 – 83. (Del. Ch. 1999). 该案中法院适用整体公平标准，并判决控股股东对其在公司水电转网的过程中收取未披露“经纪”费用的行为应该承担责任。

书　评

法律人的塑造与使命
——《异见时刻:“声名狼藉”的金斯伯格大法官》读后*

李　鑫　漆青文**

摘　要:金斯伯格作为美国最高法院大法官群体中的一名女性成员,一生致力于女性的权利保护。其曲折而传奇的人生经历、良好的专业素养和作为法律人所具备的使命感和责任感,使其成为法律界的巨星,也深刻改变着美国社会对于平等理念的认知。《异见时刻:“声名狼藉”的金斯伯格大法官》这本传记记述了金斯伯格大法官为女性权利奋斗的职业生涯、人生旅途中收获的美满婚姻以及在平权运动推进中的重要节点性事件。这位优秀的女性法律工作者以其丰富的职业经历、宝贵的人生阅历和理性谨慎的态度为后继的法律工作者提供了宝贵的指引。

关键词:法律人;金斯伯格;法律职业;社会核心价值

“一个人可以被毁灭,但不能给打败。”〔1〕这句话是看完美国联邦最高法院大法官金斯伯格(Ruth Bader Ginsburg,1933～　)的图文传记《异见时刻:“声名狼藉”的金斯伯格大法官》后,一直浮现在脑海里的句子。作者伊琳(Irin Carmen)和莎娜(Shana Knizhnik)在本书中对金斯伯格致力于女性权利解放的一生进行了深刻又细腻的描绘,让人体会到,坚韧与勇敢等形容用在金斯伯格身上毫不为过。译者骆伟倩博士的知识基础和学术志趣与《异见时刻:“声名狼藉”的金斯伯格大法官》的主题和内容高度契合。作为一名女性主义者,她对金斯伯格的平权思想有深刻的理解,能够感受到现代女性所承受的社会偏见,但也能够直面偏见,期望这个社会能够平等对待女

* 本文系四川大学法学院“研究阐释党的十九届四中全会精神”专项研究课题“诉讼服务中心建设的理论基础与实践路径研究”(sculaw20190314)的研究成果。

** 李鑫,法学博士,四川大学法学院副教授;漆青文,四川大学法学院2018级硕士研究生。

〔1〕［美］海明威:《老人与海》,吴劳译,上海译文出版社2009年版,第99页。

性和男性。她的翻译不仅是为了鼓励和鼓舞女性群体,也可以看作是她尝试改变世界的谨慎探索。

作为一本人物传记,其字里行间展现着许多美国司法中有趣而真实的小细节。譬如,最高法院大法官的助理们会在开庭后对律师进行打分;又如,大法官们会着统一的法官袍,在相互握手后,按资历长幼顺序入座法官席以示法庭协作精神。这本译著比较真实地展示了这一切。金斯伯格将女性权利解放与推进男女平等作为终身事业而矢志不渝,让人衷心敬佩与感动。作为法律人,应当更明白自己的使命、责任和期待。

一、为什么是金斯伯格

近年来,美国联邦最高法院因其独特性与在发展中产生的权威性吸引了较多的关注,关于美国联邦最高法院及其大法官的相关研究成果在国内不断涌现。〔2〕 与此同时,对美国联邦最高法院和大法官们进行介绍和研究的书籍也有许多被译介到国内,〔3〕在展现美国联邦最高法院的运行情况的同时,让人们对联邦最高法院的大法官们的传奇人生产生了浓厚的兴趣。金斯伯格正是美国联邦最高法院大法官群体中闪闪发光的一位,有关金斯伯格及其所撰写的伟大的异议的书也有很多并已有一些呈现在了国人眼前。〔4〕 中国的女性法律工作者越来越多,作为一名优秀的女性法律工作者和先行者,金斯伯格的职业生涯经历具有重要参考价值。

作为美国联邦最高法院大法官的金斯伯格是一位传奇的法律人。除却

〔2〕 参见任东来等:《民众为何支持:美国最高法院的历史轨迹》,中国法制出版社2019年版;曹东:《正义的实现及途径:审判意义上的美国联邦最高法院》,法律出版社2016年版;赵刚:《公开与公平的博弈:美国最高法院如何平衡新闻自由与审判公正》,法律出版社2012年版;雷安军:《美国司法审查制度及其理论基础研究——以美国最高法院司法审查的正当性为中心》,中国政法大学出版社2011年版。

〔3〕 参见[美]布莱恩·拉姆等:《谁来守护公正:美国最高法院大法官访谈录》,何帆译,北京大学出版社2012年版;[美]鲍伯·伍德沃德、[美]斯科特·阿姆斯特朗:《隐秘的江湖:美国最高法院要案审理内幕》,于鹏译,中国法制出版社2018年版;[美] 戴维·M.奥布赖恩:《风暴眼:美国政治中的最高法院》(第10版),胡晓进译,上海三联书店2018年版;[美] 杰弗瑞·A.西格尔等:《美国司法体系中的最高法院》,刘哲玮、杨微波译,北京大学出版社2005年版;[美]道格拉斯·史密斯:《民主之门:最高法院如何将"一人一票"制带到美国》,胡晓进、李丹译,上海社会科学院出版社2017年版。

〔4〕 例如[美]琳达·赫尔曼:《温柔的正义:美国最高法院大法官奥康纳和金斯伯格如何改变世界》,郭烁译,中国法制出版社2018年版。

种族、肤色、政治立场、宗教信仰等考虑因素，白宫前法律顾问克雷托（Gregory Craig，1945～ ）曾袒露选择大法官的内部标准，“一是候选人的资质、品格必须十分出色，不得有任何潜在的污点；二是候选人的人生阅历必须动人心弦”。[5] 在女人往往被认为是相夫教子的好手，在外工作则是男人们的事情的年代，金斯伯格凭借自己的努力与亲友的支持，打破传统，成为由克林顿（William Jefferson Clinton，1946～ ）总统提名，继桑德兰拉·代·奥康纳（Sandra Day O'Connor，1930～ ）之后美国最高法院第二位女性大法官。而其人生的传奇性可以被归纳为以下三个方面。

一是金斯伯格一生都致力于捍卫女性群体和少数族裔的权利。20世纪以来，美国妇女在平等就业与政治选举上的权利缺乏有效保障，众多的法院判例使女性被排除在美国宪法所蕴含的人人权利平等价值中的“人”之外。这一切在以金斯伯格和另一位女性大法官奥康纳为领袖的女权运动的发展中有了改变的可能性，如同黎明前的曙光，这场运动即将划破黑暗无垠的夜空。尽管20世纪60年代的金斯伯格并未特别积极地推进女权运动，如默默忍受着比其他教授工资低的境况；为了在怀孕时不被解雇，悄悄穿大一号的衣服掩盖孕肚等。但这一切在金斯伯格看到下一代的女性对于独立的诉求，将“莫里茨案”与“里德案”诉到联邦最高法院时都改变了，她决定不再保持沉默了。与此情况相似的是美国的种族歧视，作为一个移民国家，“人人生而平等”本是美国《独立宣言》最为有力的发声，然而20世纪中期的美国却开始视“人权”为洪水猛兽，种族歧视也开始泛滥，时至今日，为了保护美国的司法主权，“维持州和联邦权力的传统平衡”成为反对种族歧视主要的障碍。[6] 作为政治性法院的最高法院，“必须在解释宪法（法院的本职工作）和修正宪法（联邦和州立立法机构的工作）二者之间的含混不清的界线上极其谨慎地行动”。[7] 金斯伯格除了勇于捍卫女性群体的权力，在黑人律师泡利·默里（Pauli Murray）的启发下也将种族问题也和性别问题联系了起来，并将这种相互联系的理论运用于实践，取得了小小的胜利。

二是人生经历曲折并富有戏剧化的金斯伯格具备着鲜明的个人风格。

---

〔5〕 何帆：《大法官说了算：美国司法观察笔记》，中国法制出版社2016年版，第39页。

〔6〕 参见周少青：《权利的价值理念之维：以少数群体保护为例》，中国社会科学出版社2016年版，第228页。

〔7〕 [美]鲁思·巴德·金斯伯格：《从最高法院判例看美国妇女权利》，载《环球法律评论》1979年第1期。

金斯伯格是一名犹太人,在贫穷混乱的纽约市布鲁克林区长大,尽管金斯伯格一直觉得生活很幸福,但“癌症”这个令人恐惧的东西一直出现在她的生活中。一直教育她要恭谦且独立的妈妈在金斯伯格高中毕业典礼前一天因癌症去世了;在法学院读书期间丈夫马丁(Martin Ginsburg,1932～2010年)也得了癌症,她只能一边学习一边照顾丈夫和女儿;其本人也在1999年得了癌症。但就是在这些艰难的岁月里,她总是能想方设法地在工作与生活之间保持平衡,甚至夫妇俩都战胜过癌症,这堪称奇迹。由于女性权利不被平等对待的社会处境,金斯伯格的职业生涯也不是那么顺利,她曾去过律所,后来又做了公务员,但在自己怀孕后却被告知等级降低,伴随的是收入和权限的大大减少。生活的磨砺没有将金斯伯格变得平庸,反而让她更加耀眼,具备鲜明的个人风格——“无论法庭内外,她都一直坚守正义,言行一致”。[8] 待人温顺谦恭的她,在平权事业推进中却斗志昂扬,尤其是近年来已至耄耋之年的金斯伯格“厌倦了装聋作哑”。[9] 这一切既因为奥康纳的退休,也因为一贯摇摆不定的肯尼迪(Anthony M. Kennedy,1936～　)大法官支持了“部分分娩堕胎术”的禁令,更因为乔治·布什(George Herbert Walker Bush,1924～2018年)提名的保守派大法官使最高法院权利向右倾斜动摇了金斯伯格一直以来努力奋斗的根基,她不得不变得“张扬”,以应对这一阶段的“疾风暴雨”。

三是金斯伯格具有让时尚界大为赞赏的时尚和艺术品位。就像勇于同性别歧视和种族歧视斗争一样,金斯伯格毫不掩饰地展示着自己的审美,最著名的时尚单品就是她的颈饰。这些颈饰体现着金斯伯格个人不同的时尚标签。例如,她只有在发表异议时才佩戴琉璃细珠串成的扇形颈饰,这些时尚标签都是“她为女性大法官的存在做出的静默政治宣言”。[10]

无疑,金斯伯格是法律界的一位巨星,在某种程度上,其影响力是社会性的,正如文中写到她的粉丝将其称为“声名狼藉的金斯伯格”,既是善意的玩笑也是真诚的致敬。无论金斯伯格有多大的社会影响,她仍然强调法律

〔8〕［美］伊琳·卡蒙、［美］莎娜·卡尼兹尼克:《异见时刻:“声名狼藉”的金斯伯格大法官》,骆伟倩译,湖南文艺出版社2018年版,第8页。

〔9〕参见［美］伊琳·卡蒙、［美］莎娜·卡尼兹尼克:《异见时刻:“声名狼藉”的金斯伯格大法官》,骆伟倩译,湖南文艺出版社2018年版,第8页。

〔10〕参见［美］伊琳·卡蒙、［美］莎娜·卡尼兹尼克:《异见时刻:“声名狼藉”的金斯伯格大法官》,骆伟倩译,湖南文艺出版社2018年版,第209页。

人的使命应该是在司法机构中发挥作用,甚至会尝试说服其他大法官们在一致同意的判决书上签上名字以示整个法院的意见一致。在成为一位伟大的法官这条路上,金斯伯格并没有刻意塑造或展示什么,但保持自我与维护法律人的精神却一直促使她向着正确的方向、做着正确的事情,这也是金斯伯格这样的法律人值得被关注与研究最核心的原因。

二、金斯伯格如何成为金斯伯格

人生的经历会影响职业中的很多价值判断和追求,而金斯伯格曲折而传奇的一生及其许多宝贵的品质使成就了她。

(一)目标远大而明确

构建一个以男女平等为原则,性自由和生育自由共同实现、男女并肩合作的社会是金斯伯格的理想。20 世纪 70 年代以来,越来越多的美国女性进入职场,但从社会性别理论出发,美国女性在传统性别观念下被看作男性的复制品存在,在性别化权力理论中,女性处理事务被定义化和具体化,[11]在争取性别平等的斗争中仍受到前人的哲学与法理束缚,[12]使公众形成了女性应当柔美、感性,适宜从事教师等刻板印象,并难以改变。

充分地认识到女性的力量后,金斯伯格对性别歧视进行反攻,其目标并非局限于保障女性进入传统男性主导的职场,而是推动美国对性别平等达成更广泛的认同,让多数人对于宪法中的平等权利条款形成新的理解。金斯伯格一直强调作为法律人,自己的使命是可以让世界变得再好一点。她希望别人提到她时说:"这个人曾努力治愈社会伤口并发挥自己所能,让世界变得更美好了一点。"[13]明白社会各界对男女平等认识的改变不能一蹴而就,金斯伯格带着改变世界的勇气与坚定朝着这个方向努力着。

(二)准备充分并善于把握机遇

仅仅因为是女性,就被绝大多数人低估和藐视,这从某种程度上激励了金斯伯格去抗争、去改变世界。20 世纪中叶,美国性别歧视严重,金斯伯格

---

〔11〕 参见夏燕、孙爽:《法律精英"她世界"的困境与反思——以美国女性法官职业现状考察为中心》,载《中华女子学院学报》2017 年第 3 期。

〔12〕 参见夏燕、孙爽:《法律精英"她世界"的困境与反思——以美国女性法官职业现状考察为中心》,载《中华女子学院学报》2017 年第 3 期。

〔13〕 [美]伊琳·卡蒙、[美]莎娜·卡尼兹尼克:《异见时刻:"声名狼藉"的金斯伯格大法官》,骆伟倩译,湖南文艺出版社 2018 年版,第 220 页。

以哥伦比亚大学法学院班级第一的成绩去应聘一份见习职员的工作却因为性别原因遭到拒绝,她只好去学校担任教授这类在当时看起来适合女性的职位。20世纪70年代女权运动第二次浪潮兴起,在学生的要求下,金斯伯格准备开设一门关于《女权主义与法律》的课程,在备课的过程中迎来了她女权意识的觉醒。在遭受学校薪酬歧视时,她带领其他女同事发起了诉讼,吸引了其他独立女性的关注。在大量男性因参战而导致国内男性劳动力缺失的情形下,金斯伯格把握机遇进入律政界,与志同道合者联合创立了美国公民自由联盟妇女权利项目,这是她职业道路上的重要转折点。

机遇都是留给有良好专业素养和锲而不舍精神之人的。在求职被拒而到基层法院做法官助理后,金斯伯格投身学术,花费近十年的时间在罗特格斯法学院拿到了终身教授的席位。在法学院刻苦钻研、担任学校法律评论的编辑所沉淀的专业素养与之后在职场中对权利平等形成的深刻见解和积累的诉讼技巧是金斯伯格抓住发展机遇的基础。

(三)具备优秀的性格品质

金斯伯格具有的优秀性格品质是成功的关键。一是理性。理性的人能够顾全大局。在美国C-SPAN为制作纪录片《最高法院》对金斯伯格进行采访时问道,当您因为某些判决或者某些人说的话生气时,您如何开解自己,金斯伯格答道,首先想到,还有其他案子要处理呢,并且说道,不要为已发生的事而烦恼。[14] 为了顾全大局,金斯伯格甚至会接一些维护男性平等权利、让某些女权同盟成员不解的案子,但这往往是成功的奥秘。正如布莱恩·拉姆(Brian Lamb)在书中写到,她擅长呈现本不具有威胁性的案件事实,以及运用原告是男性的案件达到此目的。[15] 二是审慎。审慎是金斯伯格的身上极为闪光的一点,也是她的做人原则。金斯伯格的智慧不在于激进地、急切地推进平权运动走向胜利,而是看到人们思想的变革不可能一蹴而就,需要的是循序渐进,步步为营。在与她一起共事的那些平权同盟工作者对她保有质疑甚至愤怒时仍能保持耐心并制定出最好的策略。三是竭尽全力。正如金斯伯格所说,“我希望人们记得一个发挥了全部潜能、尽全力

〔14〕 参见[美]布莱恩·拉姆等:《谁来守护公正:美国最高法院大法官访谈录》,何帆译,北京大学出版社2012年版,第111页。

〔15〕 参见[美]琳达·赫尔曼:《温柔的正义:美国最高法院大法官奥康纳和金斯伯格如何改变世界》,郭烁译,中国法制出版社2018年版,第101页。

做好了本职工作的人”。[16] 在帮助女性及弱势群体摆脱社会歧视与偏见的道路上，除了勤奋、自律，金斯伯格最为强调的是其持久工作的能力。在年轻时，金斯伯格就打破了正常人白天工作晚上休息的惯常，甚至有时一天只睡两小时。而近来二十年间，为了有足够强健的体魄来工作，金斯伯格以惊人的毅力坚持锻炼身体，直到肋骨断裂和进行心脏搭桥手术后仍未停止。

（四）保持客观的眼光

在因性别遭遇不平等的待遇时，金斯伯格并未出于愤怒去指责或者抱怨，而是以客观的眼光审视自己及在相同处境下的其他美国女性所遭受的普遍待遇，并勇于打破传统观念与大众对性别差异的刻板印象。金斯伯格的论述“那些阻止女性充分参与政治、商业和经济领域的法律常常被描绘为‘保护女性’或是为女性着想。但是如果用同样的法律来限定少数种族或少数族裔则会被认定是不公平且违法的，女性看似被捧在高台上细心呵护，但细看下却是被关在了伪装成高台的牢笼之中”，[17] 直接道破了立法者的虚伪。现代经济在发展，女性的权益处处受限却难以被察觉，这种冠冕堂皇的“保护”蕴含着不平等的价值评判体系，潜移默化地在民众认识中达成了女性的任务是相夫教子的共识。过滤掉草率与刻薄，金斯伯格对于职场性别歧视形成的客观而深刻的见解是其奔向正确方向的前提。金斯伯格作为女性法律工作者，意识到女性正受着不公正的待遇，带着对宪法坚定的看法，试着去改变这个社会，最终成为时代的英雄。

三、如何像金斯伯格一样执业

无论不同法系的司法制度建设和秉承的司法理念的差异如何之大，对于法律职业的理解与信仰，对于法治建设应当实现公平正义的憧憬应当是所有法律人的共识。像金斯伯格一样倾其所能为法治建设奉献的执业方式与职业精神应当值得所有法律职业从业者效仿。

（一）扎实的法律知识和娴熟的法律技艺

法律人应当具备扎实的基础知识、丰富的实践经验和娴熟的法律技艺。

---

〔16〕［美］伊琳·卡蒙、［美］莎娜·卡尼兹尼克：《异见时刻：“声名狼藉”的金斯伯格大法官》，骆伟倩译，湖南文艺出版社2018年版，第220页。

〔17〕［美］伊琳·卡蒙、［美］莎娜·卡尼兹尼克：《异见时刻：“声名狼藉”的金斯伯格大法官》，骆伟倩译，湖南文艺出版社2018年版，第72～73页。

上文提及金斯伯格在法学院读书期间的刻苦学习,担任学校法学评论的编辑以及近十年的学术钻研所掌握的法律知识是其执业的重要基础。

娴熟的法律职业技能是实现效率的保证。法律职业技能是指从事法律职业所应具备的与法律职业密切相关的能力、技术和方法的总称,包括问题解决的技能、事实调查的技能、交流与咨询的技能、诉讼技巧、法律文书写作的技术等。[18] 这些技能"是法律家职业逻辑区别于大众逻辑的重要组成部分"。[19] 英美法系秉承实用主义的哲学理念,在法律人才培养上注重对法律技能的培训。尽管我国采用了偏向大陆法系严格的职业准入制度,但我国传统法学教育重理论轻实践的教学模式使当前法律从业者的水平参差不齐,大多法律专业毕业生即使通过统一的法律职业资格考试也尚未掌握完备的法律职业技能。其中尤以"说"和"写"这两方面的缺陷表现最为突出。

"说"主要是指法律人的表达技能。法律人的表达大致上可以分为三种:第一种是为了推动法律体系完善的表达,应注重维护法律核心价值;第二种是对于法律实施某些现象意见的表达,应着重于问题解决的实效;第三种是对于执业过程中具体法律问题的表达,要倾听与表达并重。关于表达技能的提升,除了像金斯伯格历经大量的实践以培养口才、思辨能力与辩护技巧外,更要意识到自己的责任——共同维护法律体系的一致性和连贯性。[20]

"写"则主要表现是指法律人思考和写作的技能。在文书撰写上,金斯伯格认为"法律应当是一种以文学写作作为基础的职业",[21] 她总是要求自己的异议书写的简练,把起始段落写的清晰,力求普通人也能看得明白。当然,金斯伯格对自己的撰写的文字十分珍视,其提到"我写的意见书可能不是一开始就能抓人眼球,但我希望我写的东西拥有持久的力量"。[22] 她还常常教导她的助理撰写多数意见书时要尊重失败的一方,让输掉官司的一方对于司法的过程的印象不仅仅停留在自己输了的结论,更重要的是让他

〔18〕 参见房文翠:《法律职业技能及培养途径》,载《现代法学》2003年第1期。

〔19〕 孙笑侠:《法律家的技能与伦理》,载《法学研究》2001年第4期。

〔20〕 参见[美]桑德拉·戴·奥康纳:《谁塑造了美国:大法官眼中的正义与自由》,柳青、刘海燕译,浙江人民出版社2016年版,第110页。

〔21〕 [美]伊琳·卡蒙、[美]莎娜·卡尼兹尼克:《异见时刻:"声名狼藉"的金斯伯格大法官》,骆伟倩译,湖南文艺出版社2018年版,第159页。

〔22〕 [美]伊琳·卡蒙、[美]莎娜·卡尼兹尼克:《异见时刻:"声名狼藉"的金斯伯格大法官》,骆伟倩译,湖南文艺出版社2018年版,第160页。

们感受到司法的价值。裁判文书应当以模式化作为前提,在模式化的框架下寻求区别对待,体现公正。[23] 同时,在传统涵摄模式构建的裁判文书的基本框架下应当建立起法律规范与案件事实的关联观念,并注重在客观性观念上建立恰当性观念,[24]才能写出传达司法价值的裁判文书,提升文书写作技艺。

(二)勇于并善于职业转换

"法律人的职业转换是法律职业共同体发展的内在要求,有利于法官、检察官整体水平的提高,也有利于律师行业的良性发展,是推进司法现代化的有力措施。"[25]职业经历丰富的金斯伯格就勇于并善于进行职业角色的转换。她既做过律师,也报考过联邦政府公务员,既应征过联邦地方法院的法官职位,也做过华盛顿巡回法院的法官。这些丰富的职业经历使她在工作角色的转换上游刃有余。就在司法体系内的角色转换而言,法律共同体成员应当始终坚持完备系统的职业思维和相互认同的职业伦理。[26] 正如C-SPAN对金斯伯格进行采访时问道,是否会因为之前有过出庭律师的经历,对律师的态度会有所不同,金斯伯格则站在法官与律师两个角度进行了回答。他认为律师其实是欢迎法官发问的,法官的提问确实打断了律师预先准备好的流畅陈述,但律师同样希望了解法官的想法。[27] 这些经验与忠告为当代法律从业者对于法律职业的转换与思维认同的把握提供了指引。

(三)保持与大众感同身受的温情

金斯伯格的平等理念并非建立在女权主义基础之上的,而是更加强调男女平权。她一直试图在最高法院的案件中证明一个观点:"性别歧视对所有人都是一种伤害。"[28]她曾作为律师帮助因怀孕而面临退役或者堕胎的女军官打赢了官司,也帮助"家庭主夫"在丧偶后能够得到法律规定"属于"寡妇才能享有的"母亲的补偿"。无论如何,金斯伯格只是想通过自己的努

---

[23] 参见田荔枝:《个性化与模式化——对裁判文书写作的思考》,载《河北法学》2008年第7期。

[24] 参见张真理:《裁判文书写作的误区》,载《国家检察官学院学报》2009年第2期。

[25] 袁达松:《论法律人的职业转换》,载《学术研究》2007年第4期。

[26] 参见谭世贵、王建林:《法律职业互动:现状、困境与出路——以法官、检察官、律师为样本的分析》,载《杭州师范大学学报》(社会科学版)2013年第2期。

[27] 参见[美]布莱恩·拉姆等:《谁来守护公正:美国最高法院大法官访谈录》,何帆译,北京大学出版社2012年版,第106页。

[28] [美]伊琳·卡蒙、[美]莎娜·卡尼兹尼克:《异见时刻:"声名狼藉"的金斯伯格大法官》,骆伟倩译,湖南文艺出版社2018年版,第90页。

力,让这个社会对性别平等有更加深层次的理解。书中对金斯伯格对平权运动推进的重要节点的所撰写的某些辩护状、判决书与异议意见书进行的相关节选,既体现出平权运动推进的艰辛历程,又体现出金斯伯格作为法律人善于将具有普遍意义的现状与问题进行总结,也展示了作为女性对整个社会抱有的希望与保有的温情。

四、法律人的使命:维护社会核心价值

社会核心价值中的许多观念往往隐藏于复杂的法律规范、社会现实和司法实践之中的,很多时候是模糊不清的,甚至是不能被轻易理解的。正如伟大的异议一般,要拨开公众眼前的迷雾,维护社会核心价值,法律人只有通过一个个案件、一次次推翻先例,来推动法律体系的完善,实现对社会核心价值边界的厘定。

(一)法律人应于法律实施中推进规则体系的完善

法律的生命在于实施,法律实施中呈现的问题对今后的修法与立法将提供实践性积累素材。[29] 社会生活本质的实践性要求法律人应当于法律实施中推进法律规则体系和相关社会管理体系的完善。金斯伯格指出,"世界对女性的态度已经发生了变化,但相关法律却停滞不前",[30] 反映了法律的滞后性与社会发展的前进性之间的矛盾,而这些矛盾只有在法律实践中才能消弭。尽管中西方话语下的"法律实施"含义不尽相同,但"法律实施"仍可被总结为是社会中的各类主体(包括政府机关)运用和依照法律规范自己行为的总过程。[31] 金斯伯格作为法律工作者,不懈地在法律实践中推进规则的完善。在女权意识觉醒后的最初十年里,金斯伯格作为平权运动的领袖,一方面致力于推动通过爱丽丝·保罗(Alice Paul,1885~1977年)提出的"平等权利修正案",但以失败告终;另一方面加入了美国公民自由联盟,寄社会改变的希望于司法途径之上。金斯伯格参与了300多个关于性别歧视的案件,作为律师将其中6个案件打到了最高法院并亲自辩护,最终

---

〔29〕 参见刘作翔:《中国法治国家建设的战略转移:法律实施及其问题》,载《中国社会科学院研究生院学报》2011年第2期。

〔30〕 [美]伊琳·卡蒙、[美]莎娜·卡尼兹尼克:《异见时刻:"声名狼藉"的金斯伯格大法官》,骆伟倩译,湖南文艺出版社2018年版,第70页。

〔31〕 参见史永平:《什么是法律实施?——兼及相关概念之法理辨析》,载《北京社会科学》2015年第9期。

赢得了其中的5个。这一阶段的努力,金斯伯格让美国的性别歧视由“最低违宪审查标准”达到了“中度审查标准”。成为大法官后的金斯伯格,在20世纪90年代终于完成了最高法院对美国性别歧视适用最为严格的审查标准的壮举。法律实施亦是一个好制度的发现过程。[32] 完善回应大众心理与现实需求的相关社会规则体系,是推进实现宪法中“人人平等”的重要手段。金斯伯格以“女性缺乏在立法和制定政策领域的充分代表权,也无足够的政治力量,因而难以改变女性群体在社会中和法律上被歧视对待的境遇”[33] 为由来推动宪法完善女性在基本权利上的制度保障。

(二)法律人应于司法个案中厘清社会核心价值的边界

法律人应于司法个案中厘清社会核心价值的边界。正如金斯伯格擅长于通过一个个案件逐渐拨开笼罩在联邦最高法院的其他男性法官以及社会大众眼前的迷雾,道出社会核心价值的范畴。美国作为判例法国家,推翻或者审判个案而形成法律的意义尤为深远。金斯伯格认为,“任何看起来像是对女性的特别优待最终都会反过来限制她们”。[34] 在最初的“里德诉里德案”中,最高法院历史上第一次废除基于性别而区别对待的法律,但是该判决未能确立起一条有性别歧视的明确规定;在有以堕胎为隐私权而赢得诉讼的先例下,[35] 金斯伯格在“通用电气案”失败后,立即推动了国会通过《反怀孕歧视法》(1978年),希望国家建立一系列不对性别加以区分的中立政策。以男性鳏夫维森菲尔德案来证明性别歧视对所有人都是一种伤害,使从未意识到男性也应当得到保护的当权者开始反思这一切。这些案件都体现着金斯伯格对政府以“保护女性”等为由对性别差别对待的否定,并在个案中逐步彰显了这些理念。因此,司法个案作为法律应对技术发展和社会变迁先锋,能够提升司法公信力并展现社会核心价值,对法律发展具有重要的作用。当然,法律与司法的社会性要求司法过程不能罔顾社会现实,悖于

---

[32] 参见王红霞:《论法律实施的一般特性与基本原则——基于法理思维和实践理性的分析》,载《法制与社会发展》2018年第4期。

[33] [美]伊琳·卡蒙、[美]莎娜·卡尼兹尼克:《异见时刻:“声名狼藉”的金斯伯格大法官》,骆伟倩译,湖南文艺出版社2018年版,第71页。

[34] [美]伊琳·卡蒙、[美]莎娜·卡尼兹尼克:《异见时刻:“声名狼藉”的金斯伯格大法官》,骆伟倩译,湖南文艺出版社2018年版,第89页。

[35] 指以“堕胎权涉及隐私权而无权干涉”为由赢得诉讼的“多伊诉博尔顿案”和“罗伊诉韦德案”等案件。

生活常识。[36] 法律人在法律实践时应当尊重社会生活的机理与逻辑,不要做机械的法律适用者。正如金斯伯格采取自上而下的变革方式,并考虑将案件按顺序呈现到最高法院以期合理构建最完美的制度系统,实现了司法的社会功能。

(三)法律人应于法律实践中助力社会核心价值观的更新与交替

"每种社会都有自己的核心价值",[37] 它产生于特定的政治制度、经济制度与相关的文化背景之下,反映着公共意志和公共利益并随着历史的发展而不断发展。[38] 作为大学教授,在第一次教授有关女性权益的法律课程时,金斯伯格为实现教育者所需的教化与感召,很快投身研读讨论女性法律地位的联邦判例和法律期刊论文;作为律师或大法官,金斯伯格在参与有关性别歧视案件时,积极寻找使社会大众对男女平等认同的契合点——以性别歧视对所有人都是一种伤害来说服大众。以男女在处理遗产的能力、参政能力和经商能力上相同为由来说服美国社会与文化相关制度的改变才能实现男女的平等竞争引起了社会的共鸣。同时,意识到探索价值认同与价值更新交替的有效方法是以一个个案例来逐步改变社会公众的看法,金斯伯格先是尝试说服联邦最高法院的法官,再到推动了整个社会对于男女差异的讨论和反思,最终一步一步推动者符合社会发展的核心价值观的更新与交替。这对于致力于以社会核心价值更替实现司法价值的法律人具有参考价值。

五、简单小结与未尽问题

金斯伯格的努力与据理力争一定程度上改善了美国女性的处境,为女性同胞争取到了应有的权利。当然,受到大众的赞赏不仅是因为她代理或者异议的案子的输赢,而是她努力地将这些案子呈现于大众与最高法院面前所带来的对美国社会关于平等权利的深远影响。遗憾的是,金斯伯格年事已高,且罹患癌症,美国司法史上一系列关于女性权利保护的判决可能会有被推翻的风险,这对于金斯伯格一生捍卫的价值体系将是巨大的冲击。

---

〔36〕 参见江国华、周海源:《司法理性的职业性与社会性——以裁判效果为视角》,载《学习与探索》2015年第2期。

〔37〕 陈先达:《论普世价值与价值共识》,载《哲学研究》2009年第4期。

〔38〕 参见周家荣、廉永杰:《论当代社会核心价值体系的公共性》,载《北京师范大学学报》(社会科学版)2011年第2期。

希望能有如金斯伯格一样的法律人延续金斯伯格的工作和使命。

《异见时刻:“声名狼藉”的金斯伯格大法官》中还提出了许多有意思但还未来得及展开的议题。例如,法律职业中尤其是法官和律师行业中女性职业者人数的上涨和地位的变化;法官在审判的过程中如何进行思考、男女法官在案件分析上的差异有何不同等,都值得深入思考和探索。本篇小文的收尾之际,想引用金斯伯格大法官为《异见时刻:“声名狼藉”的金斯伯格大法官》一书撰写的中文版序言中的一句话:“我希望读者们能在本书中发现某些场景似曾相识,某些时刻振奋人心。”[39] 期待中国能够出现更多地为维护和实现法律核心价值而奋斗的法律从业者,尤其是女性法律工作者。

---

〔39〕［美］伊琳·卡蒙、［美］莎娜·卡尼兹尼克:《异见时刻:“声名狼藉”的金斯伯格大法官》,骆伟倩译,湖南文艺出版社 2018 年版,第 1 页。